于成龍

四十五歲從縣官到兩江總督

大清第一廉吏于半鴨

王振川——著

于成龍研究權威王振川最新力作，
帶你一窺風雲詭譎的大清官場

45歲出仕，奉行「天理良心」，
從基層官吏成長為朝野欽敬的封疆大吏
最終積勞成疾，鞠躬盡瘁，為傳奇的一生畫上了輝煌的句號

三舉卓異，既是「于青菜」也是「于青天」
巡撫吳興祚專疏向朝廷舉薦，稱他為「閩省廉能第一」
康熙帝親自賦詩表彰其廉能，並稱讚他為「清官第一」

他是天下第一廉吏——于成龍

目錄

目錄

「天下第一廉吏」于成龍

目錄

目錄

「天下第一廉吏」
于成龍

「天下第一廉吏」于成龍

于成龍，字北溟，號於山，明末清初山西永寧州人，出生於富裕的鄉紳家庭。于成龍明崇禎十二年中「副榜貢生」，清順治十八年進入官場，歷任廣西羅城知縣、四川合州知州、湖廣黃州府同知、湖廣武昌知府、湖廣黃州知府、湖廣下江防道、福建按察使、福建布政使、直隸巡撫、兩江總督。他為官以清廉正直、精明幹練、勇於任事著稱，平生三次在官員政績考核中被舉為「卓異」，又被譽為「天下廉吏第一」。不僅造福任所的一方百姓，同時帶動當時的官場風氣，影響造就了一大批清官廉吏，為康熙盛世的吏治建設做出了貢獻。

于成龍出生在明朝末期，前半生經歷豐富，飽嘗憂患。曾經少年得志，早早地中了秀才，考上「副榜貢生」，又曾經鄉試不第，痛感挫折。經受過辛勤的農耕生活，又在災荒戰亂中備嘗艱辛。明亡清興的大變革時代，讓于成龍經歷了重大考驗，也讓他在痛苦中思索新的人生之路。于成龍在初仕羅城的赴任途中曾向朋友宣稱：「此行絕不以溫飽為志，誓不昧『天理良心』四字。」從此，「天理良心」成為他終生奉行的從政理念，言出必踐，始終如一。他後半生的官場之路，也充滿了磨難和考驗。廣西羅城和四川合州都是當時最艱苦的地區，于成龍在煎熬中挺了過來，創造了不凡的政績，獲得了良好的聲譽。湖廣、福建、直隸、兩江都是當時的繁劇之地，有盜匪、有災荒、有戰亂，還有複雜險惡的官場鬥爭。于成龍一步一步地走了過

「天下第一廉吏」于成龍

來，挺了過來，從一名普通的基層官吏，逐漸成長為位高權重、朝野欽敬的封疆大吏。最後積勞成疾，鞠躬盡瘁，為自己的一生畫上了輝煌的句號。

于成龍是中國傳統文化培養出來的士人，不僅熟讀儒家經史，流覽佛典道藏，於詩詞小說也廣泛涉獵，知識豐富，才智過人。他又是憂患時代磨鍊出來的官員，飽經離亂風雨，心憂天下蒼生，以做官從政的手段，致力於恢復太平盛世。

在羅城時期，他編制保甲，緝捕盜匪，改革鹽務，修復城池，創建學宮、養濟院，醫治了羅城的戰爭創傷，迅速恢復了經濟民生。

在合州時期，他革除弊政，招徠流民，增加戶口，開墾荒田，讓這個寂無人煙的荒州，逐漸恢復了繁榮。

在黃州時期，他抓捕盜匪，維持治安，賑濟災民，辦學興教。後來又剿撫叛亂，辦理軍需，恢復經濟，穩定社會，在烽火擾攘的三藩叛亂時期保障了一方百姓的安寧。

在福建時期，他整治了官場秩序，平反了大量冤獄，釋放了數千名無辜百姓，解救了數百名戰時奴婢和兒童，免除了數萬名百姓的不合理差役。解冤救苦，功德無量。

在直隸和兩江時期，他作為地方長官，革火耗、禁奢靡，做了大量的興利除弊事務，造福無數黎民百姓。同時還為朝廷和百姓選拔推薦了一批德才兼備的賢良官吏，為開創康熙盛世做出了貢獻。

于成龍一生忠君、報國、勤政、愛民，信奉「為政以德」、「仁者愛人」的儒家思想，又堅信因果報應、行善積福的佛道觀念，總結出獨特的「天理良心」格言。在二十多年的官場生涯中，于成龍過著一種類似出家修行的清苦生活，布衣蔬食，淡泊自甘。平生的物質享受，大概只有每晚的一壺老酒而已。他從不貪取一絲半縷的不義之財，反而經常捐出俸銀，用於賑災濟貧、興學育人等慈善公益事務。每當入不敷出、捉襟見肘之時，他便典當衣物騾馬，以糠粥青菜勉強度日。這樣的人古近少有，堪稱「天下第一廉吏」。

于成龍不貪圖財利，也不留戀功名，經常在詩作中流露出急流勇退的情緒，也多次付諸行動，向上級和皇帝上書，要求辭官歸隱。但是在特殊的戰亂時代，他的請求一直沒有得到批准，只能鞠躬盡瘁，死而後已。

于成龍是一位堅持原則、不唯上只唯實、性情剛烈的人，敢和上級頂嘴吵架；又是一位嚴肅認真的人，對不正之風絕不姑息。另外，他是一位精明多智的人，面對繁雜的政務，總能想到有條有理的解決辦法；是一位勇於擔當的人，在好幾次危急關頭，都敢於挺身而出，破格辦事；于成龍是一位寬厚仁慈的人，對屬下的小失誤能夠包容原諒，而對百姓的疾苦，則經常傷心地淚流滿面；是一位顧全大局、講究體統的人，面對政敵的攻訐，他只是反躬自省、引咎自責，絕不為自己的官位和名聲而爭辯反擊、激化矛盾。他也是一位浪漫風趣的人，面對風花雪月、名勝景觀，喜歡吟幾句詩，填幾闋詞，頗有文人士大夫的風雅情調；而在不開心的時候，他也經常用詩詞發幾句牢騷，釋放自己的情緒。

于成龍身材高大，鬚髮茂密，面如重棗，目光如電，長相十分威武。特別是在晚年的時候，「白鬚偉貌」是他的標準形象。下屬官員和平民百姓對他十分敬畏，也十分愛戴。當時及後世的許多知識分子、正直官吏，都以于成龍為學習的榜樣，對他頂禮膜拜，稱譽有加。于成龍

「天下第一廉吏」于成龍

的清廉故事、判案故事、捕盜故事，也是民間文化的熱門題材，至今流傳不絕。在二十一世紀的新時代，于成龍的人格精神、清廉事蹟仍然有著相當重要的借鑒教育意義。

第一章　平生功名是貢生

清朝康熙年間的「天下第一廉吏」于成龍，出生於明朝萬曆四十五年（一六一七年），家鄉在山西汾州府永寧州來堡村（今呂梁市方山縣來堡村）。父親于時煌，母親田氏，哥哥叫于化龍。

于時煌，別號龍溪，是一位普通的鄉間讀書人。因家境富裕，科舉無望，捐了一個從九品的名譽官職，名叫「鴻臚寺序班」。他並不需要去上任，只在家鄉居住，讀書課子，管理家業。于成龍可以說是出身於富裕的鄉紳人家。

于時煌對兩個兒子期望很高。「于」與「魚」同音，他取「鯉魚躍龍門」的寓意，希望一個兒子「化龍」，一個兒子「成龍」。而且，每條「龍」都給一個「大海」，于化龍字「南溟」，于成龍字「北溟」。

永寧大族

永寧州位於山西的呂梁山區，原來叫石州。明朝中期外族入侵，石州曾經失陷。有官員認為「石」與「失」同音，討個吉利，就改州名為「永寧」。其管轄範圍大致包括現在的離石區、方山縣以及周邊一些地區。

于成龍次子于廷勱的《墓誌銘》中說：「于氏世為州右族。」所謂「右族」，是指大家族。不僅指人口眾多，也指家大業大勢力大。因為年代太久，歷經戰亂和變遷，永寧于氏早就沒有完整的家譜。現存的幾種家譜，互相又無法連貫。現在能查到的于氏最早的先祖叫于伯達。他是「石州白霜里人」，在今山西省柳林縣境內。于伯達是一名普通百姓，家裡有地，也讀過書，但沒有科舉做官。他的兒子叫于建中，孫子叫于仕賢，也都是普通百姓。于仕賢生了個兒子叫于淵，家族這才開始興旺發達。

于淵，字德深，讀書有成，進學做了秀才、貢生。貢生有做官的資格，于淵初任河南永寧縣（今河南省洛寧縣）縣丞，因為政績突出，被河南巡撫舉薦提拔為永寧縣知縣，後來又調任盧氏縣知縣。他在河南任職幾十年，做了大量的善政，深受百姓愛戴，但一直沒有升官的機會。于淵家裡人丁興旺，他生了四個兒子、兩個女兒，又有十一個孫子、八個孫女。于淵在世的時候，還見到了三個曾孫。

于淵的第四個兒子叫于坦，他是永寧于氏家族裡唯一憑科舉當到高官的人物。也正是他，為于氏家族帶來了一次大興旺。于坦在明朝景泰年間，先中了庚午科舉人，四年後又中了甲戌科進士。出仕後，最初做的是行人，掌管傳旨、冊封、撫諭等事。後升官為工部員外郎，是正六品的官員。之後他的官運一直不錯，到了明孝宗弘治年間，已經官至「大中丞」。所謂「大中丞」，一般指「都察院副都御史」，比照的是古代的「御史中丞」，正三品，是負責監察的朝廷重臣。但朝廷特派到各地的「巡撫」，一般都有一個「副都御史」的兼銜，也可以稱為「大中丞」。根據《永寧州志》記載，于坦做的是「巡撫」，但具體在哪裡做巡撫現已不可考。有記載說，于坦為官多年，累積了豐厚的家資，晚年退休後回到故鄉買宅置地，過起了富翁的日子。

陳廷敬撰寫的《于清端公傳》中說，于成龍「先世仕明者諱坦，有聲，弘治朝官至大中丞」，明確指出于成龍是于坦的後代。

來堡分支

清朝康熙年間修訂的《于氏宗譜》卷五中說，于成龍這一支的始祖是于素。于素是于坦的什麼人，記載是不清楚的。根據《盧氏縣令于君墓表》，于淵的八個孫子名字都帶玉字邊，這裡頭沒有于素。三個曾孫沒有記載名字，不知道有沒有于素？或者于素還要再低一兩輩？

于素是于成龍的高祖，這個譜系是很清楚的。于素生四子，第四子為于恩。于恩又生四子，第三子為于采。于采生四子，長子為于時煌。于時煌生二子，長子為于化龍，次子便是本書主角于成龍。據某些記載，于成龍還有個弟弟叫于變龍，很可能未成年就夭折了。

不知具體什麼原因，于素一家離開了「白霜里」祖籍，遷到了位於今山西省呂梁市方山縣境內北武當山下的來堡村。于素，被家族後人稱為「來堡始祖」，他們這一支，正式成了來堡村人。

來堡村位於北武當山下。這座山原名龍王山，唐朝時就是道教的聖地，山頂建有玄天大殿。明朝萬歷年間，汾州府的慶成王非常崇拜真武大帝，花費重金修葺了玄天大殿，又把登山道路砌成了石階。從那時候起，龍王山就正式被稱為北武當山、真武山，香火十分旺盛。

積善之家

永寧的于氏家族，一向有讀書上進的傳統，但科舉考試的成績，卻顯得不如人意。成績最好的是于坦，中了舉人和進士。排在第二的便是于成龍，但只中了個鄉試副榜，連舉人都未中。清朝乾隆年間有位于世榮中了舉人，算是超過于成龍，遜於于坦。其他的有一批貢生：于淵、于琉、于化龍、于廷翼、于廷勷、于瀚、于大梁、于大栫、于大檀、于大楫。另外有一批是生員，靠捐納官：于璽、于廷宣、于廷元、于汪、于大梴、于飛鳳。于準雖然官至巡撫，但他是沾了祖父于成龍的光，走的是「官蔭生」的途徑。

以上這些資料，都采自清朝光緒年間編撰的《永寧州志》，可信度是比較高的。這種現象說明：永寧于氏家族財力雄厚，能有一批人靠捐納做官；家族讀書風氣濃厚，秀才多，貢生多，但和以八股文為主要考試內容的科舉制度不太合拍，舉人、進士非常少。于成龍後來在《家訓》中說：

族人不知讀書之樂，僥倖博一青衫，自以為萬事皆足。至於科第一節，皆諉之於闔郡風水。不知發過先達，盡係讀書之人。豈風水之說，獨不應於我輩乎？願我家子弟破除積習，做童生，下一番苦功望進學；做秀才，下一番苦功望中舉。

從這段話可以了解到，于氏族人往往滿足於做秀才和貢生，把中不了舉人進士的原因，歸結為永寧州風水不佳。

于氏家族的另一個特點，就是和寺廟宮觀關係密切。于淵在河南做官時，就曾修建廟宇；于坦曾經是永寧安國寺的「大護法」；于采、于時煌、于成龍、于廷翼、于準等幾代人，也多次積極捐款，修建佛教道教的廟宇，永寧安國寺幾乎成了他們于氏的家廟。現在，研究于氏家族的情況，各處寺廟裡的碑文和遺跡也是一個重要的資料來源。

在捐資建廟的同時，于氏家族也熱衷於修橋補路、恤孤撫貧、賑濟災荒等公益事業。所謂「積善之家，必有餘慶」。這種信仰宗教、重視功德、熱心公益的家族風氣，無疑對本書主角于成龍的思想形成和人生道路，有著重要的影響。

少年風貌

于成龍幼年的時候，母親田氏就去世了。不久，父親于時煌續娶李氏。李氏深明大義，對于成龍兄弟二人慈愛有加，如同親生，于成龍和繼母的感情也比較深。熊賜履在《于公成龍墓誌銘》中，曾經寫到于成龍青少年時期的風貌：

公生而莊毅，異於凡兒。稍長，須髯如戟，即顰笑不苟，見者憚而敬之。性善吃辛苦，諸人所不能堪者，一處之恬如。為學務敦實，行不屑屑辭章之末……

再結合其他記載可知，于成龍的相貌特點是：身材魁梧，臉色發紅，鼻梁高挺，鬍鬚茂密，雙目明亮，非常威武，不像是個文人，倒像是名武將，和《三國演義》中關羽的模樣有幾分相似。到晚年後，因為操勞過度，鬚髮皆白，又被人描述為「白鬚偉貌」、「白鬚偉軀」。

于成龍十八歲左右結婚，娶妻邢氏。他一生只娶了邢氏一位妻子，沒有納妾。二十歲時生長子于廷翼，後來又生了次子于廷勷和幼子于廷元，一共三個兒子。女兒的情況則沒有記載。

學習趣聞

于成龍少年時代的讀書學習，主要是由父親于時煌教導的。後世流傳了他的幾則學習趣事，很好地反映出于成龍不平凡的心胸和才氣。

第一件事，于時煌要求于成龍兄弟大量讀書，經史子集各種書都要讀。終於有一天，于成龍讀夠了，不耐煩了，他把書一合，大聲對父親說：「經史子集千本萬卷，無非四字而已！」于時煌吃了一驚，連忙問道：「是哪四個字？」于成龍一本正經地說：「仁義禮智！」于時煌本來是要責罰于成龍的，聽他說了這四個字，反倒沒了脾氣，嘆服不已。

于成龍所說的「仁義禮智」四個字，全面地講，應該是「仁義禮智信」五個字，也就是儒家提倡的「五常」。經史子集包含極廣，除了正統的儒家思想，還有諸子百家的內容，絕非「五常」所能概括。于成龍這麼說，反映出他的價值取向。

第二件事，于成龍有一次讀李白的詩作《嘲魯儒》：魯叟談五經，白髮死章句。問以經濟策，茫如墜煙霧。……讀完後，他不由感慨萬千，拍案而起，說：

學者要識得道理，從頭做去，誦詠呻吟，有何用哉？

從這件事可以看出，于成龍不喜歡做純粹的學者才子，而想致力於實際生活中的學問，注重提高實際工作能力，要能辦大事才行。這種想法，和于成龍日後做官的處世風格，是十分一致的。

第三件事，于成龍曾經研習程朱理學，最後也總結了簡單的四個字「天理良心」。程朱理學的內容是十分複雜的，一代一代的理學家們刻苦學習研究，探索實踐，不斷發展，尚不能窮其究竟。于成龍能把這些高深學問歸納為「天理良心」四個字，則反映出他以簡馭繁的性格特點。

山寺讀書

于成龍青少年時代，曾經在永寧城西二十里的安國寺刻苦攻讀。他孫子于準在《重修安國寺碑記》中說：

先大父清端公未達時，厭城市之囂，沙霾之蔽，嘗讀書寺之東樓，與浮屠純天者為方外交。純天雖奉慈氏法，頗通子墨，清端公故喜與之遊。

在《重修安國寺碑記》中又說：

先王父清端公為諸生日，苦志靜修，嘗下帷於僧舍東樓。時寺僧純天者參禪而通儒，與先王父朝夕談心，遂稱為方外交雲。

還有記載說，于成龍住寺讀書的時間長達六年之久。于成龍讀書時住的房子，後世稱為「于成龍讀書樓」，現在還有遺存。當時，安國寺的住持法名性善，號純天，是位儒佛兼通、善於作詩的風雅和尚，《永寧州志》有他的傳記和詩作。他在生活和學問上給了于成龍很多照顧，兩人相處得很好。于成龍在寺中，除了刻苦攻讀儒家經史，積極地準備科舉，可能也翻閱了很多佛教經典，吸收了佛教文化知識。寺院中的晨鐘暮鼓，清淨素齋，也讓富家出身的于成龍有了一種全新的體驗，為他日後的儉樸生活打下了基礎。

于成龍在安國寺，還有一次奇特的經歷。在某晚的睡夢之中，于成龍遇到仙人賞給他一朵「優缽羅花」，讓他吃了下去。夢醒之後，于成龍把這種奇特體驗講給純天和尚。純天在藏經中查閱了半天，發現所謂的「優缽羅花」就是佛經中經常出現的「優曇花」。這種有宗教意味的奇特經歷，無疑會給于成龍一些暗示和鼓勵，讓他珍重對待自己的人生，努力做一番不平凡的事業。用民間的語言來說，這個奇夢意味著于成龍是很有來歷的人物。四十幾年後，功成名就的于成龍回憶起這件奇事，還特別寫了一首七律：

優曇曾記夢中餐，山寺日高柏水寒。雲繞佛龕常五色，香飄精舍比芝蘭。
生平未識金銀氣，偶爾輕拋麋鹿灘。四十年來魔障盡，好教拂袖紫霞端。

鄉試副榜

崇禎十二年（一六三九年）秋天，二十三歲的于成龍參加了山西鄉試。

根據慣例，于成龍提前幾個月就趕到省城太原府，先安頓下來，適應省城生活。然後拜訪名師，結交文友，揣摩科場風氣，抓緊複習功課。他後來有一批多年相交的好朋友，比如交城縣的張奮雲，稷山縣的武祇遹，另外有荊雪濤、時澤普等等，很可能就是在這種環境下相識的。

到了秋高氣爽的八月，大家進入貢院參加考試。考畢放榜，年輕的于成龍沒有中舉，但成績很不俗，中了一個「副榜」。

我們解釋一下所謂的「副榜」。鄉試正榜取中的，名曰舉人，第一名稱為解元。當時，每個省取中的舉人名額有限，各省限額不同，山西省是九十名。一般每三十名秀才，能中一名舉人，所以當時參加山西鄉試的秀才有兩千七百人左右。

舉人，俗稱為孝廉，已經具備了做官的資格，同時可以到京城參加會試。會試取中稱為貢士，第一名稱為會元。貢士再參加殿試，殿試取中名為進士，前三名分別稱為狀元、榜眼、探花。進士及第，就算是當時讀書人的最高做官資格了。

鄉試的「副榜」，始於明朝嘉靖年間，本來只是一種鼓勵措施，說明雖然沒有中舉，但成績很出色。也可以稱「候補舉人」，如果「正榜」出了問題，就可以立即從「副榜」裡補充。名額也有限制，大約每取五名舉人，則取一名「副榜」。于成龍參加鄉試的這一年，山西省得中「副榜」的秀才，大概也就十八名左右。

年紀輕輕的于成龍，第一次參加鄉試，就在近三千人中，考了一百名上下，所以說成績很不俗，能夠證明他是一位聰明穎悟、才華橫溢的優等生。「副榜」還有一個好處，可以不必再經過考試選拔，直接參加下一科的鄉試。

副榜恩貢

這一年，朝廷採納大學士楊嗣昌的建議，鄉試副榜與正榜同日揭曉，副榜生員准貢，也就是可以做「貢生」。

「貢生」是怎麼回事呢？朝廷在北京、南京等地設立國子監，算是國立大學。國子監的生源，有好多種途徑，「舉人曰舉監，生員曰貢監，品官子弟曰廕監，捐貲曰例監」。所謂「貢監」就是指「貢生」，是從地方辦的府學、州學、縣學中招收的。貢生又分四類：歲貢、選貢、恩貢、納貢。歲貢，本來是每年按定額擇優保送的學生，但後來並不擇優，只保送那些年老的廩膳生員和增廣生員，以便給候補的生員騰出名額；選貢，原本為了打破歲貢的常規，特別選拔保送的優秀生，後來名不副實，保送的也是年老的廩膳生員和增廣生員；恩貢，是朝廷因國家吉慶大典特旨降恩招收的學生，實際上和歲貢類似；捐資納貢，屬於「交錢上大學」的那種。國子監學生學習期滿，通過考試，被分撥到朝廷的各個衙門實習，實習期滿，再經過考試，就可以到吏部選官，成為國家正途出身的官員。

明朝初年，百廢待興，人才缺乏，國子監學生被朝廷委以重任、提拔任用，很多人最後都做了高官，這一條人才管道算是最熱門的。明成祖永樂十八年（一四二〇年）遷都北京後，國子監設在北京，但南京仍保留了原來的國子監，史稱南監和北監，招收的監生數量大增，史稱「其時布列中外者，太學生最盛」。但後來，科舉越來越盛行，進士出身的人大都能得到重用和提拔，身分很高。學校出身的人只能得到小官、冷官，提拔很困難，這一條路方才冷下來。

因為學校出身仍然算正途，讀書人並不願意放棄。又因為是冷途，讀書人並不熱衷。這樣造成的後果是，貢生、監生雖然名目繁多，參加的人也不算少，但很難選拔到真正優秀的人才。國子監也經常是空的，沒有人老實坐監學習。

國子監是國立大學，總空著沒人念書也不行啊，大學士楊嗣昌向朝廷建議「鄉試副榜准貢」，實際目的就是要補充國子監的生員，強迫這批比較優秀的學生到條件最好的國子監念書。當時，還沒有「副貢」這個名目，大家都把它當成是「恩貢」。到清朝後，「副貢」才成為常規，屬於五貢之一。

依親讀書

于成龍二十三歲就取得了「副榜貢生」的身分，當然是很值得高興的。而且他這個「副貢」，和那些靠年齡資歷混上去的貢生相比，內涵無疑是高出很多的。但于成龍年紀輕輕，風華正茂，自然不願意走「貢監」的冷途，還想繼續拚搏，中舉人，中進士，做翰林，博得更為高貴的出身。

按照當時的規矩，于成龍到北京跑了一趟，辦理了國子監的手續。然後再按照有關規定，辦理「依親讀書」的手續。所謂「依親讀書」，就是以父母年老多病、需要兒子侍奉盡孝為由，請假回家自學。但這其實只是于成龍的藉口，他辦這個手續的主要目的，是想繼續參加科舉考試。于成龍晚年有詩曰：「四十年前經過地，於今一別到三山。」應該就是回憶這次赴京過程的。

如果到國子監讀書，完成課業，就可以稱為「監生」。于成龍沒有完成這個課業，所以後來還是稱「貢生」。監生和貢生既可以繼續參加科舉考試，走科舉做官的路，也可以直接參加吏部的考試，做正途出身的朝廷官員。

第二章　天理良心誓不昧

清朝順治八年（一六五一年），于成龍再一次參加了山西鄉試。這個行動，標誌著于成龍對清朝統治的認可，但考試卻失敗了。蹉跎了多年，于成龍在四十五歲的時候，方才以明朝副榜貢生的身分出仕羅城知縣。

氣節問題

明朝的崇禎十七年（一六四四年），也是清朝的順治元年。江山易主，風雲變色，對廣大讀書人來講，成天學習「忠孝節義」的封建道德，這時候就有一個最敏感的氣節問題。這一年于成龍虛歲二十八，完全有自己的思考能力和行為能力。他是如何面對這個問題的呢？

現在能看到的史料中，對這個事是隻字不談的。于成龍本人和他的于氏家族，在明清易代之際，肯定會有亡國的痛苦，肯定會有思想的波動，也肯定會有一些左右搖擺的行動，這是毋庸置疑的。但是，另一個更迫切的問題是生存。歷經了多年殘酷的戰亂，身邊的親朋好友不斷死亡，房屋破敗，田地荒蕪，正是古人所謂的「白骨露於野，千里無雞鳴」。僥倖活下來的這一小部分人，最需要做的，是重整家業，努力生活。

可以試想一下：如果你有一大家子人，上有父母，下有妻兒，旁有一大批親友，大家要穿衣要吃飯，要讀書要治病，要娶妻生子，總之一句話：要活下去。作為家裡的「頂梁柱」，這時候的你該怎麼辦呢？是農民，你就要去種田；是工人，你就要去做工；是商人，你就要去做貿易。那麼讀書人呢？在明清時代，讀書人其實只有一條生活出路，那就是科舉做官。實在做不了官的，才會去教書、去遊幕，一是為官場準備新的人才，一是直接為官場服務，說來說去還是離不開這個官場。這是個非常無奈的事情，設身處地一想，也就明白了。即便是那幾位寧死不屈的著名遺民，比如黃宗羲、顧炎武等，有的是在晚年勉強歸順清朝，有的是自己堅決不仕，但並不反對兒孫及親友去做官。因為遺民不能世襲，大家都要活下去啊！顧炎武曾在《日知錄》裡提出一個「亡國」和「亡天下」的命題：

有亡國，有亡天下。亡國與亡天下奚辨？曰：易姓改號，謂之亡國；仁義充塞，而至於率獸食人，人將相食，謂之亡天下。

朱家社稷換成了愛新覺羅家天下，漢族王朝換成了滿洲王朝，這叫「亡國」，但這和「亡天下」相比，要算是小事了。什麼是「亡天下」呢？社會失去秩序、失去正確的價值觀、失去保障、弱肉強食、互相殘殺，這就是「亡天下」，是更痛苦的大事。完全可以這樣理解：致力於恢復天下太平和致力於恢復朱明江山相比，前者屬於更高的道義。于成龍最終選擇了積極出仕，選擇了在清朝的官場上力行仁政，恢復天下太平。

鄉試失利

崇禎十二年（一六三九年）以後，有幾個鄉試年，但于成龍可能都沒有參加。他最後一次參加鄉試，是在清朝順治八年（一六五一年）。于成龍這年春天就趕到了太原，和朋友一起複習功課，準備應考。

關於這件事，于成龍的學友稷山人武祗遹在《跋〈於山奏牘〉後》中說，他和永寧的于成龍、交城的張奮雲是多年的好友。順治八年春天，三人同在太原崇善寺居住學習，準備應考。因為崇善寺處在鬧市區，歌舞管弦，十分喧囂。三個人厭煩不已，在朋友荊雪濤、時澤普等人的幫助下，又住到太原城北前明晉王開辦的蓮池書院去學習。當時的學習情況是「晨夕琢磨，以希一遇」，也就是想在秋天的鄉試中光榮中舉。另外，朋友們在一起，也私下討論了很多話題，比如改朝換代和出仕新朝這些最敏感的問題。于成龍著名的「天理良心」命題，就是在這時候向朋友們提出的。

但這次鄉試，三十五歲的于成龍卻沒有了當年的好運氣。他和武祗遹、張奮雲三個人都落榜了，鎩羽而歸。

科舉考試有很大的偶然性，八股文風時有變遷，考官的興趣愛好也各自不同。考不上不一定是沒有才華，但畢竟很丟臉。據武祇遹記載，這次鄉試失敗後，三個好朋友都很灰心，回鄉後都閉門謝客，羞於見人。不過，他們三人還是經常通信來往，互相規勸砥礪，並沒有放棄原來的志向。

于成龍回鄉之後，都幹了點什麼呢？有人說，他在永寧州大武鎮那座著名的木樓裡教書，賺點微薄的束脩銀子養家；有人說，「貴人遭磨難，于成龍砍過炭」，好像是下過煤窯當過礦工；還有人說，于成龍賣過酒……反正是跌到了人生的低谷。

教書，是有可能的，讀書人科場不順時，首選的職業就是教書。賣炭，也不是沒有可能的，但不一定會作為主業。賣酒，也許是因為于成龍家裡有座酒坊，他參與過銷售或管理過一陣子吧。總之于成龍落榜後，境遇確實是不太好。

于成龍的家境，在永寧應該屬於中等偏上的。經過多年的戰亂，經濟凋敝，原來的有錢人家日子過得也很拮据，有時候會賣房賣地兌換現銀，但總還是過得下去的。

于成龍是貢生，仍然具備做官資格，在永寧城裡，仍然是有頭有臉的人物。于成龍後來在《請正朝儀詳》一文中，曾經詳細回憶故鄉永寧州朝賀典禮的程序細節，這說明他親自參加過多次典禮，可能還是主持操辦的工作人員。這樣的典禮，也只有地方官吏和士紳中有頭有臉的人物才有資格參加。

根據《從好錄》的記載，于成龍青年時期在永寧曾經參加過一個文人結社，社友大概有十幾人。其中有一位社友家境富裕，仗義疏財，為了資助貧寒社友，後來竟弄得家道中落。據說，于成龍也受過這個人的無私幫助。有這麼一個要好的朋友圈子，于成龍這一時期的生活，應該也是有一點樂趣的。

另外，于成龍後來上任羅城知縣，算是第一次當官，但他辦事有條有理，似乎是公門老手（公門：古時所稱之衙門，換言之即為現今公務機關之簡稱），這也不是單純的讀書人能做出來的。他一定是在某些地方，累積了相當的工作經驗。再看看康熙十三年（一六七四年）于成龍在黃州平叛時的種種記載，當時有很多生員、武舉、貢生、監生、紳士等身分的人士參與了于成龍的各項工作，立下了汗馬功勞。這些人被簡稱為「紳衿」，紳是指退休官員，衿是指有功名的讀書人。這說明在那個時代，有功名的讀書人參與地方官府事務，是常見的一種現象。

在家事方面，也有很多變化。于成龍的大哥于化龍做了幾年「候補知縣」，沒有等到上任，便在順治十一年去世了。他的父親于時煌此時已進入了垂暮之年，又喪了長子，白髮人送黑髮人，境況好不到哪去，需要于成龍在家侍奉。于成龍就安心在永寧當起了于家的家長，管理經營那份祖傳的家業。于成龍曾說：「吾永寧地土磽瘠，亢澇靡定。」意思是永寧這地方土地貧瘠，水旱災害比較多，農業生產很艱難。他還說做家長應該「率其佃僕及時耕種，及時耘耨。寧先時，毋後時。仍不時親身董率，勿自家懶惰，委之家人」。他自己在農忙時節，也會親自下地勞作。農業方面的技術和經驗，他應該也累積了不少。和農業相關的其他副業，他應該也比較熟悉。當然，閒下來的時候，于成龍也許會到安國寺住上幾天，潛心讀書，繼續培養自己的道德學問。

候補知縣

順治十三年（一六五六年），于成龍四十歲。他以「副榜貢生」的身分，到北京去了一趟，參加吏部的考試，獲得了一個「候補知縣」的新身分。這次行動，可能是出於官府的督促，可能是出於老父親的命令，也可能是于成龍積極主動去的。吏部的考試也不容易：考了「上上卷」，能夠「候補通判」；考了「上卷」，能夠「候補知縣」，成績稍差一些的，就只能「候補教諭」、「候補訓導」。推測于成龍大概是考了「上卷」，所以成了「候補知縣」。

因官位少，候補時限較長，加之父親于時煌年歲已大，于成龍一時未能補缺上任，只好回鄉侍奉父親，為父親養老送終。到順治十五年（一六五八年），父親于時煌病故，于成龍因為要守孝三年，還是沒有急著出去補缺上任。

于成龍有一首五言古詩《老女吟》，收錄在其《詩集》的第一篇。這首詩表面上是用同情憐憫的口吻描寫一位過齡未嫁的老姑娘，但實際上是寄託了于成龍自己中年未仕的身世之感。全文抄錄如下：

妾身已許嫁，梅實過三春。四德未敢斁，歸期何尚迍。豈為儂貌寢？應是婿家貧。冰融霜又至，何以采澗濱？布絲郎可貿，井臼妾所親。旭日雁聲寂，蛾眉低自顰。誰家車和馬，百兩爛其鄰。妾命嗟成薄，桃葉空蓁蓁。拊心叩昊天，終待結朱陳。就使窮難嫁，詎將香逐塵。悲思古賢婦，饋饁敬如賓。印友心同否？有生殊不均。

吏部掣籤

于成龍順治十八年（一六六一年）春天去北京求官。這時候，朝廷剛剛經歷了順治皇帝駕崩的變故，小皇帝玄燁才八歲，管事的是索尼等顧命大臣。不管怎麼樣，朝廷該辦的事，總還是要辦。

于成龍到吏部參加「掣籤」，透過抽籤方式，決定到哪裡任職。他的運氣差極了，抽了一支「下下籤」，被分配到了剛剛納入清朝版圖的廣西省。廣西省，當時習慣上稱之為粵西，是一個極其偏遠的煙瘴之地，又是一個多民族雜居的險惡之地。去那裡做官，和充軍發配差不多，簡直是去送死，這就是他多年追求的目標嗎？于成龍自己也覺得確實挺倒楣的，他後來在《治羅自紀並貽友人荊雪濤》中回憶當時的情況是：「親者不以為親，友者不以為友，行李蕭條，自覺面目可憎。」

四月，盤纏已經用光的于成龍，用賒帳的方式，從北京的腳行雇了騾馬腳夫，一路的飯錢店錢，也由腳行先墊著。他就帶著這樣複雜的心情，趕回到家鄉永寧，為上任做準備。

于成龍懷裡揣著一張寶貴的「上任文憑」，有了這張紙，他做官的夢想終於實現了。多年讀書考試，只為博個一官半職，封妻廕子，光宗耀祖，改變家族的地位和命運。如今真的有了一官半職，他卻絲毫沒有開心的感覺。

行到山西清源縣，也就是今天的清徐縣，內心忐忑的于成龍終於忍不住了。他想找朋友聊一聊，聽聽朋友的看法，讓朋友給出出主意，自己應該怎麼辦才好。但在內心深處，于成龍是想聽到鼓勵的聲音。

住在清源縣的同年好友王吉人，早早地中舉做官，擔任過浙江蕭山知縣和江蘇蘇州府同知，如今正「丁憂」在家。他是官場上的老手，閱歷豐富，熟悉南方的情況。于成龍便去了他家裡拜訪。

王吉人「慷慨仗義」，很隆重地招待了于成龍，可能還幫他結算了腳夫錢。酒席宴間，談起任職廣西的事情，王吉人堅決反對。他講述了廣西省的情況：氣候溼熱，瘴氣彌漫，影響人的身體健康；多民族雜居，風俗語言不同，不容易交流；打鬥搶掠嚴重，人身安全沒有保障；再比如居官偏遠，升遷不易等等。總之一句話，廣西並不是吉祥的地方。

王吉人最後說，既然于成龍家境還比較富裕，日子能過得下去，那就沒有必要到廣西冒險。應該把上任文憑繳還給吏部，從此和官場說再見。

于成龍一邊聽，一邊喝悶酒，心裡卻不服氣。他在《治羅自紀並貽友人荊雪濤》中回憶過當時的心態：

成龍時年四十五，英氣有餘，私心自揣，讀書一場，曾知「見利勿趨，見害勿避」，古人「義不辭難」之說，何為也？

于成龍說自己當時有一種英雄豪氣，信心百倍，很認同聖人經典中所說的君子「見利勿趨，見害勿避」、「義不辭難」等觀點，覺得憑著自己的熱血和勇氣，一定能夠戰勝那些所謂的困難。其實，如果設身處地地想一想，也能夠替他找到一番自我說服的道理：廣西那地方氣候雖然不好，但當地人能習慣，難道外地人就習慣不了？在廣西做官的北方人也有不少，難道都適應不了？蠻夷雜居，好勇鬥狠，難道就不能教化馴服嗎？唐代柳宗元做過柳州刺史，明朝王陽明做過貴州龍場驛驛丞，他們不都成功度過難關並且青史留名了嗎？

王吉人見于成龍低頭不語，也就不再多勸。最後，雙方互道珍重，灑淚而別。

典田賣屋

五月三日，于成龍回到了家鄉來堡村。他把求官的情況向老母親和妻子兒子訴說一番，全家人自然又是一番情緒激動，悲悲喜喜。喜的是于成龍終於做了現任官員，悲的是天涯萬里，也許就一去無歸。好在老母妻兒都是支持于成龍做官的，沒有人提反對意見，沒有人讓他辭官不做，大家都開始做準備工作。

永寧到廣西，六七千里地，一路上需要不少盤纏。家裡現銀不足，就典當出售了一部分田地和房屋，湊足了一百兩銀子。于成龍年近半百，到任上不能沒有人照顧生活，派婦女去又不方便，就雇用了五個年輕力壯的小夥子做僕人。其他的如騾馬、衣服、被褥、文具、書籍、常用藥品、日用器物等等，自然也要準備齊全。

一般人讀到于成龍「典田賣屋」的記載，第一感覺是于家比較窮困。其實，那個時代整個社會經濟都還比較落後，富裕人家的現銀也不會太多，一有大事，就得處理「不動產」了。

臨行前一天，于氏家族設宴為于成龍餞行。族中長輩對于成龍說了很多鼓勵的話，大家頻繁勸酒，歡飲到深夜。這也說明家族中人對于成龍做官持支持態度。于成龍扶醉歸家，剛剛躺下不久，天就亮了。起床後，于成龍把兒子們鄭重地叫到了身邊。這一年，于廷翼虛歲二十六，早已進學成為秀才，並且已經結婚生子了。于廷勸十五歲，于廷元八歲。于廷翼一向沒有管過家務、沒有見過世面，還靦腆得像個大姑娘。

于成龍把家裡的地契房契整理到一起，一件一件地向于廷翼交代。從此以後，于家的家長就不再是于成龍，而是年輕的于廷翼了。廷翼不僅要管理好自己的小家庭，還要孝敬祖母和母親，關心教育兩個弟弟，管理經營家裡的產業，甚至還要照料伯父于化龍一房後代的生活。

于成龍還說了兩句感傷的話：「從今以後，我在外做官，管不了你們；你好好治家，也不用想念我。」這真是撕心裂肺之語。老母李氏、妻子邢氏、兒子及媳婦，有的在屋內，有的在屋外，聽見這番話，全都放聲大哭。于成龍後來回憶說：「壯士非無淚，不灑離別時，此不情語也！」

待家事囑咐完畢，于成龍向老母親李氏磕頭告辭，又拜別了于氏宗祠。然後，帶著行李僕從，騎著馬，淚流滿面地踏上了旅程。身後相送的，仍然是一陣一陣的哭聲。這真是——世人都道做官好，只是全家分別了！

于成龍覺得自己此行很悲壯。他讀了多年的書，學了一肚子的本事，經歷了多年的磨難考驗，如今卻要到蠻荒之地的廣西省施展才華和抱負了。好勇鬥狠的蠻夷土司又能如何？傳播疾疫的煙嵐瘴氣又奈我何？

「我于成龍會戰勝你們的！」

慷慨發誓

于成龍一行離了永寧，一路南行，不久來到晉南的稷山縣，看望老朋友武祇遹。前往廣西，不一定非從稷山縣經過，于成龍是專程來向武祇遹傾訴心事的。

根據武祇遹的記載，當時于成龍「毅然」地說了這麼一段名言：

我輩雖無科第身分，上古之皋、夔、稷、契，豈盡科目中人耶？我此行絕不以溫飽為志，誓勿昧「天理良心」四字。子素知我于蓮池書院者，敢為子質言無隱。

這段話被後世認為是于成龍的「從政誓言」。某些傳記資料認為，這段話出自于成龍上任前夕給朋友寫的書信。但當事人武祇遹的《跋〈於山奏牘〉後》明確指出，于成龍是在上任途中經過稷山武宅，當面親口說出的這段話。現在稍做解讀：

我們這些人，雖然沒有通過科舉，考上舉人進士，但上古堯舜時代的賢臣皋陶、夔、後稷、契等人，難道都是進士出身不成？我這番出仕，絕不是為了一家人的溫飽和富貴。今天我鄭重發誓，絕不會背棄「天理良心」四個字。以前在蓮池書院讀書時，你就知道我的遠大志向，所以今天我才敢對你說出心裡話。

于成龍的這段話，其實頗有負氣的意思。首先，沒有考上舉人進士，是他的一塊心病，所以這時候要以古代賢臣為榜樣，發誓做出個模樣來，讓那些進士出身的人看看，貢生出身的官員並不是沒有水準。其次，做滿人朝廷的官，也是他的一塊心病，很多漢族人都還在祕密反抗清朝呢，他倒跑去南方做官了，難道是為了追求榮華富貴？所以他發出誓言，此行絕不是為了「溫飽」問題。再次，他提出「天理良心」四個字，把這四個字作為考量他言行的最高標准，不管別人如何議論，他于成龍是要堅守「天理良心」的。最後，關於「仕清」這件事，當年在蓮池書院讀書時，于成龍和武祇遹、張奮雲、荊雪濤、時澤普等人是討論過的。忠於「一家一姓」、「一國一族」只是「小忠」，忠於「天理良心」才是「大忠」。這是他們這批人投身清朝、致力於開創太平的思想基礎。

「天理良心」四個字算是于成龍平生讀書學習的一個大心得、大信念，也可以說是他的人生宗旨。這四個字，用簡單的話說，就是「公道」、「公理」，或者是現代人說的「公平正義」。「天理」是老天爺的道理，「良心」是自己內心的道理，不管做什麼事，都要問問蒼天，問問內心。

如果再要往深裡說，程朱理學講究「存天理，滅人欲」，認為宇宙中存在一個至高無上的法則，人類要遵循這個法則才行，可以把這種學說稱為「客觀唯心主義」。陽明心學講究「致良知」，認為人有一個善良的本性，可以把這種學說稱為「主觀唯心主義」。于成龍把二者連在一起說，就可以大概地把它理解為儒家的一套觀念，比如仁義禮智信等。它既天然地存在於宇宙之中，又天然地存在於自己的內心，需要在實際生活中不斷用功修行，去「體認天理」，去「致良知」。

另外，于成龍和他的家族，對佛教道教等宗教一直很親近，一直信奉行善積德、因果報應這些宗教理念，把宗教理念作為行動的準繩。從這方面簡單解讀「天理良心」，就是「舉頭三尺有神明」，一切言行都要符合「神明」的意志。

這種「神明意志」，事實上和前面說的「公道」、「公理」是一致的。所謂「天視自我民視，天聽自我民聽」，社會大眾公認的道理，其實就是「天理」。而一個人拋開私欲、偏見，呈現出來的心態就是「良心」。

于成龍後來和人交談時，一旦涉及私情私欲，他就立即說「上帝臨汝」、「天監在茲」，非常認真，這是他貫徹「天理良心」的形象表現。

武祇遹對于成龍的這番表態，十分讚歎。他在回憶文章中提到，聽了于成龍的話之後，他想起了四位古代名臣：包拯、趙抃、司馬光、海瑞，認為于成龍一定能夠成為這樣的人物。

第三章　千難萬險赴羅城

順治十八年（一六六一年）夏天到康熙元年（一六六二年）夏天，于成龍遇到了平生最大的考驗。他好像墮入了「活地獄」，環境惡劣、舉目無親、身體多病、僕從鬧事……這既是于成龍人生的最低谷，也是「天下第一廉吏」的最佳轉捩點。

中途患病

于成龍一行六人，在稷山縣告別了武祇通，繼續沿驛路南行。長途跋涉，鞍馬勞頓，氣候變化，水土不服，這一路果然走得十分辛苦。走到號稱「湘西南門戶」的冷水灘時，于成龍因不服水土，身染重病。這是他出仕途中的第一場大磨難。僕人們在冷水灘求醫問藥自然不必說，于成龍的病體卻沒有好轉跡象。他是個倔強的人，不願意耽誤行程，就拖著病體，繼續往前走。

離了冷水灘，很快就進入廣西省。當時廣西的省會在桂林府，于成龍要到那裡拜見省級官員，辦理手續。他拖著病體去報到，長官們看見他的樣子，都咋舌不已。大家奉勸于成龍不要急著赴任，在條件較好的桂林城裡暫住一些時日，等把病養好了再說。于成龍生性倔強，謝絕了長官們的好意，執意要帶病出發。長官們只好隨他的意，讓他趕到柳州府的羅城縣去。

在廣西省，羅城縣屬於極偏遠極惡劣的地方，順治十六年（一六五九年）才納入清朝版圖，派了兩任知縣，死了一位，跑了一位，現在縣裡還是無政府狀態。這種情況對于成龍來說，無疑又是一次沉重打擊。他後來回憶說：「抱屙之人，至是膽落。往日豪氣，何從得來？」本來他就是仗著一點英雄豪氣，才硬著頭皮來廣西上任的。老天爺好像在故意磨難他：「你不是有豪氣嗎？到羅城去試試豪氣！」

這一通「殺威棒」，打得于成龍心驚膽寒，但事情還沒有完。

于成龍辦完省裡的手續，繼續趕路，前往管轄羅城縣的柳州府，那裡是唐朝時候山西老鄉柳宗元曾經擔任過刺史的地方，有一道上任手續要在柳州辦。路上，于成龍病情加重，幾乎到了死亡的邊緣。但他被病痛折磨了好久，卻又活了過來了。用于成龍自己的話說是因為「苦孽未盡不速死」，他把生病理解為前世惡業的報應，因為惡業太多，報應未完，所以不能馬上就死。這種觀念，也許能帶給他一些精神安慰。

入活地獄

在柳州辦理完赴任手續，接下來就要趕往目的地羅城縣了。

這種偏遠地區，官方修建的驛道驛站不太完善，于成龍一行人只能憑著大概方向，一邊走一邊問，越走越艱難。進入融縣地面，聽說融縣的沙箽與羅城接壤，於是又找路趕到沙箽。到了沙箽，仍是無路可循，不知道羅城在什麼方向。這時候，于成龍遇見一位「許鄉老」。于成龍向許鄉老仔細盤問，方才知道對面的大山就是羅城縣境。主僕六人費盡力氣爬上山頂，向羅城縣境內眺望。這一剎那，倔強的于成龍徹底後悔了。王吉人的忠告湧上了心頭，再也揮之不去。

羅城縣境內山巒起伏林立，看上去像營陣一樣。滿目都是茂密的茅草，看不見人行的道路。用于成龍自己的話說是：「山如劍排，水如湯沸。」

主僕六人應該是放聲大哭了一場吧。于成龍在《治羅自紀並貽友人荊雪濤》中寫道：「哀哉！此何地也！胡為乎來哉？悔無及矣！」這時候掉轉馬頭回柳州，回桂林，回故鄉，怕是都來不及了。棄官逃走，那是要承擔法律責任的。

于成龍想，羅城邊界可能真的人煙稀少，到了縣城附近，應該會繁華熱鬧一些吧！不如就進去看看。一路斬草而行，終於在順治十八年八月二十日抵達羅城縣城。從邊界到縣城，都是一樣的荒蕪。用于成龍的話說是「可憐黃茅，直抵城下」。

羅城縣城的規模不大，周長二里有餘（《清史稿》言當時羅城並無城郭廨舍，《讀史方輿紀要》則記載了明末羅城城池的規模）。進城之後，仍是一片狼藉。房屋雖然有不少，但十室九空，殘破不堪。青壯年躲避戰亂兵役大多逃到山林裡去了，數了數，住在城裡的只有六戶人家，全都是老弱病殘。

一行人灰心喪氣地尋找住宿地。終於，眼前一亮，看見了一座破敗關帝廟。這好歹也是咱山西老鄉啊！關老爺是山西解州人，從宋朝以後一直受到朝野各處的崇拜，明清時代崇拜更甚，山西商人在各地都建有關帝廟。正所謂「他鄉遇故知」，不如就先住到關老爺的「家」裡吧。關老爺的部將周倉，據說是山西平陸人，也是老鄉，僕人們就把于成龍的床鋪安置到周倉神像的背後。于成龍是有信仰的，到此免不了向關老爺和周倉上三炷香，拜上幾拜，請求支持保護。未結人緣，先結神緣。住了一宿，第二天一早到縣衙上任。

可憐的縣衙是前任知縣修建的。說是縣衙，卻簡陋得如同農舍一般，周邊都是茂密的竹林和雜草。沒有大門、儀門、兩墀，迎面就是茅草搭建的三間堂屋。東邊一間是賓館，西邊一間是書辦房，中間一間是審案辦公的大堂。大堂背後有門，通向後院。後院也有三間草屋，是知縣的宿舍，四周連圍牆都沒有。一些資料說，這座縣衙好像處在原始森林，有時，大白天都能看到虎豹豺狼、猿猴等野生動物跑來跑去。北方人初到這種地方，還不被嚇得半死？

羅城縣自從上一任知縣逃走，一直處於無政府狀態。于成龍心想，既來之，則安之，不管怎樣也得處理公事，於是訪貧問苦，噓寒問暖，終於讓為數不多的幾戶羅城人知道新任知縣于老爺到了。然後，于成龍就著手料理自己的生活，把後院的三間草房修理修理，勉強住下。沒有做飯的鍋，就在城裡找了一個破瓦罐，挖了個地灶，先湊合用著。于成龍其實還是後悔不迭，不斷發出哀歎：「哀哉！此一活地獄也！胡為乎來哉！」

于成龍心情不好，病勢自然越發沉重。五個僕人一路辛苦跟來，本來想著除了工錢，到縣裡還能有些賺錢的機會，誰想到羅城像活地獄一般，簡直不是人待的地方。大家自然也是滿腹怨言。

僕從盡散

于成龍臥病在床，一躺就是一個多月。他雖然是老爺，此時也只得飽看僕人的冷臉。僕人們對于成龍的照料還算周到，只是都沒有好心情，成天落淚想家。

一個多月後，于成龍病情好轉，逐漸恢復了健康，用他的話說是「無如罪孽未盡，死而不死」。經過這一場大病，于成龍的身體好像是換了水土，適應了環境，從此就基本沒有問題了。這裡山高皇帝遠，沒人理會羅城縣官吏百姓的生死，于成龍只好認真和老天爺打交道，自己「立意修善，以回天意」，著手調查羅城現狀，改革弊政，恢復民生。但是，還沒有來得及有所作為，五個僕人卻又病倒了，一個個面黃肌瘦，如同寺廟壁畫上的餓鬼。不久就病死了一個，其他幾個越發地驚恐不安。

到了康熙元年（一六六二年）正月，有幾個僕人開始鬧情緒，要求于成龍放他們回家。于成龍想了想，自己運氣太差，流落到這鬼地方當官，僕人們有什麼罪過，憑什麼要連累他們呢？不如就放他們逃生去吧。這時候，有一個名叫蘇朝卿的僕人義正詞嚴地表示：「若今生當死於此，回去亦不得活。棄主人流落他鄉，要他們何用哉！」於是，蘇朝卿就留下來伺候于成龍，其他三人領了些盤纏，急急地逃回山西老家去了。

這時候，于成龍再一次後悔了。只有一主一僕，在羅城縣實在是舉步維艱，生活艱難，更不要說好好當官治民了。于成龍就是在這樣的「老少邊窮」地方開始了異常艱難的宦海第一步。

三名僕人回到家鄉後，于廷翼得知情況，又給父親雇了四名僕人派過來。但新來的僕人很快病死了三個，另一個則發瘋了。于成龍無奈，只得派忠心的蘇朝卿護送瘋僕回家。

羅城，只剩下于成龍一個人了。

這時候的于成龍，真是可憐到了極點，無奈到了極點。白天要自己煮飯，為了方便，經常只吃一頓飯，閑了才吃兩頓。晚上睡覺時，為了防備盜賊和野獸襲擊，頭下枕一把刀，床前插兩支槍。這哪裡像是個官老爺，簡直就是中國版的「魯賓遜」了。

所謂「天將降大任於是人也，必先苦其心志，勞其筋骨，餓其體膚，空乏其身，行拂亂其所為，所以動心忍性，增益其所不能」。命運把人到中年的于成龍安排在這麼一個隨時都會死亡的絕地之中，同時也把他放在了「天下第一廉吏」的起跑線上。人生的道路，該往哪邊走，就看于成龍的了。

第四章　治理羅城有方略

于成龍在羅城一待就是七年，做了足足七年的知縣。在這種一窮二白的地方，只要信念堅定、一心為民，反而容易做出成績。這七年中，于成龍逐漸形成了自己的執政風格。

羅城簡介

清朝時期的廣西省柳州府羅城縣，就是現在的廣西壯族自治區河池市羅城仫佬族自治縣。截至二〇一一年，縣內有人口三十八萬以上，其中仫佬、壯、瑤、侗、苗等少數民族近二十九萬以上，漢族人口不足十萬，仫佬族人口最多，占總人口的三成左右。清朝初年各民族的人口比例，應該和現在差不了太多，只是整體人口會少許多。

據顧祖禹《讀史方輿紀要》記載，明末羅城縣編戶五十里，那時五家為一鄰，五鄰為一里，全縣繳納賦稅的戶口應該在一千二百五十戶左右，按一戶五口計，也就六千多人口。顧祖禹的統計資料也許是繁榮時期的羅城人口，于成龍初到時，人口可能要少很多，整個縣城才住六戶人。據估計，全縣總人口不會超過三千人。

那麼，羅城縣的各民族人民，真的都是好勇鬥狠、冥頑不化之輩嗎？其實不盡然，少數民族也有著自己燦爛的民族文化。著名歌劇《劉三姐》中的主角劉三姐，就是羅城這一帶的人氏，號稱「歌仙」。當地有這麼動聽的歌曲，難道會沒有文明？至於其他的民族文化內容，只要簡單查閱一些書籍，就會有所了解。

羅城縣的氣候物產又如何呢？根據現代的資料，羅城地處廣西北部九萬大山中心的南麓，氣候宜人，冬無嚴寒，夏無酷暑，降雨量充沛。土特產有茶葉、香菇、木耳、沙田柚、甜竹、蒜薹等。農作物主要是水稻和玉米，都有很多優良品種，其他農作物也十分豐富。

這樣的地方，為什麼被北方人稱為「煙瘴之地」呢？主要是不習慣和不了解。南方氣候溼熱，帶病菌的毒蟲多一些，北方人初來乍到，身體難免不適應。如果心態不好，情緒低落，醫治不當，可能會死亡。相反，只要調理得當，安心生活，北方人也是能適應當地生活的。

現在廣西壯族自治區河池市盤陽河流域的巴馬一帶，被稱為「世界長壽之鄉」，百歲老人很多。羅城離這一區域不算太遠，自然條件差異不會太大，應該也是很適合人類居住的，並不是入者必死的「煙瘴之地」。

于成龍上任時的羅城縣，荒草遍地，荒涼無比，是有其歷史原因的。明清易代之際，自然災害嚴重，戰爭頻繁發生，造成了人口的銳減和農業生產的荒廢。朝廷和地方政權屢次更迭，無暇顧及偏遠地區，也會造成這個地方的政治真空和社會混亂、治安無序。最明顯的弊病自然就是盜匪橫行、民族衝突以及家族衝突嚴重。

于成龍上任時，羅城縣城裡只有六戶人家，其餘人都跑到哪裡去了呢？在戰爭中死亡的、外逃的不算，仍在本地生活的人，應該都躲到山林和鄉下去了。城裡沒有官府和王法，是最不安全的地方。鄉下有大族聚居，築堡自衛，在族長的帶領下，可以抵禦盜匪的搶掠。另外一些不肖之徒，可能是拉起隊伍，修築山寨，自己去做盜匪，打家劫舍去了。

知縣職責

于成龍擔任的這個知縣官，級別是正七品，年俸只有四十五兩銀子。其職責是：「掌一縣治理，決訟斷辟，勸農賑貧，討猾除奸，興養立教。凡貢士、讀法、養老、祀神，靡所不綜。」

根據規定，知縣還有幾位副職：縣丞、主簿、典史。有一批屬員：巡檢、驛丞、閘官、課稅大使、河泊所大使等；縣學中的教諭、訓導等。在內地的大縣，官吏的配置是齊全的。而在羅城這種戰亂之後的邊荒之地，副職、屬員可能並不齊全。

今人陳茂同的《中國歷代職官沿革史》說：「清代的州、縣制度極不健全，因而造成了地方吏治的特別腐敗。州縣官無用人權，執行州縣政務全靠吏役。官署既無足夠的辦公費用，俸祿又極其微薄，吏役幾乎等於沒有薪資。這樣，非法營私便成為公開的行為。上司及過路官員的供應索賄，各種臨時任務的攤派，更使得州縣官幾乎成為專門伺應上司的官員。」

對清朝初年的羅城縣來說，情況可能更差。因為縣裡太窮了、太亂了、太荒了。其實，清朝政府把于成龍派到羅城做知縣，「主權」意義大於「治理」意義。也就是說，羅城縣裡有官有印，表示此地已經正式接受清朝政府的統治。至於管理得怎麼樣，並不重要。對上級官員來說，于成龍只要穿著官服，抱著官印，活生生待在羅城縣，他就算是成功了。只要羅城縣沒有公開舉旗造反，只要于成龍在縣裡待夠規定的「邊俸」年限，他就可以調職或者升遷。于成龍需要做的，就是不要被盜賊殺了、不要被野獸吃了、不要被疾病折騰死了。能做到這三點，于成龍就算是圓滿完成了任務。

平易近人

上任之初，于成龍曾經到羅城的城隍廟裡真誠祈禱，說自己平生沒有做過一件虧心事，希望城隍老爺保佑他能夠好好治理羅城，任滿後能夠平安回家。除了求神保佑，于成龍也「立意修善，以回天意」。而「立意修善」，就要從羅城的治理開始，就要從「愛民如子」開始。

在這種多民族雜居的邊荒州縣，「天朝大官」一般都採取「盛氣凌人」的高壓統治作風。端起官架子，板起面孔，拍響驚堂木，讓人充分感受到七品知縣的威嚴，產生恐懼的心理。面對這樣的官，老百姓確實會感到害怕，也會表面服從，但卻會疏遠他。等到時間久了，老百姓發現縣太爺並不是天上的神仙，他判斷官司有時會糊塗，面對金錢有時會貪婪，面對百姓造反會嚇得瑟瑟發抖。這樣，那虛假的官威很快就會化成泡影。然而，于成龍卻是另外一套做事風格。

于成龍待在自己的破衙門裡，不喜歡穿官服戴官帽，不喜歡擺官架子，成天不是訪貧問苦，就是燒火做飯、讀書喝酒，很像一個普通的老書生。羅城縣的老百姓有時會到官衙裡來欣賞這位北國來的縣官，于成龍便和顏悅色、比手畫腳地和老百姓聊天，和老百姓交朋友。于成龍說的是呂梁山裡的永寧方言，百姓們說的是羅城縣的民族語言，雙方要充分交流，起初還真是很困難。但憑藉著手勢、眼神、笑容，總算是能夠做一點溝通。百姓們多多少少能懂一點漢語，衙門裡的差役也有懂民族語言的。天長日久，于成龍便和百姓們打成了一片。

亂世重典

羅城縣當時最主要的問題就是盜匪多，治安狀況極差，百姓的生命財產安全沒有保障。熟讀經史的于成龍，面對這個問題，自然是成竹在胸。他採取了一套「霹靂手段」，三下五除二，就做出了成效。

于成龍運用的是中國歷史上著名的「保甲法」。這種制度，歷代演變不同，這裡只做一點簡單介紹：將境內的平民百姓，按照居住地，編成一種準軍事化組織。保有保長，甲有甲長，層層領導，層層管理。對外是防禦盜匪，一有匪情，便鳴鑼擊鼓，大家拿起棍棒兵器，團結起來一起出擊，讓外來的盜匪不敢輕易進犯。對內是嚴格管理，保甲內的人員情況，保長、甲長要詳細了解登記，百姓外出辦事，也要彙報請假。如果有違法犯罪行為，保甲內各家各戶要及時規勸、制止，無效則要向上舉報，隱瞞犯罪事實不報的，事發後大家要「連坐」。在亂世，這是一種保障大家安全的必要手段。

于成龍是雷厲風行之人，對付違法犯罪絕不手軟。所謂「治亂世用重典」，誰敢無法無天，那就立即依法懲辦，輕則坐牢判刑，重則砍頭示眾。于成龍要求百姓平時不許攜刀帶槍，不許肆意械鬥，透過幾個案例警示，很快就執行下去了。

「保甲法」推行以後，那些流竄作案的盜匪，漸漸就勢孤力單、難藏蹤跡。貢生出身的于成龍，居然還是一位偵破緝捕的高手，他帶著為數不多的衙門差役，在各地保長、甲長的配合下，一宗一宗地破案，抓捕，審理，處決，示眾。

沒過多久，社會治安大為好轉，逃散在山林裡的鄉民也回來了。于成龍號召大家墾田種糧，恢復經濟，一樁樁政績就這樣做出來了。

上級官府對他的行為表示讚賞，明確給他授權：大型盜案破獲後，把人頭解送到省裡請功；小型盜案不用上報，自行處決便是。這就是他後來寫的「大事殺了解省，小事即行處決」。

越境剿匪

羅城縣還有外患，鄰近的柳城縣西鄉鎮，有一大批慣匪，實力雄厚，多年為盜。他們經常竄入羅城縣，燒殺搶掠，無惡不作。而且機動性又很強，來無蹤去無影，搶完了就立即出境。羅城縣管不著他們，柳城縣也不敢管。于成龍是了解朝廷法令的，這樣的事情不是自己一個知縣能管得了的，只好向上級彙報。

上級官府也很頭痛，越境搶劫不屬於舉旗造反，不能動用大兵征剿。如果只派少量的兵馬去，明顯打不過熟悉地形的本地匪徒。盤算半天，只好裝聾作啞，讓于成龍自己看著辦。很顯然，辦好了是大家的功勞，辦砸了是于成龍一人的罪過。

于成龍反覆思量，如果不嚴厲打擊境外盜匪，他們只怕會得寸進尺，而其他盜匪也會有樣學樣。羅城的老百姓這麼服從自己的法令，這麼配合自己的工作，成天盼望著過太平日子，自己怎麼能不處理好這件事呢？問題的難點是，沒有朝廷的命令，越境辦案，出兵征剿，即使大獲全勝，回來也是要問罪追責的。明清時代是中央集權專制政府，一切權力歸朝廷，一切權力歸皇帝，地方官是沒有多少自主權的。如果地方官能夠隨便募兵打仗，那不就成了割據一方的藩鎮和軍閥了嗎？

擺在面前的這個難題，似乎就是老天爺在考驗于成龍。

你不是愛講「天理良心」嗎？這個時候你問問自己的「天理良心」，該不該打這一仗？

于成龍終於有答案了：「問罪就問罪，殺頭就殺頭吧！奮不顧身，為廣大百姓的安寧生活而捐軀，總強於苟且偷生或患病死於煙瘴吧！」

羅城百姓在多年的戰亂中，本來就具備了一定的武裝自衛力量，家家藏有刀槍。這時候被于成龍組織起來，統一訓練，準備進剿西鄉。于成龍還和百姓殺牛盟誓，要求大家有仇報仇，有怨報怨，和盜匪一命抵一命，勇敢作戰。為了保障進剿成功，于成龍還組織百姓修了一條通向柳城西鄉的道路，讓自己的民兵能夠進退自如。

這場越境剿匪戰鬥最後並沒有真的打起來。于成龍的《治羅自紀並貽友人荊雪濤》說：「渠魁俯首，乞恩講和。」于成龍練兵修路，聲勢浩大，柳城西鄉的盜匪頭領聞訊後害怕了，趕緊派人來講和。他們表示，願意把以前從羅城擄掠的人口、牛羊、財物盡數歸還，從此再不「打擾」。同時也希望羅城方面能夠有所妥協，每年十月以「犒賞」的方式，送給他們少許牛羊、布匹和美酒。這些條件，于成龍和羅城人民完全能夠接受，雙方就簽訂了協議。

于成龍的態度仍然十分強硬，要求對方認真寫下保證書，並找保人簽字畫押。此後，羅城邊界基本上寧靜了。偶有盜賊犯境，也會被于成龍毫不手軟地嚴厲打擊。

于成龍的這一政績，獲得了上級官府的嘉獎。上級覺得于成龍辦事果斷，效果明顯，反而開始厭煩其他州縣官請示彙報、等待上級派兵的做法了。

復興羅城

于成龍維持社會治安時用的是「霹靂手段」，用嚴厲手段打擊了少數壞人，換來的是大多數善良百姓的平安生活。他還有春風和煦的另一面，霹靂手段與菩薩心腸，在他身上是合而為一的。

平民百姓務農為本，只要社會治安好了，盜賊絕跡了，農業生產自然而然就逐漸恢復了。于成龍作為一縣之長，有「春郊勸農」的職責，用現在的話說，就是視察指導農業生產。每年春季，于成龍都會徵調幾名瑤族差役，用一架簡陋的竹滑竿，抬著自己下鄉視察。在田間勞作的百姓們看見縣太爺來了，都跑過來圍成一圈，拜伏於地，噓寒問暖，非常熱情。于成龍雖然沒有種過水稻，但也是懂農業的，看誰家的田地經營得好，就表揚一番，給這家題一個匾，寫一副對聯，鼓勵他們好好做。看誰家偷懶不耕種，就動員左鄰右舍去好言勸告，惡言辱罵，總要把這家的人轟到地裡幹活去。于成龍是窮老爺，手裡沒錢賞人，就靠這些樸素的手段，獎勤罰懶，動員大家把生產做好。沒過幾年，荒蕪的羅城就變得「禾穗被野，牛羊滿山」，大家都過上了溫飽的生活，經濟一天天地繁榮起來。

于成龍也很重視縣城的建設。他號召因戰亂躲到深山的百姓搬回縣城居住，並給他們提供耕牛和種子。誰家有喬遷添口之喜，他也會用題匾寫對聯的方式，表彰鼓勵一下。他又組織百姓修繕城牆，疏浚護城河，讓人住在城裡有安全感，縣城終於有了個縣城的樣子。

後來幾年，羅城縣漸漸繁榮起來，于成龍便修建學校，招收百姓子弟讀書學文化，讓他們參加科舉考試。又修建養濟院，收養民間的孤寡老人。

于成龍很注重和老百姓的官民關係。百姓家的婚喪大事，于成龍都盡量去參加，送一份薄禮，討一杯水酒，一點也沒有官老爺的大架子。他還借機勸導大家講究禮儀，節儉辦事，不要奢侈浪費。

老百姓也都把于老爺當成是自己人，過上三天五天，就跑到縣衙看望看望，幫助于老爺幹幹活，安慰安慰于老爺的鄉愁。聽說于老爺很久沒有收到家信，無法知曉家鄉親人的情況，大家就跟著一起難受，一起著急，好像自己也漂泊到了異鄉。

不收「火耗」

徵收賦稅，是縣官的一項主要工作職責，自然也是于成龍的主要工作。

當時官府的陋規很多。朝廷的政策本來是輕徭薄賦，與民休息，但地方官俸祿微薄，不夠花銷，地方官府也沒有什麼活動經費，所以就形成了不成文的規定：地方官以碎銀熔鑄銀錠時有損耗等理由，徵稅時加收一筆數量不定的「火耗」銀。徵收賦稅時，也常在砝碼升斗上做手腳，盡量多收一點，充實自己的「小金庫」。

于成龍在這件事情上嚴肅認真，完全遵守朝廷法令，賦稅不加收一絲一毫。為了防止差役暗中取利，于成龍親自坐在大堂上收稅。老百姓直接把銀錢交到于成龍手裡，于成龍則直接把收據寫好發給百姓。稱銀稱糧的砝碼升斗都以戶部統一頒發的為準，絕不欺瞞百姓、傷害百姓利益。

羅城縣的老百姓哪裡見過這麼講天理、有良心的官老爺。他們知道于成龍的生活十分清苦，心裡過意不去，在繳納錢糧時，常常會多帶幾個銅錢，順手放到于成龍的桌案上。于成龍忙於公務，一開始並沒有留心百姓們的小動作，後來發現了，便詢問是怎麼回事。羅城百姓不好意思地說：「阿爺不要『火耗』錢，我們稍稍提供點柴米錢總可以吧！」

于成龍堅決不收，百姓們堅決要給，最後于成龍終於破例一次，只象徵性地收了一壺酒錢，算是讓百姓們請客。後來百姓們再拿錢來，于成龍就堅決不收了。

于成龍後來總結道：「時法令太嚴，有犯必殺；情誼為重，婚娶喪祭民間之禮，一行無不達之隱。羅城之治，如斯而已。」在這段話中挑出八個字，就是「法令太嚴，情誼為重」，換句話說，就是對犯罪分子像冬天一樣寒冷，對平民百姓像春天一樣溫暖，對犯罪分子用霹靂手段，對平民百姓用菩薩心腸。封建官吏于成龍，就是這麼一位超越時代的獨特人物。他信奉的「天理良心」，在這裡也得到了最好的闡釋。

第五章　判案故事多異趣

在民間流傳的于成龍故事中，有一個系列是精彩的判案故事。大清官于成龍不僅巧妙處理疑難官司，還撰寫了大量風趣幽默的判詞，展示了他執法如山和仁政親民的獨特形象。這裡只介紹幾則流傳較廣的故事。

械鬥殺人

羅城民間素有械鬥風氣，不同民族之間，不同家族之間，為了芝麻綠豆大的小事，便會釀成幾個家族、幾代人之間的仇恨，打打殺殺，無休無止。歷代官府，對此既管不了，也不敢管，只能聽之任之，由民間自己解決，解決不了就繼續打下去。

于成龍上任後，屢次明令禁止民間械鬥，老百姓雖然肯聽于成龍的話，但械鬥風氣並不是幾張告示就能徹底禁止了的。終於有一天，爆發了趙廖兩個家族的大械鬥。雙方為了爭五畝地，已經鬥了多年，這次雙方都傾巢出動，大打出手。廖家死了四十七人，趙家死了三十八人，趙家另有七十二家的房屋被焚毀。趙家吃了虧，便跑到衙門告狀，請求于成龍主持公道。

于成龍一看，呵！羅城縣才多少人口啊，你們一打，就打死了近百人！羅城縣才多少房屋啊，你們一燒，就燒了七十二家！這可是個典型案例，正好借此殺一殺羅城的械鬥風氣。他把涉案雙方的人都叫到縣衙，其他無關的羅城百姓也來了很多，要觀看知縣大人斷案。

于成龍仔細研究案情後，用「判詞」的形式發表了精彩而嚴肅的長篇大論，以此教育百姓。我們不妨用白話闡述這篇「判詞」：

械鬥這種惡習是犯王法、傷和氣、天理不容、人神共憤的罪惡。本縣上任以來，曾經幾次貼出告示，明令禁止械鬥。又擔心百姓們不能悔改，所以在每月初一、十五召集各鄉各村的父老當面告誡勸諭，希望能夠消除械鬥，挽救羅城縣的不良風氣。誰知道，本縣雖然費盡唇舌，但大家都聽不進去，改悔不了。最近又發生了趙廖兩家的大型械鬥，死傷眾多，損失慘重。這都是因為本縣誠信不夠、威望不夠，不能很好地感化百姓才導致了這結果。

今天，我再一次告誡你們：天下的各種事情，都應該講道理，用公平的道理來調解矛盾，化解糾紛。如果道理講不通，那就應該訴諸法律，用朝廷的王法來替你們評判。使用法律已經不算是上策，更何況是使用暴力呢？如果暴力最終能夠解決問題，那也行，可是暴力解決不了，只能激化矛盾，不斷地釀成悲劇，最後還得使用法律和道理來公平解決。就以本案為例，暴力不但不能解決問題，反而把問題複雜化、嚴重化了，這是何苦呢？所以說，械鬥是天下最笨拙的人使用的辦法，聰明人是不會這麼做的。

再說說本案，趙廖兩家相爭的，不過是五畝大的一塊土地。以每畝二十貫錢計算，五畝不過是一百貫錢。兩家如果有誠意，可以好好商量，或者分開耕種，或者合夥耕種，為什麼要出此下策，大打出手呢？如果你們自己解決不了，那就讓官府來解決，即使一方敗訴，損失也不過是一百貫錢，算得什麼大事呢？

現在你們不願意講理，也不願意打官司，自己用械鬥方式來解決，結果趙家死了三十八人，廖家死了四十七人，加起來是八十五條性命。人的生命這麼寶貴，把它賠給價值一百貫錢的土地，值不值呢？又燒了七十二家的房屋，這七十二家的財產與一百貫錢的土地相比，哪個損失更大呢？

如果你們十天前來找本縣投訴，那麼這八十五個人就不必死，七十二家的房屋就不必燒了。你們仔細想一想，痛苦不痛苦？後悔不後悔？本縣給你們講這些話，都難受得傷心流淚啊！

現在，如果按照法律來懲辦兇手，那麼至少應該再殺趙家四十七人，廖家三十八人。你們要知道，兩者不能相抵，甲殺了乙，按律應該殺甲，丙殺了丁，按律應該殺丙，不能以各死一人結案。現在趙家的死者，不一定全是廖家的死者殺的，廖家的死者，也不一定全是趙家的死者殺的，按法律應該各算各的罪。

本縣仁義為懷，不忍心在大難之後，又殺趙廖兩家幾十口人，把全村變成廢墟，使兩姓斷絕後代。必須法外從寬，將脅從犯罪的大多數人免於追究，只將趙姓族長趙君芍、趙翰生，廖姓族長廖桂穆、廖順成按律斬首，以示警告。

另外，廖家死亡雖多，但房產沒有損失；趙家房產被焚，全村化為灰燼，死者則較少，雙方算是扯平了。那塊荒地，是械鬥的起源，兩家都不能購買，由官府變價發賣給外姓，隔斷兩家，永免爭執……

最後，于成龍再次告誡教育了一番，讓現場的老百姓全都領教了一回械鬥的害處。不久，血淋淋的四顆人頭懸掛在高高的杆子之上，形成震懾。別的大戶人家，哪裡還敢再發動械鬥？

這則「判詞」，說情、講理、論法皆感人至深，讓人感歎良久。于成龍名為輕判，實為重判，說是重判，又算是輕判，這中間的權謀機智，確實是厲害得很。按大清法律，這次算判得極輕，按羅城官府舊例，又算判得極重。而且，砍的全是族長的腦袋，絲毫沒有姑息，頗有古良吏「誅豪強」的遺風。

胥吏害民

羅城縣生員嚴從龍控告縣衙書吏胡安之欺詐百姓，並指責于成龍「姑息養奸」。面對百姓的指責，于成龍既沒有惱羞成怒，也沒有包庇下屬，而是用自責懺悔的態度，依法處理了此案，給了嚴從龍滿意的答覆。

于成龍在批示中說：「如果不是你仗義執言，本縣就會終生受到壞人的蒙蔽。本縣去年到羅城上任，身邊缺少能幹的人才。只有胡安之周詳安穩，謹慎勤勞，在眾胥吏中鶴立雞群，表現出色。本縣因此信任他，把許多事情都交給他辦。又見他辦事認真，毫不苟且，矢勤矢慎，於是更加信任。沒想到胡安之這些出色表現，原本就是要騙取本縣信任的。他先取得本縣的信任，然後肆無忌憚地禍害百姓。本縣讀書多年，竟未能看透這個玄機，如果不是你來控告，我至今還受蒙蔽……現在已祕密派人將胥吏胡安之拘押起來，特此通知你。」

這個案例的最終結果，人們今天不得而知，到底是胡安之犯法，還是嚴從龍誣告，記載並不明確。在明清時代，衙門胥吏矇騙長官、欺壓百姓是常見現象，惡劣生員包攬詞訟，挾制官府，也並不鮮見。誰是誰非在這個案例中並不重要，重要的是于成龍的為官態度。自己有了錯誤，敢於承認改正，下屬有了錯誤，也敢於嚴肅處理，並不一味地維護官府面子。

豪家私刑

常言道：「國有國法，家有家規。」這話似乎是合情合理的。但有家規，並不意味著就可以濫用私刑。在朝代更迭，中央政府統治力量薄弱時，地方上的豪強大戶往往會憑藉勢力，號令一方。代替官府執政，欺壓百姓。

羅城縣原來普遍存在這種情況，經過于成龍的一番整治，地方治安好轉，民間的各種力量大都俯首貼耳，開始當太平百姓。但有少數大戶人家藐視國法，自行其是，仍然是社會上的隱患毒瘤。這些人家號稱「總戎」、「侯伯」，都掛著朝廷的武職官銜，向來較強橫。于成龍說：「今威令已行，民知禮儀，此曹不悛，終不可為治。」

不久，黃大戶家一個年輕的家童，違反了家規，大戶先將家童打了個半死，然後讓人押著送到縣衙，說明違規緣由，要求于成龍做主，將家童斬首正法。大家在看電視劇乃至小說時，常會遇到這樣的情節。大戶人家對待下人，最嚴厲的威脅就是綁起來吊打然後送官法辦，好像官府是他們家的。

于成龍自然不吃黃大戶這一套：你把人都打得半死了，還送到我這裡做什麼？該不該斬首正法，自有三尺王法，豈是你這土豪劣紳能夠擅自做主的？他仔細審問，了解到家童犯的只是輕微過失，按律最多杖責一頓，並不是死罪。黃大戶私自用刑，卻也犯了王法，不能不追究。

于成龍立即拍案而起：「你把家童押送到官府，說明你懂得朝廷法律。但你擅自動刑，杖責家童，卻犯了『藐視官法』的罪。」下令將黃大戶責打三十棍。

此舉無疑為羅城的廣大窮人出了一口惡氣，知道官府是講天理講法律的，並不是和有錢有勢的大戶人家穿一條褲子，更不是不管窮苦百姓的死活。

寡婦受欺

寡婦沈宗氏的九歲兒子跑到鄰居江峰青家裡玩耍，揮拳打了江峰青七歲的兒子。事後，沈宗氏一面責打兒子，一面上門賠禮。但江峰青卻不依不饒，小題大做，非要告到官府，讓沈宗氏賠償他兒子的醫藥費。

這件事，本來就是沈宗氏理短，誰讓你兒子先動手打了人家兒子呢？適當賠償醫藥費，也在情理之中。但于成龍不這麼看問題，他認為小孩打架，家長們各自管教孩子也就是了，江峰青這樣大鬧，分明是大男子仗勢欺負寡婦，其心可誅。

于成龍在判詞中說：「江峰青所謂的延醫調治，說白了就是訛詐醫藥費。沈宗氏是位寡婦，含辛茹苦，撫孤守節。你一個堂堂男子，做她的鄰居，就應該尊敬她、佩服她、周濟她的困難、原諒她的過失。你反而覺得孤兒寡母好欺負，你還有做人的良心嗎？本縣是相信天道的，知道你將來免不了惡報。你兒子如果真的有傷，限三日內抬到縣衙檢驗，由本縣出錢給你兒子治傷，你不能再向沈家索要一絲半點；如果無傷，就從此了事，不許爭論。如果你再胡攪蠻纏，強詞奪理，本縣就把你抓起來懲辦，以此警告那些欺凌孤寡的惡徒。你不要覺得本縣存心厚道，就以身試法。」

從這篇判詞中，可以看出于成龍的獨特之處，他常用道德良心、因果報應的觀念來教育感化人。

婉姑婚姻

這是一宗普通的婚姻糾紛。古時講「父母之命，媒妁之言」，婚姻的男女當事人並沒有多少發言權、選擇權。于成龍作為封建時代的官吏，按道理也應該尊重「父母之命」的習俗，但他卻別出心裁，用自己的「天理良心」成全了一對有情人。

事情是這樣的：西門外居民馮汝棠，有個女兒名叫馮婉姑，美麗而多才，她愛上了家裡的塾師錢萬青。兩個人情投意合，私定終身，這在那個時代也算是出格的醜事。不過，錢萬青是有情有義的人，正式託媒向馮家提親，準備結成百年之好。這時候，城裡有個紈絝子弟呂豹變，看中了婉姑的美貌，他知道錢萬青與婉姑私定終身，就買通馮家婢女，挑撥離間，為錢、馮兩家製造矛盾。同時正式向馮汝棠提親，聘禮下得很重。馮汝棠貪圖呂家富貴，就答應了這門婚事，讓呂家擇吉迎娶。馮婉姑和父親哭鬧了幾回，無濟於事，只好上了呂家的花轎。在拜堂時，剛烈的馮婉姑拔出剪刀，刺中了呂豹變的喉部，然後趁亂跑到縣衙告狀。錢萬青聞訊後，知道婉姑沒有變心，也跑到縣衙要求于成龍主持公道。呂豹變匆匆包紮好傷口，也跑來告狀。一宗案子，三家都想當原告，只有馮汝棠幾頭不是人。

于成龍問明案情緣由，決定為這對有情人做主，便寫下一段極有趣的判詞，原文如下：

《關雎》詠好逑之什，《周禮》重嫁娶之儀。男歡女悅，原屬恆情；夫唱婦隨，斯稱良偶。錢萬青譽擅雕龍，才雄倚馬；馮婉姑吟工柳絮，夙號針神。初則情傳素簡，頻來問字之書；繼則夢隱巫山，竟作偷香之客。以西席之嘉賓，作東床之快婿，方謂情天不老，琴瑟歡偕。誰知孽海無邊，風波忽起。彼呂豹變者，本刁頑無恥，好色登徒。恃財勢之通神，乃因緣而作合。婢女無知，中其狡計；馮父昏瞶，竟聽讒言。遂令彩鳳而隨鴉，乃使張冠而李戴。

婉姑守貞不二，致死靡他。揮頸血以濺凶徒，志豈可奪？排眾難而訴令長，智有難能。仍宜複爾前盟，償爾素願。明月三五，堪諧夙世之歡；花燭一雙，永締百年之好。

馮汝棠者，貪富嫌貧，棄良即醜；利欲薰其良知，女兒竟為奇貨。須知令甲無私，本宜懲究。姑念緹縈泣請，暫免杖笞。

呂豹變刁猾紈絝，市井淫徒，破人骨肉，敗人伉儷。其情可誅，其罪難赦，應予杖責，儆彼冥頑。此判。

判決是錢萬青與馮婉姑成婚，馮汝棠免究，呂豹變杖責。由這篇判詞便可以知道，成天研習理學、講究「天理良心」的封建官吏于成龍老夫子，並不是面目可憎的「衛道士」，而是一位通情達理、親切可愛、成人之美的仁厚長者。

青選代婚

有個叫顏俊卿的年輕人，長相十分難看，但家境富裕。他看中了高賢相的女兒慧娟，卻不敢自己前去提親。他表弟錢青選家世清寒，卻是英俊多才。顏俊卿央告錢青選代替自己去相親，青選一去，婚事果然就定了。過了幾天，要迎娶了，顏俊卿還是不敢出面，仍由錢青選代勞。不料，老天爺這次幫窮人，下起了大雨，河流水漲，迎親隊伍無法回家。高賢相急中生智，就請錢青選在自己家裡和女兒拜堂成親，入了洞房。錢青選戰戰兢兢的，雖然與美女同床，也只是隔著被子睡覺。對外人來說，這也算是「生米煮成了熟飯」。三天後，惱羞成怒的顏俊卿趕到高家，不由分說就衝著錢青選的臉上揍了一拳。錢青選不服，到縣衙擊鼓告狀。就是這麼一件逗人的事情。

于成龍聽了自然是忍俊不禁，問明緣由，提筆寫了一篇絕妙的判詞，原文如下：

高賢相相女配夫，乃其常理；顏俊卿借人飾己，實出奇文。東床已選佳婿，何知以羊易牛；西鄰縱有責言，終難指鹿為馬。兩次渡湖，不讓傳書柳毅；三宵隔被，何慚秉燭雲長。風伯為媒，天公作合，佳男配於佳女，兩得其宜。求妻到底無妻，自作孽也。

高氏應斷歸錢青選，不須另作花燭。顏俊卿既不合設騙局於前，又不合奮老拳於後，事已不諧，姑免罪責。所費聘儀，助錢青選成婚之資，以贖一擊之罪。

媒妁尤原、言福壽，往來誆誘，實啟釁端，各重笞一千，以示懲儆。此判。

這宗案子的結果是，顏俊卿賠錢，兩位媒人挨打，錢青選與高慧娟安心做夫妻過日子。老百姓看到這判決，真是心服口服，開懷大笑不已。

月餅糾紛

判斷官司，本來應該是在事實基礎上，講法律，講道理，合理合法才行。但有的官司，事實已經完全搞不清，法律和道理也就沒法講。在這種情況下，于成龍也有自己很靈活的處理辦法，讓判決合乎天理人情，讓大家都能夠坦然接受。比如下面這宗月餅案。

羅城縣有一家茶食店，主營糕點類食品。中秋節來臨的時候，他們便大量出售五文錢一個的月餅。有位錢老太太，帶著三百文錢，到店裡購買了六十個月餅。一手交錢，一手交貨。但當時店中顧客太多，店員孫小弟前後忙碌，失於檢點，竟在這個節骨眼上出了差錯。孫小弟堅持錢老太太還沒有付錢，錢老太太則堅持自己已經把三百文錢交給孫小弟了。雙方爭吵起來，店內顧客和店外居民都跑過來看熱鬧，一時間聚集了幾百人，亂哄哄無法收場。羅城縣城本來就很小，在縣衙裡的于成龍很快就得到了消息，帶人趕了過去。他控制住現場秩序，仔細盤問了錢老太太和孫小弟，也詢問了當時在現場的顧客和店員，大家各執一詞，莫衷一是。

于成龍調查研究一番，說：「錢氏老太太，年過六旬，一向老實厚道，似乎不至於為了三百文錢而起賴帳之心。何況，她出門時確實帶了三百文錢，現在錢袋子已經空了，可見她確實是付了錢。」店員孫小弟一聽，急忙喊冤。于成龍接著又說：「茶食店信譽良好，也絕不會因為三百文錢而欺負老太太。店員孫小弟，在店中工作八年，一向誠實可靠，更不會有詐財之事。看來，事實是這樣的，錢老太太確實付了三百文錢，放在櫃檯上，而店中其他人乘亂順手牽羊，偷了此錢，店員孫小弟並沒有真正收到這筆錢。現在，如果讓錢老太太再出三百文錢，未免太冤。如果讓茶食店認了這三百文錢的損失，則怕開了先例，以後會讓壞人鑽空子。」

于成龍看了看圍觀的幾百人，笑著說：「來店內購物者有三百多人，大家不妨學古代的魯仲連，做件好事，排解糾紛。一人出一文錢，湊夠三百文，了結此事如何？」

現場每個人出一文錢，實在算不上什麼損失，反而算行了一善。于成龍這種做法，其實是照顧了錢老太太，也救了孫小弟。如果按合法合理的判法，應該雙方各認一半，錢老太太再出一百五十文，另一半由店裡承擔，而店裡肯定會讓孫小弟來承擔，甚至還會因為出錯而解雇孫小弟。于成龍的判法，其實就是要大家挺身而出，付出善心，保護弱者。

糞汙新衣

羅城居民平襟亞，家裡有幾個小錢，他從廣東買了幾件昂貴的綢緞衣服，準備結婚的時候穿。可是，新衣服買回來，不穿出去顯擺顯擺，那不是白買了嗎？他穿上新衣，渾身輕飄飄的，在城內城外閒逛。沒想到這天十分倒楣，在橋上遇見挑糞的鄉民屈天章，屈天章一不小心，失足滑倒，兩桶大糞濺到平襟亞的新衣服上，甚是倒楣。平襟亞惱羞成怒，火冒三丈，非要屈天章賠他一套新衣服。屈天章是個挑糞的窮漢，哪有錢賠償高級衣服？於是，官司就打到于成龍這來了。

按道理，這事是屈天章不對，弄髒了人家的新衣服，就該賠償人家。但屈天章不是故意的，屬於無心之過，另外家裡窮，也確實沒有錢賠。于成龍從「良心」出發，就偏袒了弱者屈天章。他先問平襟亞：「你的衣服能洗乾淨嗎？」平襟亞不敢胡說，答道：「能洗乾淨。」于成龍道：「能洗乾淨就回家洗一洗吧！洗完了不還是新的嗎？屈天章弄髒你的衣服不對，但又賠不起錢，讓他給你磕二十個頭賠禮吧！」縣官發話了，平襟亞只好從命。

第六章　結交大吏展宏才

康熙二年（一六六三年）秋天，廣西鄉試，于成龍臨時被調到省會桂林擔任簾官。因為其特殊表現，獲得了廣西巡撫金光祖的青睞。他向金光祖提了大量合理化建議，並且協助其解決了廣西省的鹽務弊政，造福全省百姓。

窮官進省

據于成龍的《治羅自紀並貽友人荊雪濤》，說這次做考官是「特取入簾」、「居闈中」，應該指他擔任「內簾官」。而別的記載，都說他是「外簾官」。「內簾官」包括各位考官，也有處理其他考務的官員，「外簾官」則主要負責維持考場秩序和週邊工作。區別只在於，「內簾官」屬於限制自由活動的保密人員，「外簾官」的活動範圍大一些，自由一些。

于成龍是小官窮官，到桂林之時，衣裝陳舊，行李簡單，只有一件皮套（羊皮被子或者大衣之類）。雖帶了一位隨從，也是又老又醜，和這位窮老爺相映成趣。于成龍平時待在羅城，倒沒什麼感覺，一到桂林，會見各地官員，就顯出寒酸來了。因為鄉試是省城裡的一大盛事，官員們像串親戚做貴客一樣，穿上最好的衣服，帶著最俊俏的僕從，處處都要擺闊氣、出風頭。于成龍對此倒很想得開，滿不在乎，我行我素。他的《偶吟》詩雲：「石崇豪貴範丹貧，生後生前定有因。傳語世間名利客，不如安命是高人。」

結交大吏

廣西左布政使，俗稱為「藩司」的，名叫金光祖，是漢軍旗人。這個人脾氣暴躁，對待下屬非常嚴厲，動不動就要粗口罵人。但他是廣西省的行政長官，下級官員們只好低頭忍受。于成龍是性情剛烈的北方硬漢，也不肯讓人。在考場工作的那些日子裡，只有他敢和金光祖頂嘴，也因此挨了更多的罵。《治羅自紀並貽友人荊雪濤》中的原話是：「時藩憲峻厲異常，輒欲詬詈屬官。成龍心不平，居闈中屢以抗直，不少挫辱。」

但結果怎麼樣呢？于成龍不但沒有因此得罪金光祖，反而引起了他的重視。別的官員都是唯唯諾諾的，一副奴才相，反倒把于成龍襯托得鶴立雞群。金光祖再一對照于成龍平時的政績：喲！怪不得他敢頂撞我，原來他就是那位著名的「羅城令」啊！所謂「不打不相識」，兩個人從此就惺惺相惜起來。

金光祖心態一變，眼光一變，再看于成龍就倍加可敬可愛。每天早晚，只要有了閒工夫，他就把于成龍請過來聊天，暢談廣西軍政大事。于成龍本就一肚子學問，一肚子見識，這時候終於遇見了知音，也就大談特談，問啥說啥。把個金光祖聽得心花怒放，請喝茶，請吃酒，這些在別的官員看來是「恩典」的好事，都陸續地降臨到于成龍的頭上。于成龍是個好酒之人，三杯過後，頭腦發熱，吹鬍子瞪眼，談起國家興亡，民生疾苦，往往是義形於色，毫不顧忌。當時的官場上，哪裡能見到這種率直的英才？透過這次交往，羅城知縣于成龍無疑成了廣西左布政使金光祖跟前的「大紅人」。

知無不言

不久，金光祖官升一級，擔任了廣西巡撫。

《于清端公政書》中有一篇〈對金撫臺問地方事宜〉，應該是當時談話的文字紀錄。談話時，金光祖還是廣西左布政使，俗稱「藩臺」，不久後升任巡撫，就稱為「撫臺」了。這篇文章可能是事後的記錄，所以稱其為「金撫臺」。文中所說的「地方事宜」，內容重大而廣泛，于成龍的回答相對簡略一些，好多問題都只談到處理原則，而沒有提到具體解決辦法，有些問題于成龍表示很為難，並沒有辦法解決，這都像是倉促之中的口頭回答。

金光祖是省級大員，平時關注的問題很多，于成龍只是偏僻地方的小小知縣，對全省政務不一定有很全面的了解，只能從整體原則上談一談。後人讀史，既沒必要求全責備，也沒必要盲目稱讚。對金光祖來說，于成龍的回答已經非常出色了，證明他絕不僅僅是個「知縣」的水準。從這些回答中，也可以了解于成龍本人的政治理念，下面分條介紹：

一、肅清吏治

于成龍提出：「敉寧地方之要，莫若安民。而安民之法，必以肅清吏治為先務。吏得其人，而潔己愛民，則弭盜固圉，省刑息訟，興利剔弊，諸務畢舉。雖在邊徼，可漸次化理矣。」

這個說法並不新鮮，屬於老生常談。在孔子時代，就有「舉直錯諸枉，能使枉者直」的說法。問題的關鍵是如何肅清吏治。歷代王朝制定的各種複雜而嚴格的官吏選拔考察制度，目的都是肅清吏治。用孔孟之道、程朱理學教育天下讀書人，目的也都是培養合格的官吏人才。而清官廉吏層出不窮，貪官污吏也層出不窮，無法從根本上解決問題。現在我們只能說，各朝的前期中期，走向盛世的階段，清官廉吏相對多一些；中期後期，走向衰世的階段，貪官污吏便大量出現。一切似乎都是為孟子「生於憂患，死於安樂」的觀點提供論據。

二、消弭盜匪

于成龍清楚地指出，地方上的「盜匪」其實全都來自於「人民」。黎民百姓雖然沒有讀書明理，但天性都善良老實，絕對不願意入山為寇。一者因為災荒戰亂，飢寒交迫，得不到官府的賑濟安撫，只好鋌而走險；二者因為官府催討賦稅，刑罰過重，百姓無法忍受，只好嘯聚山林。所以，地方上「盜匪」

多，主要還是官府的責任。于成龍的這個說法，十分合理，也十分大膽。

至於解決辦法，也還是從吏治做起。基層官員要「清淨寡欲」，自己先做個清官好官。然後用儒家的聖賢之道教化百姓，引導百姓安居樂業。再用法家的「保甲法」嚴格管理，防止意外事件發生。官員要愛護百姓的生命和財產，刑罰和賦稅都要盡可能減少一些，要讓老百姓多享受一些人生的樂趣，一家老小團團圓圓，男耕女織，勤儉致富。這樣，山上的盜匪也願意回家了。

這個理念，于成龍奉行了一生，他在各處為官，就是這樣做的。

三、安撫僮瑤

廣西多民族雜居，當時民族矛盾比較嚴重，壯族、瑤族等民族經常有起兵反抗清朝的「叛亂」之舉和相互之間的劫掠行為。被清朝大兵鎮壓之後，表面上暫時安定，但仍然是暗流洶湧，時有危機。于成龍提出的解決辦法是：「若稍疏一面之網，多方招撫，開誠布公，消疑釋嫌，逆僮（壯族）雖愚，亦必樂生惡死，悉歸王化，不煩弓矢而土宇寧謐。」意思是不要只依靠征剿鎮壓，而應該多用和平的招撫手段，加強溝通和交流，緩和民族矛盾。至於和平時期的民族政策。于成龍認為，這些民族不懂孔孟之道和詩書禮義，「驕悍固其素習」，這是不可能徹底改變的。地方官對他們應該慢慢地籠絡教育，不要急於求成，要「寬舒其手足，約束其心思」。這句話不容易理解，仔細推敲一下，應該是在日常行為上隨順他們的民族習慣，放任自流，讓他們保持原有的生活狀態；而在統治關係上，要加強思想控制，要求他們絕對服從官府，做清朝的順民，不允許有一點點的反抗。在「撫綏馴制」方面，于成龍提出「寧猛勿寬」，一發現他們有反抗跡象，就嚴厲打擊，絕不手軟。

綜合上面這幾種觀點，其實就是懷柔政策與高壓政策並行，靈活運用，以保障統治。這也是于成龍終生奉行的理念之一。

四、要塞設防

于成龍表示自己不太熟悉廣西地理，不知道何處地勢險要，何處應該設防，只是按一般常識，提出：「屯戍之兵不可不設，而統兵之法不可不嚴。兵以衛民，亦有禍民者；兵以防奸，亦有作奸者。屯戍設防，寧簡勿濫。」于成龍在這裡，還是注重「以民為本」，提出了軍民關係問題。那時候，除了幾個名將帶兵時軍紀嚴肅，對老百姓秋毫無犯，大部分兵營裡都充滿了「兵痞」，將官們也有很多不法之徒。駐紮一方，騷擾一方，對民間來說是一大害。但國家軍事要塞，又不能不設防，所以必須嚴明軍紀，防止軍人作奸犯科。設防地點和兵馬，當然是越少越好。

五、興復驛站

古代沒有電報、電話、網路，政府的資訊傳遞全靠遍及全國的驛站。驛站除了接待信使，還兼有「賓館」的功能，為過往官吏提供食宿服務。有時候，還要兼理一部分物資運輸事務。

國家在驛站設有專門的官吏，每年也有一定數量的工作經費。但驛站事務繁重，軍情大事刻不容緩，過往官吏又難免無理徵調勒索，稍出差錯則上司責罰立至，驛站人員不堪忍受時，只有棄職逃走一法，這就造成了大量驛站的「倒廢」。所以，于成龍說：「驛站最為民苦。」關於如何興復，于成龍認為，這事沒有什麼好辦法。驛站是國家通訊和交通命脈，絕對不能夠出差錯，再苦也要興復開辦。但驛站應該嚴格執行制度，檢查過往信使及官吏的證件及公文，有合法手續的就提供服務，手續不全的就拒絕服務，以減輕驛站的負擔。另外，嚴禁過往官吏私自徵調差役，無理勒索財物。驛站還要健全檔案，詳細記錄各種事件的帳目。文簿四季循環，以便隨時查核。主管官員應該真心執行制度，並體貼關懷驛站人員，不要過重地批評責罰，避免出現驛站人員棄職逃亡事件。這樣，驛站的吏民受害較少，驛站也能逐漸恢復起來。

六、完成欽限

這裡說的「欽限」，是指官府內要限期完成的緊急公文及冊籍製作等事。明清時代屬於高度中央集權制，大部分政策和命令都由朝廷發出。而朝廷為了研究下情，又需要收集豐富的基層資訊，這就造成了超大數量的公文來往。在中原一帶，基層官府裡精通文案的人才比較多，還可以勉強應付。而偏僻的廣西省，有文化懂計算的知識分子數量很少，官府很難雇用到足夠的書吏，處理公文的難度就比較大。于成龍在文中說：「一二經承，兼理六房。事繁人寡，簿書堆案。有司攢眉，晝夜不停，而案牘彌積。」日常處理的文案事務，有由單、奏銷、會計、征解，還有清丈田畝、編審戶口、催造開墾等等，全都非常重要，出不得一點差錯，違不得一點期限。稍有差錯，上級就會發回重造，這又勢必會超過期限，受到責罰。如何解決這個困難呢？于成龍提出一條不得已的辦法。廣東省經常把罪犯發配到廣西來，這群人中有一些精通書算的，可以臨時借來幫忙。但官府又沒有這筆薪資開支，不能給人家支付費用。這些人賺不到薪資，就會勒索本地的「里甲」，這又是違法犯紀的事情。于成龍表示很無奈，這事沒有什麼好辦法，只能硬著頭皮，加班加點做而已。

七、管理土司

土司制度是封建王朝對西南少數民族地區的一種特殊政策。對那些有一定凝聚力戰鬥力的部落，朝廷採取羈縻懷柔手段，封賜給其首領一定的官職，頒發印信，由他統領整個部落事務。官職也是世襲的，可以子孫相傳。這些土司名義上臣服於朝廷，並繳納一定的貢賦，實際上是相對獨立的自治王國，朝廷並不干涉其內政。到了政權更迭，朝廷統治無力的時代，這些土司政權就難免蠢蠢欲動，製造混亂。于成龍認為，這是因為土司身邊沒有正人君子做助手、出主意，所以才會胡作非為。解決的辦法就是派一些能幹的人進去，影響、教育土司，使土司內部和平，正常向朝廷繳納貢賦。至於地方官府，最好不要對土司有過多的苛求，免得引起他們反感。

八、剔除陋規

這個問題，是于成龍比較熟悉的，他做知縣，成天面對的就是這些「火耗」、陋規。于成龍非常客觀也非常無奈地表示，廣西經過二十年戰亂，黎民百姓一直掙扎在生死線上，貧窮程度超乎想像。才勉強完成正賦，又要面對朝廷強行攤派的鹽引，百姓們只能束手待斃，已經沒有什麼被敲詐的價值了。即使是最貪最壞的地方官，也無法徵收「火耗」錢。為什麼？老百姓是要錢沒有，要命也只剩半條了。

九、清理刑獄

戰亂之後，百姓窮困，犯罪的人多，監獄經常是滿的。而不法之徒，恃強淩弱，又常常打著法律旗號興訟誣告，既坑害善良百姓，又給官府增加了工作量。這就出現了清理刑獄、懲處刁頑的問題。這方面的情況，于成龍也是熟悉的。他的思路很明確，提出「寧失出，毋失入」的大原則，也就是寧可錯放，不可錯抓。「失出」、「失入」都是官員在執法過程中容易犯的錯誤，但兩相比較，還是「失出」對百姓更有益一些，對清理刑獄更有效一些。這倒不是說于成龍支持辦錯案，而是要把握一條「少抓人」

的原則，讓百姓們能夠安心生活，如此則「好生之德自洽」。

封建時代法律森嚴，司法機關和法律制度都相當完備，但又不提倡打官司，認為這是萬不得已的辦法，主張民以教化為先，矛盾糾紛以調解為上策。哪個地方的人愛打官司，就會被視為「民風刁頑」，「民悍健訟」。于成龍消除訴訟風氣的辦法是，「禁止教唆，嚴絕赦前」，也就是發現某人教唆別人打官司，就要立即懲處，嚴禁這種風氣。而且，朝廷大赦之前的違法犯罪行為，既在赦免之列，那就絕不受理。在聽取原告陳述時，官員要仔細審察他的語調和表情，看他是不是誠實人，有沒有惡意誣告的情況，絕不隨便受理官司。

十、鼓勵墾荒

多年戰亂造成人口銳減，土地荒蕪。戰亂過後，招納流民，開墾荒地，就成了朝廷大事。在這方面，朝廷本來就有優惠政策，墾荒之後三年之內，可以不向朝廷繳納賦稅，三年之後才「起科」。于成龍認為，地方官員謹遵朝廷「三年起科」的政策就足夠了，不要隨便擾民，老百姓哪個不愛墾荒種地啊？田園很快就能夠恢復，人煙很快就能會密集起來。

十一、懲治貪官

這是封建社會的大問題，更是老問題，但具體到比較偏僻的廣西省，于成龍認為事情就會相對簡單一些。他說：「蠻煙瘴雨，地瘠民貧，性命之念重，富貴之心冷。」也就是說，那些富庶之地，地皮厚，油水多，容易引起官員的貪心，貪汙腐敗現象就嚴重一些。像廣西境內這些貧窮地方，官員們都以保重身體、延續性命為頭等大事，發財致富的心思相對要淡泊一些。如果上級嚴格執法，就可以杜絕下級官員的貪汙現象。官府內部的衙役，被稱為「衙蠹」，禍害百姓的情況要多一些。于成龍說，這也不難治理，發現一個就清除一個。衙役應每年更換一次，不讓他們長期待在官府。平時嚴格管理，不要讓他們釀成大錯，落到犯罪砍頭的地步。

十二、積儲備荒

于成龍提倡古法，也就是建立「常平倉」。秋天，從百姓手裡平價收購餘糧，儲存起來。第二年春天青黃不接時，再平價出售給百姓。這種總體調控辦法，也不是沒有一點弊端，但只要官府實心理事，是能夠起到調節有無、抑制物價的救濟作用。

于成龍在《對金撫臺問地方事宜》中，還簡略地提到其他幾項事務。如土物之採買、里甲之苛派、新役之幫貼等，都屬於地方弊端。但他認為在百廢待興之時，這些細枝末節並不是要急於考慮的問題，就沒有進一步展開議論。

根據于成龍的《治羅自紀並貽友人荊雪濤》，他向金光祖提出的這些建議，大部分都得到了採納。金光祖又把這些建議全部向朝廷做了彙報，朝廷也採納了其中一大部分。應該說，「七品芝麻官」于成龍透過口頭和書面的議論，為當時的朝廷政治做出了一定的貢獻。他的這些出色表現，也為將來自己的舉「卓異」和連續升官奠定了基礎。這篇對答，可以算作是于成龍對上級現場考試的一份出色答卷。

鹽務問題

在中國封建時代，食鹽屬於國家壟斷專營，是非常重要的財政收入。明朝建立後，實行「開中制」，國家向鹽商出售特許證「鹽引」，商人持「鹽引」到鹽場買鹽，然後運輸到指定地區銷售。這其中雖然不能說沒有弊端，但百姓們已經適應了。可是，清代初期，朝廷為了財政收入，提高了原來的規定限額，要求各地多賣鹽，多收稅，這就造成了一系列新的弊端。

廣東、廣西兩省，在清朝都屬兩廣總督管轄。廣東省「鹽引」積壓，不能完成銷售任務，官府就把這部分積壓「鹽引」強行攤派給了廣西省。廣西省為了完成任務，又層層攤派給下級官府，並把食鹽銷售成績和官員的政績考核掛起鉤來。完不成銷售任務，官員們就算是「不稱職」，會影響到今後的提拔重用。各級官員萬般無奈之下，只好自己組織差役運輸銷售，把食鹽強行出售給百姓。官員們十分痛苦，但最痛苦的還是廣大老百姓。

金光祖擔任布政使時，主管全省財政，對鹽務的利弊自然十分清楚。當升任巡撫之後，手中的權力稍大，他就決心改革這項弊政。第一次，他向朝廷上書申請豁免食鹽銷售任務，被朝廷嚴詞拒絕。他在被迫執行朝廷命令的同時，繼續研究解決辦法。第二次，他向朝廷上書，提出「區劃戶口食鹽法」。在他的極力調停之下，「鹽引」被削減了三分之二，各級官府和老百姓頭上的負擔便減輕了一大部分。但是，鹽務仍然弊端重重，官府和百姓依然叫苦不迭。金光祖無奈，便下發文書，要求基層官員研究對策。

分析利弊

于成龍接到文書後，結合自己對鹽務利弊的認識，向金光祖上了一份《條陳引鹽利弊議》。在這篇文章中，他詳細彙報了基層的實際情況，並提出了解決辦法。

于成龍說，自從「區劃戶口食鹽法」實施之後，各地官府都積極行動起來，有的招商立埠，有的組織官運，有的委託上級代為招商。在大家的努力下，食鹽銷售任務普遍都能完成，有的地方還能超額完成。各級官員的「考成」應該是都沒有問題了，但廣大百姓受到了更嚴重的剝削，越來越窮苦了。問題出在哪裡呢？于成龍提出「禁官運」、「革埠商」兩條解決辦法，指出問題就出在「官運」和「埠商」這兩方面。

所謂「官運」，就是官方組織食鹽的運銷。柳州府一帶，官府和百姓都很窮，官府沒有足夠的運銷資金，百姓也不可能事先墊付，所以只能先向鹽主賒借。鹽主因為不是現錢交易，便趁機抬高了價格。運輸時，官府的差役因為不是給自家做生意，處處都不節省，運費很高，這些費用最後全轉嫁給了買鹽的百姓。這樣在銷售時，鹽價就已經高了好幾倍。另外，發鹽之時，官買官賣，都不考慮市場的實際需求，只是一味地多多發運，貪圖完成任務，表現政績。到零售時，因為發來的食鹽數量過多，又不得不強迫百姓多買。百姓們既要出高價，又必須多買，貧窮人家能有幾個錢，這不僅影響了百姓向國家繳納「正賦」，也造成了很多百姓破產。所以于成龍提出，「官運」應該立即禁止。

所謂「埠商」，是指本地的鹽商。這些鹽商，為了自己賺錢發財，在運銷過程中自然斤斤計較，處處節省，不會有浪費的環節，其成本和「官運」鹽相比，是要低很多的。但是，因為有官運的高價食鹽在，這些商人怕得罪官府，不敢低價傾銷，便把鹽價提高到「官運」鹽的水準。這樣利潤極大，埠商自然是一百個願意。他們賣鹽時和官府勾結，強行攤派，收錢時又沿門挨戶強行索討，造成了極壞的影響。所以于成龍建議，革除埠商的賣鹽資格。

于成龍的正面建議是支持「流商」，也就是自由貿易的外地商人。流商成本低廉，競爭也比較激烈，在市場杠杆的操縱下，他們願意深入到各地去販賣價格便宜的食鹽。這樣，既能完成全省的銷售任務，又能方便百姓，是個兩全其美的事情。為了方便流商，于成龍建議簡化流通環節：流商從廣東運鹽進廣西省，在梧州要辦理一個「交引換票」的手續，等於是獲得省內銷售的「許可證」；從梧州到柳州府，再「憑票換牌」，獲得柳州府境內的銷售權。進入柳州府境之後，就不應該再有更多的管理環節，不要限制區域，讓商人們自由買賣。另外，官府對「私鹽」的緝查力度也應該適度放寬，不要總拿這個藉口去騷擾流商做生意。這樣，流商和百姓都方便了，到處都會歡迎流商的便宜食鹽，唯恐流商不去，食鹽量少。

于成龍還說，廣西提督手下有數萬兵馬，每年食鹽的消費量很大。而朝廷為兵營準備的「馬平鹽包」，不足二百個。省內多餘的「鹽引」，其實可以存起來，以備兵營的不時之需。而兩廣境內和周邊地區駐紮的藩王以及八旗將軍，平時倚仗特權，都會做些販賣私鹽的勾當。于成龍建議，地方官不要多管這些閒事，讓那些人和流商一樣去自由買賣，以加強市場競爭，平抑鹽價，保障供應。

功德無量

于成龍的這篇《條陳引鹽利弊議》，確實很有卓見，也比較符合現代市場經濟的一些規律。當時的鹽務弊端，主要是由於官府辦事急躁，錯誤地將銷售任務強行攤派給下級，把銷鹽與考成掛鉤，逼迫基層各級官府實施了一些不合市場規律的措施，最終坑害了百姓，引起了社會的恐慌不安。而一旦放寬了政策，減少了環節，食鹽銷售量自然會有合理的好轉，「鹽引」任務不愁完不成，百姓們也有了便宜的充足的食鹽。

這篇文章上報給金光祖後，得到了採納實施，並上報給朝廷，在全國各地推廣。它也許只花費了于成龍三五天的時間和精力，算不了什麼，但它利民、利官、利國，確實是功德無量，善莫大焉！這也算是于成龍不昧「天理良心」的另一種體現。

鑒於這篇文章的重要價值，後世在編輯《于清端公政書》時，將其放到全書的第一篇。

第七章　初舉卓異成名吏

初到羅城時，于成龍認為這裡是個「活地獄」。但後來，在他的悉心治理下，羅城的社會經濟各方面都有了令人欣喜的巨大變化。于成龍也過上了一種淡薄自甘、有詩有酒的生活。七年後，于成龍被舉為「卓異」，為羅城生活畫上了閃亮的句號。

詩酒自娛

于成龍以前就愛喝點酒，到了羅城之後，人地兩生，他每晚必須喝酒一壺，但只買四文錢一壺的普通燒酒。當手頭錢緊的時候，他每天就只喝半壺，反正是不能不喝的。

于成龍的嗜酒，也可能是從史書裡借鑒來的養生之道。據《史記》、《漢書》記載，西漢名臣袁盎，曾經被朝廷貶謫到比較溼熱的吳地，那地方當時也算是煙瘴之地。臨行前，他侄子袁種出主意說，每天堅持喝酒，就能對付南方的卑溼，保持身體健康。後來袁盎果然平安地回來了。于成龍的每天喝酒，應該有養生保健的目的，當然也是排遣愁悶的良方。後來，喝酒便成了他終生的愛好。

于成龍晚上喝酒時，不用下酒菜，連筷子也不用。他拿出一本唐詩，一邊念一邊喝，有時不念詩，自己拿紙筆寫詩，邊寫邊喝。有時候，他想起了自己的身世、命運、故鄉、親人、朋友，忍不住悲從中來，就一邊掉淚一邊喝，喝到嘴裡的，不知道是酒還是淚。

于成龍是貢生出身，詩文水準自然不敢和進士翰林們相比，所以他經常解嘲說自己寫的是「俚語」。不過，通過于成龍的詩詞作品，人們也能很好地領略他的精神世界。

這裡引一首《粵西九日》，是于成龍重陽節寫的思鄉詩：

冷落荒城又一秋，每逢佳節轉添愁。黃茅嶂遠今猶古，白髮風淒歎復羞。菊瘦懶看空淚落，雁回遙望暮雲收。閉門卻厭登高去，醉裡心魂到故丘。

有時候，公務並不繁忙，于成龍可以從容地睡午覺，睡足了就起來讀史書。古人說：「以史為鑒，可以知興替。」于成龍透過認真讀史，學習了不少從政經驗，也了解了不少興亡變遷。讀得有感慨了，他也會提筆寫幾首詩。

《羅城署中閑詠》云：

窗前馴鴿行書案，驚醒主人午夢時。起坐閑看十七史，古今成敗有誰知？

子厚當年被謫時，柳州城上寫新詩。哪知千載存亡後，我與先生共客羈。

從第二首詩可以了解到，唐朝時的山西老鄉柳宗元，被于成龍當成了學習榜樣。柳宗元被貶謫到柳州擔任刺史，有大量的政績，其境況和于成龍是極為相似。

一次，于成龍睡夢之中，居然足踏祥雲，向著遙遠的山西永寧飛去，好像立即就能見到親人了。可惜，夢境也不能盡如人意，飛到湖南洞庭湖時就落了下來，被當地的神仙留住說話。這還不算，夢中一摸身上，官印居然丟了，於是又趕緊尋找回轉羅城的路途。且看他的《寫夢》：

終日思家悵復吁，夢魂飛泊洞庭湖。忽驚信篆歸何處？別卻耆童覓舊途。

在羅城當知縣，每年的俸祿是四十五兩白銀。這筆收入，只比教書先生略好一點。有人算過這筆帳，知縣每月大概只有三兩多銀子的收入，只能保障全家人的粗茶淡飯，連吃點好的都不行。再多養一匹馬，就有點入不敷出。如果再有日常的人事應酬，那就遠遠不夠了。于成龍孤身在羅城，不必管家裡的花銷，自己一個人的衣食，又極其簡單節省，這筆錢應該是花不完的。有時做點善事，捐助公益，也能拿出一點錢來。但于成龍的「窮大方」，有時候竟會影響到自己的酒癮。沒錢買酒了，就去勉強戒酒，戒了酒又睡不著覺，那就乾脆寫詩吧：

一夜一壺酒，床頭已乏錢。強欲禁酤我，通宵竟不眠。

于成龍後來回憶，在羅城的生活是「天下有極苦之地，居之久而不為苦者」。羅城雖然貧窮破敗，但山高皇帝遠，無人管束，可以過得自由自在。自己吃粗食，穿破衣，想醉就醉，上司看不見，百姓也不嫌。後來治理得法，條件改善，日子過得也好一些，和老百姓相處得如家人朋友一般。做一點好事，老百姓就會感恩戴德，有一點成績，上級就會讚賞表揚。平時沒有複雜的官場交往，過年過節不用給上級送禮。上級知道他窮苦，也不會嫌棄。這種日子，倒也有一種特殊的樂趣。

廷翼探父

于成龍的大兒子于廷翼，曾經到羅城縣探望過父親。當初蘇朝卿護送瘋僕回鄉之後，于成龍一個人留在羅城，生活極為艱苦。家裡知道後，派于廷翼到羅城侍奉父親，同時也帶來了新的僕人。

于廷翼探父期間，據記載發生了三件事：

第一，于廷翼帶來一份「族令」，于氏家族要求于成龍任滿後立即辭官回鄉，不要再做這個吃苦受累的小官了。

第二，于廷翼帶來一份「母命」，邢氏夫人掛念于成龍的生活，自己又不能到羅城來，就讓廷翼傳話，讓于成龍在羅城納一個妾，照料起居，過點有情有愛的生活。

第三，羅城百姓這時候已經和于成龍建立了深厚的感情，大家以為于成龍老家窮得過不下去了，才派大公子到任所取錢，於是湊了一筆錢給于成龍。

第一件事，于成龍顯然沒有聽從，羅城任滿以後繼續做下去，到黃州以後才幾次提出要辭官。

第二件事，于成龍也沒有採納。各種記載中都說，于成龍只有一位邢氏夫人，並沒有納妾。而且，于家有規矩，男人四十無子才允許納妾，于成龍已經生了三個兒子，自然不需要小妾了。至於個人的生活，于成龍一輩子就沒有講究過享受。

第三件事，于成龍很委婉地拒絕了百姓，說路途太遠了，廷翼一個人行路，帶錢多了不方便，讓百姓們把錢拿回去孝敬自家父母。

于廷翼到羅城的時候，羅城的生活條件可能已經好了不少。有百姓們的幫助，于成龍也能安心生活、專心理事了。見了廷翼，于成龍自然是喜出望外，但同時又擔心起家鄉的老母親來。廷勷和廷元都還小，沒有廷翼，家裡可怎麼辦呢？這樣，廷翼在羅城住了一陣子，就被于成龍打發回去了。

初舉「卓異」

康熙六年（一六六七年），于成龍因為政績突出，被兩廣總督盧興祖舉為「卓異」，這是清代地方官員考核中名額最少、最為珍貴的特殊榮譽和升遷資本。對于成龍來說，這個榮譽確實來之不易，是他自己在羅城辛辛苦苦，視百姓如家人父子，全身心投入工作的結果。

清沿明制，清代官員的考核制度是比較完備的。文官三年考核一次，武官五年考核一次。京官和一、二、三品地方大員的考核稱為「京察」，中下級地方官員的考核稱為「大計」。考核的主要指標有三項，即農桑、學校、盜訟，簡而言之就是經濟、教育和治安，這是政績好壞的主要依據，類似於後世的GDP和社會治安一票否決制。「大計」中，布政使與按察使的考核稱為「考題」，由總督、巡撫撰寫評語，報吏部核定。省內其他官員，各由其上級撰寫評語，送交總督、巡撫審核，匯總到吏部考功司確定等級，稱為「會核」。「京察」和「大計」最後都由吏部會與都察院及其他相關衙門審核定稿，上報皇帝批准。

于成龍是七品知縣，他的考核評語應該是由柳州知府撰寫初稿，彙報給布政使和按察使，經過審核後，再上報給巡撫和總督。督撫審核縣官治績和上級評語後再優中選優，精選出百分之一二，評為「卓異」者推薦給吏部，進行全國性表彰獎勵。

考核的成績分為三等，一等為稱職，二等為勤職，三等為供職。考核為一等的，還要「保舉」。「保舉」有比例，地方中下層官員大概是十五比一。「保舉」被朝廷批准的，就稱為「卓異」。

于成龍的操守和才能應該都不成問題，健康狀況雖然不錯，但年齡是偏大的。至於政績，因為羅城是極窮苦的縣，倉庫、賦稅方面，于成龍的完成情況不太好。所以，在知府、布政使、按察使這幾層的「會核」中，給于成龍的評語並不是很高，沒有將他列入「保舉」名單。

廣西省的「一把手」巡撫金光祖，特別器重于成龍，在這件事情上慧眼獨具，動用了領導權威。他向布政使和按察使發脾氣說：「如果你們不把于成龍保舉上來，那我就用『特疏』的方式向朝廷推薦他！」

布政使和按察使惹不起巡撫，只好重新撰寫于成龍的考語，把他列為「一等保舉」，向金光祖報上去。金光祖拿著名單，找兩廣總督盧興祖商量「保舉」的事，見面時免不了再向總督大人美言推薦一番。盧興祖看著于成龍的考語，聽著金光祖的彙報，忽然間就動了感情，深深地敬佩起這位信奉「天理良心」的羅城知縣。他把考語中的「淡薄自甘」四個字鄭重地用紅筆圈了，向金光祖說：「廣西省今年就只保舉于成龍一個人吧！」

自己喜愛的人才終於有了出頭之日，金光祖當然十分高興。假如保舉成功，于成龍被朝廷批准為「卓異」，那就可以進京「行取」，被提拔重用，前途無量。金光祖作為舉薦者，也會和被薦者結下一層類似於師生或者派系的親密關係。所以，金光祖乾脆好人做到底，為于成龍準備下一筆進京「行取」的盤費銀子。

根據《清史列傳》，盧興祖和金光祖為于成龍撰寫的保舉評語是：羅城在深山之間，瑤、玲頑悍。成龍潔己愛民，建學宮，創養濟院，任事練達，堪列「卓異」。而《國朝先正事略》中的《于清端公事略》，將于成龍的羅城政績評價為：在羅城七年，招流亡，修學校，增陴浚隍，訂婚喪之制。

于成龍的七年羅城政績可以概括為：第一，為官清廉，愛民如子；第二，招徠流民，恢復生產；第三，興辦學校，發展教育；第四，辦養濟院，撫恤孤寡；第五，修復城池，建設羅城；第六，崇尚禮儀，教化百姓。

史書沒有總結到的還有：緝捕盜賊，維護治安；從嚴執法，震懾犯罪；改革鹽務，造福吏民；撰寫文章，研究政情。

于成龍在羅城這種最窮苦最危險的地方，辛勤忘我地治理了七年，做出卓越的政績，確實有一些值得後人借鑒的為人治世之道。比如：詩酒自娛，心胸開朗；體恤百姓，行善積德；勇於擔當，破格辦事；依靠上級，積極表現。

第八章　連升三級到合州

金光祖滿心希望著于成龍舉「卓異」之後，被朝廷「行取」，升任一個好職位。但于成龍命運不濟，苦日子卻還沒有完全到頭。他被朝廷以另外的理由，連升三級到了四川合州。

邊俸逾期

以前的記載都認為于成龍是被金光祖和盧興祖舉為「卓異」，才得以升任四川合州知州。透過閱讀于成龍的《治羅自紀並貽友人荊雪濤》，卻發現他的升遷事情並非如此簡單。原來，康熙六年（一六六七年）的于成龍，忽然遇到了一個「邊俸逾期」的情況。所謂「邊俸」，是指邊疆地區官員的任職期限，相對應的是內地官員的「腹俸」。因為邊地窮苦，朝廷定有優惠政策。內地官員五年無過失，才會考慮升遷，而邊地官員，往往不足三年就會被調任升遷。另有一說法是，內地官員以三年為期，邊地官員上任兩年就算任滿到期。這種調動提拔方式，叫作「考滿」。

于成龍在羅城做了七年，早就超過了邊俸的期限。康熙初年，清代官僚制度可能還不太規範，吏部官員失察，沒有及時給于成龍調任。或者是因為沒有人肯去邊地做官，于成龍在任上既不病死，又不逃走，吏部欺負老實人，索性就讓他在羅城多待了幾年。

等到康熙六年，吏部卻忽然查到了于成龍的檔案，發現他「邊俸逾期」了，應該趕緊給他調任升官。從正七品的知縣，升為從五品的知州，連升了三級；從偏遠的廣西省，調到離內地較近的四川省。這次的提拔力度，應該是很大的。但是，四川合州歷經戰亂之後，其荒蕪殘破程度，與羅城縣實在是不相上下，仍然是個極其苦累的地方。

吏部的調令還沒有傳到廣西的時候，金光祖正在費盡心力地為于成龍舉「卓異」；金光祖的保舉文書送往北京，還沒有回音的時候，吏部的調令卻已經到了廣西。命運和于成龍開了個玩笑，打了一個惡作劇的時間差，讓他只得再到四川合州受幾年苦。但不管如何，于成龍總算是活著離開羅城了，也真是善有善報。當時是「南人官北，北人官南」，在廣西當官的都是北方人，羅城周邊州縣的同僚們，死在任上的很多。于成龍在《治羅自紀並貽友人荊雪濤》中說：「回想同寅諸公死亡，無一得脫，鬼神無爽，能不寒心？」這段話透露出一個訊息，在當時肯老老實實當清官的人確實不多，大家多少都有負心害民之處。于成龍嚴於律己，一點也不敢馬虎，最後能活著離開羅城，能夠升官，他自己認為當初的所作所為是正確的，講「天理良心」沒有錯。

于成龍接到朝廷的調令後，趕到桂林向金光祖辭行。金光祖很傷感，向于成龍說了一番語重心長的話：

我薦舉一場，指望行取。知道你窮苦，我為你湊下盤費。誰知你先升了，此亦是你的命。但兩司因認不得你，不肯薦舉你。本院發怒，方才舉來。誰想督臺將你考語「淡薄自甘」四字圈了，立意粵西只舉薦你一個，亦是公道難泯處。今你往四川，又是苦了。照羅城縣做去，萬不可壞我名聲。我與書兩封，一與總督，一與撫臺。

「眇者」送行

于成龍是個迷信的人，聽謠傳羅城的「武陽岡三年必反亂一場」。上任第三年，他著實驚恐緊張了一回，生怕各民族百姓造反鬧事，釀成大禍。但那年羅城境內和平安寧，沒有大事發生。民間還傳言羅城「三年一小剿，五年一大剿」，上任第五年，他還是很緊張，結果也平安度過了。其實，百姓造反都是官府逼出來的，羅城有了于成龍這樣的好知縣，大家過上了太平日子，有一點小矛盾早就化解了，誰還願意惹是生非呢？

于成龍和羅城縣官吏百姓感情極深，如今他真正要離任升官了，百姓們自然是依依難捨。但于大人要升官，總不能攔著啊！還能讓他老人家一輩子待在羅城啊？百姓們組織了很多人，為于成龍送行。

據後世傳說，當時百姓們相送一程之後，揮淚告別，漸漸都回去了，最後只剩下一位「眇者」不肯離去，還要陪著于成龍走。所謂「眇者」，原指瞎一隻眼的人，後來也指雙目失明的盲人。

于成龍說：「先生，送君千里，終須一別，您還是回家去吧！」「眇者」說：「于大人一向窮苦，路上的盤費肯定不足。小民有一點算卦的手藝，路上可以幫襯大人一點，就讓我送您到合州吧！」

「眇者」送行其實只是個傳說，于成龍不可能真的讓盲人給他算卦賺路費。他於康熙六年（一六六七年）八月接到調令，很快與新任知縣辦理了交接手續。赴桂林與金光祖告別後，便起程趕往四川。先到省會成都報到，最後於九月初六抵達合州上任。

值得一提的是，于成龍到達成都時，因為打扮寒酸，沒錢「打點」，曾經受過某些勢利小人的白眼和刁難。有詩為證：「兩任邊荒囊之錢，低頭羞語尉巡前。淮陰受卻少年辱，也了前生一惡緣。」

合州知州

清朝初年的四川合州，就是現在的重慶市合川區，距重慶市區五十六公里，是重慶市的北大門。境內有嘉陵江、涪江、渠江三江交匯，形如疊衣，古稱為「褺江」，後來誤為「墊江」。自古以來是濮人、巴人的聚居地，曾建有「巴子城」，是古巴國的別都，歷史上還有墊江、宕渠郡、合州、涪州、涪陵郡、合川等名稱。南宋時期，合州曾經發生過著名的「釣魚城」大戰，蒙哥大汗殞命城下，數萬蒙古鐵騎為之膽寒。

合州氣候宜人，資源豐富，又是水陸交通樞紐和物資集散地，可以稱是富庶繁華之地。但是清朝初年的情況卻比較特殊。四川一帶經過多年的戰亂，張獻忠等各路農民起義軍，南明各政權的抗清義軍，清朝的滿漢各軍，在這一帶反反覆覆地打仗，老百姓死亡無數，和古詩裡講的「白骨露於野，千里無雞鳴」的情況差不多。

把合州和廣西羅城相比，羅城主要是氣候溼熱，北方人不易適應，有患病死亡之憂；多民族雜居，矛盾激化，地方治安不好；戰爭災荒之後，人煙稀少，經濟凋敝，百廢待興。合州則只有後者：戰後人煙稀少，經濟凋敝，百廢待興。比羅城的情況要好一點。

清朝的知州分為兩種：「直隸州」知州，直屬於布政使，正五品（乾隆三十五年改）；「屬州」知州，歸知府管轄，從五品。合州以前有幾個屬縣，算是直隸州的設置，後來逐漸裁撤，到雍正六年（一七二八年），屬縣撤完，就算是散州了。于成龍上任合州知州時，合州有銅梁、大足、武勝三個屬縣，加上合州，總共是四個縣的規模，當時應該還是直隸州設置，但已經歸重慶府管轄了。

于成龍的知州是從五品官，年俸八十兩，比在羅城要多一些。知州的職權，既類似於知縣，也類似於知府。他要直接管理本州的一切事務，類似於知縣；又要領導幾個屬縣知縣，間接管理屬縣事務，類似於知府。他的助手有州同、州判，下面還有巡檢、驛丞、閘官、稅課司大使等數量不等的屬吏。

于成龍上任合州知州時，由於地方荒殘，人口極少，官員的配置很不齊全。三個屬縣當時都不設知縣，全由于成龍一人兼管。登記在冊的百姓據說只有一百餘人，每年正賦只有十五兩左右。可以這樣說，當時的合州，幾乎就是個空州。于成龍面對的就是這樣一個人稀賦少的窮攤子。

祭祀事務

于成龍做了七年的羅城知縣，有了豐富的執政經驗，到達合州之後，自然要著手恢復這個地方的繁榮，情形和羅城縣應該有一定的相似之處。但根據《于清端公政書・合州書》的記載，于成龍的工作重點，首先是「複祀典，正朝儀」，等於是先從文化做起，這和在羅城時的風格就不同了。

祭祀是地方官府的職責之一，其內容、儀式、日期，都有詳細的規定，經費從朝廷正賦中支取。每年春秋二季的「丁日」，祭祀至聖先師孔夫子、孔夫子的父親啟聖公、梓潼帝君，目的是「崇文教」；「戊日」，祭祀社稷、山川、風雲雷電、城隍、土地諸神，目的是「敦祈報」；三月初一、七月十五、十月初一，祭祀孤魂野鬼，目的是「恤幽魂」。

于成龍在寫給上級的《請復祀典詳》一文中，談及這些朝廷正祀，是「簡而不數，豐而不儉，是誠聖天子百神來享之盛典也」。意思是簡潔而不複雜，豐盛而不吝嗇。他認為自己剛剛上任，本當首先招撫百姓，但是要招撫百姓，則應該首先「培風化之源，重衣食之本，釋厲鬼之恫」，也就是做好祭祀工作。

于成龍說，自戰亂以來，合州的祭祀活動一直不能正常進行，上級也沒有按規定報銷經費。有時候，是地方官自己捐出俸祿來做祭祀，有時候是本地百姓捐款來做。他認為，這種不符合朝廷規定的祭祀活動，並沒有把皇上的「龍恩」賜給鬼神，鬼神也一定不會來享受祭品，因此就不可能賜福於百姓。這樣重大的活動，讓地方官和老百姓花錢，實在是朝廷的羞恥。所以，希望上級能夠鄭重考慮，向朝廷請求恢復祀典，經費從正賦中報銷。祀典的豐儉程度，視當年的賦稅收入情況而定，收入好時就豐盛一點，收入差時就節儉一點。

這份文書能反映出兩層意思：一是于成龍本人的思想特點，他相信隆重的正規的祭祀活動，能給合州百姓帶來福祉：使戰爭中的孤魂野鬼得到超渡，不再作祟人間；使合州風調雨順，農業生產獲得豐收，百姓獲得溫飽，官府得到賦稅；使合州文風昌盛，教育發達，人才輩出。二是希望祭祀經費全部從公款中報銷，減輕當地官紳百姓的經濟負擔。

在另一篇《請正朝儀詳》中，于成龍又指出當時的祭祀儀式，尤其是遙拜皇帝的「朝賀大禮」，儀式不規範，要求朝廷正式頒發統一的儀式。他在文章中還追憶了以前故鄉山西永寧和廣西柳州府的朝賀儀式細節，說明大家都是隨意參照舊例，並無一定儀式。合州本地的朝賀大禮則在佛寺中舉行，地點也不合適。

于成龍是儒家知識分子，和所有儒生一樣，十分注重禮樂教化。而他在合州上任之初就大談「禮治」的問題，應該是想以此為抓手，凝聚人心，從而帶動其他工作。

規劃銅梁

于成龍曾經給上級寫過一份《規劃銅梁條議》，暢談了自己對合州下屬銅梁縣的治理計畫。其中有些內容可能已經付諸實施並見到效果，有些內容則因為于成龍任職時間短，可能只有頭緒，並未真正見效，留待後任官員繼續實施。這份計畫書，被上級採納上報後，也很有可能成為朝廷恢復荒殘地方的新政策，它的價值意義絕不限於合州一地。下面逐條介紹：

招徠流民

于成龍分析了明末清初戰亂以來，當地百姓流亡不歸的情況：有的是逃到少數民族地區，被當地土司扣押為奴，不能返鄉；有的是逃到外地，做了地主富紳的佃戶，暫有生計，不願返鄉；有的是在原籍曾經為人奴僕，欠人錢財，不敢返鄉；有的是試探性地回家看看，立即被官府強行納入戶籍，徵糧徵稅；還有的人沒回來，名字已被官府記錄在冊，定下賦稅。這些情況都影響到流民的返鄉。

于成龍的對策是：多貼告示宣傳朝廷招撫流民的優惠政策，允許流民返鄉後投親靠友，寄名親友戶籍，滿三年生活安定後，再行定居納稅。讓本地百姓多加宣傳招徠，務使流民樂意返鄉。于成龍在這方面做的成績最大，他到合州一年之後，合州戶口就增加到了一千以上。

保護「流寓」

所謂「流寓」，就是從外地逃亡來到合州的人口，對應的是「土著」居民。本來朝廷有政策，允許「流寓」人口占據空房荒地，只要插上自家的標誌，官府即承認其永久的產權。但本地人常會欺負外地人，插標占產時他們不作聲，等外地人把房子修好了，田地整好了，他們才出面聲稱，這原是自己親戚某家的產業，託自己照管，別人不能侵占。因此爭奪不已，鬧得外地人不敢居住耕種，人心惶惶，想離開合州。于成龍的對策是：嚴格執行朝廷的有關規定，保護「流寓」的權益，插標占產，永為己業，不許本地人爭奪。

獎勵墾荒

銅梁縣過去編戶二十六里，賦銀二萬二千餘兩。現在只有三十九戶，賦銀三兩一錢左右，還有大量的荒田沒有得到開墾。百姓們墾荒的積極性不太高，又擔心朝廷清丈田畝，已開墾的田地也不好好耕種，生活貧困得很。于成龍提出建議，要積極鼓勵百姓墾荒，經常派人查訪，勤勞耕織的家庭要獎勵，懶惰懈怠的家庭要處罰。管得緊了，查得嚴了，生產就能做起來，百姓的經濟生活也會有起色。

加強教化

于成龍說，銅梁縣以前是「人文禮儀之邦」，經過二十多年的戰亂，逃出去又遷回來的百姓，大部分沒有受過文化教育，反而沾染了兵營習氣，不知道「孝悌忠信」，只知道酗酒放肆，為非作歹。地方上雖有鄉官，但起不到教化作用。于成龍於是建議，各鄉設立「鄉約」一名，每月初一、十五，向百姓宣講康熙皇帝頒布的《上諭十六條》，教百姓們「禮讓為先，勤儉為本，戒遊逸賭飲」。如果有不聽「鄉約」約束的，可以報官追究。

裁撤駐防

戰爭年代，銅梁縣城曾經駐兵，逃兵騷擾百姓，久為一害。後來大軍遷移，逃兵擾民現象也消失了。和平後，銅梁縣城一度「有官有印」，所以派了三十幾名官兵駐防，但因為縣裡人口實在太少，知縣官被裁撤，縣城的駐兵卻一直留了下來。這些兵卒因管理不善，紀律很差，經常酗酒鬧事，騷擾百姓。于成龍認為，縣城只有八九戶居民，用不著三十幾名官兵保衛，鄉下居民零散，一向也沒有盜賊禍害，應該裁撤掉這些駐防士兵。

保護孤寡

戰爭年代，青壯年男子死亡很多，留下很多孤兒寡婦家庭，生活艱苦。銅梁地方有一種陳規陋習，說「夫死妻必嫁」，不支持寡婦守節。社會上更有一種欺負孤寡的現象，把嫁寡婦當作生財之道。有些人，幫鄰里操辦喪事，自己出一點錢，然後不急於討要，過上一年兩載，本利相加，逼迫寡婦用再嫁的方式來還債，自己賺取彩禮。還有人給官府行賄送禮，打著官府的旗號，逼迫寡婦再嫁，從中牟利。于成龍建議，如果有公婆、叔伯主婚的，官府可以允許寡婦再嫁。如果家裡沒有長輩親人，則聽取寡婦本人的意見，願守者守，願嫁者嫁，街坊鄰里不得替寡婦做主。他說，這樣可以使「生者安心，死者瞑目」。

查採楠木

康熙七年（一六六八年）冬天，于成龍接到一項新的任務，帶領幾名得力部屬，離開合州，到彭水、武隆、南川等縣的原始森林中「查採楠木」。

當時，朝廷要重修北京紫禁城，需要大量的巨型木料，生長於四川等地深山老林中的楠木，是首選的優質木材。這項採辦工程，由四川巡撫張德地全面負責，可能是由於金光祖的推薦，他十分看重于成龍的才能，兩人的上下級關係一直處得不錯。于成龍的好幾篇建議文章，可能都是寫給他的。這次有重大任務，他便遴選抽調于成龍去負責勘查工作。

查採楠木

于成龍於十一月二十五日接到命令，只帶了兩名書吏、兩名皂快、一名門子，便冒著冬月嚴寒，前往林區。這期間，他給張德地巡撫上了一封《查採楠木詳》，談到四川戰亂之後，百姓驚魂未定，採辦楠木的大事要嚴防擾民。冬月嚴寒，森林之中寒冷更甚，四川百姓一向不準備皮襖棉衣等禦寒衣物，也缺乏防禦猛獸的兵器，採木大事，盡量不要徵調普通百姓。另外，他還談到進入林區，需要當地文官帶領差役，準備斧頭鉤鐮等工具，斬木開路；需要當地武官帶領兵丁，準備槍炮刀槍，抵禦猛獸。深山老林，出入不便，也需要準備帳篷，就地住宿。自己官小，不方便指揮當地官員，希望巡撫直接下達相關命令。

于成龍負責的是最艱苦的勘查工作。在當地嚮導的帶領下，在無邊無際的大森林中尋找尺寸合適的巨木，插上標誌，然後詳細寫明木料的地點、尺寸、運輸路線、距離等等，快馬傳遞給巡撫，由巡撫另派人核查，確定後再命人採伐運輸。

于成龍寒冬臘月進入森林，新年就在彭水縣林區的一座破廟中度過，然後又忙到春暖花開，總共做了一百多天。好多工作其實都是白辛苦，找到了木料，張德地派人一複查，說是不合用，還得繼續找，不能拿尖細的木料敷衍塞責。張德地還安慰鼓勵于成龍，許諾說，如果找到了適合皇宮大殿的棟梁之材，他一定向朝廷保舉敘功。在林區過新年時，于成龍曾經寫下一首七律，感歎自己的官場辛苦：「驅馳王事入彭川，旅舍神宮辭舊年。七載羅陽梅弄影，三冬蜀道柳含煙。石龜負氣星文粲，林鳥聲催草木鮮。忽憶家鄉思對鏡，明晨霜鬢獨淒然。」

清廉風範

于成龍曾經撰文說，合州這個地方，居住的人口非常稀少，而水陸交通繁忙，過往的官吏客商十分眾多，這就造成了合州衙門公務的忙亂。于成龍上任後，對衙門事務進行了簡化革新，裁撤了多餘的差役，取消了轎夫車夫，拒絕了上司的攤派，減免了對過往官吏的接待。一切以省事節儉為上，受到了張德地巡撫的表揚。

在拒絕攤派方面，有一個典型事件。重慶知府曾經要求于成龍定期為他提供鮮魚，于成龍寫信說明合州的艱苦情況，請求知府大人從今以後不要再有類似要求，知府也沒有責怪刁難于成龍。這件事于成龍辦得十分大膽，重慶知府好像也格外寬容。在合州這個窮苦不堪的地方，于成龍拒絕上級攤派，做得相對容易一些。

當時官府的事務不是太多，于成龍的日子過得比較清閑，有時間讀書飲酒。只有採辦楠木的那一百多天，過得十分辛苦。過往的官吏見到于成龍的狀況，大都歎息不已，不好意思打擾。上級則覺得于成龍是好官清官，讚美他「清操毅敏」、「刻苦矯厲為良吏」，一半是誇獎，一半是同情。下級屬吏和老百姓見了于成龍，經常是哭泣訴苦，也不講究上下尊卑的禮節。這些情況，都讓于成龍感到精神輕鬆。

于成龍總結，他在羅城和合州都是以苦為樂。康熙八年（一六六九年），于成龍接到了朝廷新的任命，調到湖廣黃州府任同知，離開了工作不足兩年的合州。

第九章　黃州同知如青天

從康熙八年（一六六九年）到康熙十二年（一六七三年），于成龍在黃州府同知的任上做了四年。環境不同，職權也不同，但于成龍仍然做出了突出的政績。其中最精彩的，是他的捕盜故事。

黃州同知

清朝初年的湖廣省，大致包括今天的湖北省和湖南省，歷來有「湖廣熟，天下足」的美譽，是富庶繁華的地方。其最高長官是湖廣總督，下來是湖廣巡撫。于成龍上任的黃州府，位於今湖北省東部，相當於今天的黃岡市。其地理位置，在大別山南麓，長江中游北岸，與河南、安徽、江西等省相鄰，是一個相當富庶繁華的地方，歷代人才輩出。于成龍來上任的時候，黃州府下轄黃岡、麻城、黃陂、黃安、蘄水、羅田、廣濟、黃梅八縣和蘄州。

于成龍的職務是黃州府同知，是僅次於知府的「二把手」，級別是正五品，比合州時升了一級，每年俸銀應該還是八十兩。這次調動，主要原因是羅城時期的「舉卓異」，按規定要升官，並且調到好地方去。另外他在合州時為皇帝採辦木料，也算立下大功，所以知州任期未滿就升遷調任，並且由「苦差事」換了個「肥缺」。明清時代的封建制度，有其完善的一面，有了功勞和政績，就有相應的提拔鼓勵措施，也算是「有章可循」的。

同知官雅稱為「司馬」，與通判共同協助知府的工作。按《清史稿》的記載：「同知、通判，分掌糧鹽督捕、江海防務、河工水利、清軍理事、撫綏民夷諸要職。」

按照知府大人的安排，于成龍平時不住黃州城，而是鎮守在麻城縣岐亭鎮（今麻城市岐亭鎮），獨立管理一部分事務。黃州這地方有個特殊情況，盜案非常多，于成龍的主要責任就是「捕盜」，其他的民事可能也分管一部分。後來，可能是因為「捕盜」成績突出，有了名聲，還兼理了「黃漢捕務」。也就是說黃州府和附近漢陽府的「捕盜」工作，全歸他管，這算是個很例外的任命。因為于成龍是黃州府的「二把手」，當地官民在口頭上，就稱于成龍為「于二府」。有時候用讚美的口氣，稱他為「青天于二府」。

對于成龍來說，升官本來是好事，調動到富庶地方任職應該也是好事，但卻另有一種難言的苦楚。在羅城和合州，環境惡劣，生活窮苦，但都是當「一把手」，山高皇帝遠，沒人管束，可以自己放手做，執政辦事有諸多方便，生活也自由自在。可到了黃州就不一樣了，他在《初至黃郡與友人書》中，哭笑不得地陳述：

若夫黃州則不然：居郡丞之位，履文物之邦。署宇嚴肅，役胥羅列。士民聚觀，耳目雜遝。狐裘黃黃者，同寅也；衣裳楚楚者，屬邑也。蒞斯土者，主尚可布衣而步行乎？僕尚可挑水而運柴乎？為之治其執事，備其傘蓋，繁其交際，咸借貸以應。而冷署如冰，下無以為德，上無以為功，五窮環至，應接不暇，如之奈何？此居不苦之地而適為苦者也！

驟然來到繁華地區，有上司管著，有下級看著，普通百姓也會有一種挑剔的眼光。于成龍一介窮官，為了工作的方便，也不能夠過於標新立異，堅持穿補丁布袍，堅持安步當車，必須得適當地從俗。同僚穿狐皮大衣，自己差不多得弄件羊皮袍子吧！下級衣裳楚楚，自己怎麼著也得做到整潔大方吧！正五品的官，出門乘什麼轎子，打什麼傘蓋，用什麼牌子，跟幾個隨從，朝廷都是有規定的，自己不能一概都免了吧！逢年過節，別人都要給知府大人送厚禮，自己得準備一點薄禮應付應付！同僚家裡有婚喪大事，自己不也應該應酬應酬！

要想在黃州長期工作，要想大家團結和諧，適當從俗是難免的。但于成龍沒有多餘的錢，只好去借，但借了債總要還錢啊！講「天理良心」的于成龍這時候就覺得痛苦難受了。他曾經寫過一首詩《自吟》：「逢人漫道不如意，滿腹原來不合時。回首青山千萬裡，樂天安命亦何疑？」

雖然于成龍自己說做這個「同知」官，「冷署如冰」，上級看不到成績，百姓看不到恩德，但他最後仍然被舉為「卓異」，說明他後來的政績還是很突出的，上司也是很認可的。

黃州府的「鄉紳士民」共同編撰了一部《從好錄》，詳細記錄了于成龍這個時期的政績。

盜匪名冊

黃州府盜案多，有一定的歷史原因。這地方的山川風土，慣出英雄豪傑。在明末清初的幾十年間，戰爭頻繁，當地的官紳百姓，為了保衛家鄉，也為了適應改朝換代的複雜形勢，建立了很多地方武裝組織，依託險要的山寨，時而幫著官兵打起義軍，時而幫著起義軍打官兵，時而打起「反清復明」的旗號，時而歸順清朝，情況十分複雜。這些武裝，號稱「蘄黃四十八寨」，勢力範圍遠及鄰近各省。到康熙初年，這些武裝力量在名義上都已經歸順清朝，鑄劍為犁，人員分散開來當老百姓去了。但實際上，仍存在大量的民間祕密組織，蓄勢待發，伺機而動，這是盜案的最深根源。

于成龍剛到黃州，面對複雜的盜案，一時無從下手。他就決心招募一批有盜匪背景的人做差役，「以盜治盜」。著名的大盜彭百齡、「蘄黃四十八寨」首領之一劉君孚，都被他羅致到門下，辦理盜案。有個著名的盜匪頭子湯卷，也趁機投奔到于成龍門下，明面上協助于成龍捕盜，實際上利用于成龍的官方背景做保護，繼續為非作歹。

于成龍知道湯卷的情況，但還是耐心說服教育他，並且經常請湯卷喝酒。

在酒席上，于成龍滿面笑容地說：「本府沒有別的愛好，就是喜歡喝兩杯，可惜一直找不到勢均力敵的酒友。聽說你酒量不錯，咱們結為酒友如何？」湯卷受寵若驚，連忙點頭答應，表示願意陪著大人喝酒。兩人於是推杯換盞，開懷暢飲。看看酒喝得差不多了，于成龍便說：「本府知道你精明強幹，忠誠可靠，是個捕盜的能手。以後你要幫著本府破案，立了功，本府一定好好提拔你。」湯卷酒醉心不醉，連連點頭答應，但沒有進一步的表示。

于成龍知道湯卷還有戒心，便故意放開酒量痛飲，不一會便醉得一塌糊塗。這樣，幾次之後，湯卷認為于成龍很信任自己，慢慢就放下了戒心，也常喝得酩酊大醉。于成龍借著酒勁向他打聽盜案的事，湯卷仍然是不露口風，只說自己工作很認真，但沒有捕到盜匪。看來，兩個人都是酒中的高手。

有一天，湯卷在于成龍那裡喝醉了，踉踉蹌蹌離開。于成龍則換了便服，尾隨在後。看見湯卷被同伴請進了一家酒店，于成龍也悄悄跟了進去。湯卷和一夥來歷不明的人繼續喝酒，席間大聲吹牛，從衣袋中掏出一本冊子，指著冊上的人名說：「某某是會養爹娘的，我要好好照顧他……某某是爹娘指望不上的……」于成龍藏在旁邊，聽得清清楚楚。知道所謂的「會養爹娘」是指向湯卷行賄，「不會養爹娘」是指不向他行賄。這本冊子，正是湯卷製作的盜匪名冊。

第二天，于成龍繼續請湯卷喝酒。湯卷這次十分放肆，喝醉後大談自己的犯罪往事，說自己以前做過強盜殺過人，當捕役後訛詐過別人的錢財，姦淫過別人的妻女。于成龍看他醉得差不多了，便問道：「聽說你的衣袋中藏有盜匪名冊，能不能拿出來給本府看看?」

湯卷立即就嚇醒了，矢口否認。于成龍命令差役搜湯卷的身，果然搜到了一本名冊。于成龍拿著名冊看了看，確實詳細記載了黃州的盜匪情況，是極其重要的檔案資料。于成龍為人也算厚道，不準備和湯卷計較，但湯卷事後不思悔改，仍然有嚴重的違法犯罪行為。

于成龍不得已，便把湯卷抓了起來，對他說：「你這樣行事，不可能在人世立足了，不如早早回去。」

湯卷一邊磕頭求饒，一邊不解地問：「小人一直跟隨老爺辦案，不知該回到哪裡去？」

于成龍平靜地對湯卷說：「回黃泉去呀！」湯卷徹底崩潰了，哀告道：「小人雖然該死，但家裡還有老母。請大人開恩，讓我回家看看老母再死吧！」于成龍哪裡敢把這「地頭蛇」再放回去，知道湯卷確有老母，就發了慈悲，拿出一兩俸銀，讓差役送到湯卷家中，以盡同衙共事之情。然後下令讓湯卷自盡，算是給酒友留了一個全屍。

于成龍掌握了盜匪名冊，裡面不但有盜匪姓名，還有居住地址，辦案果然方便多了。

有一次，于成龍出城辦事，經過郊外某個村子，就對村裡人說：「你們村，某某是大盜，某某是小偷，共有十八個罪犯。但因為他們最近比較守法，沒有犯案，所以這次先饒了。一旦犯案，立即打死。」說完就揚長而去。這話在村裡傳開，大家都說于成龍簡直是神明，那幾個罪犯，也嚇得逃跑了。

但于成龍也不敢輕信湯卷這份冊子，他對差役們說：「人命關天，這種事絕對不敢魯莽。一定要認真察訪，掌握確鑿證據。如果冤殺一個人，將來到陰曹地府裡是要償命的。」

為此，于成龍經常騎一頭驢子，化妝成外地客商、農民、算卦先生等各種角色，到田野村落認真調查，和當地的各色人等交流，詳細掌握各路盜匪的犯罪事實。于成龍本人認真了，其他奉命調查的差役也不敢馬虎，不敢欺騙。所以，黃州府的盜案破獲率提高了很多，冤假錯案卻極少發生。

于成龍在微服私訪過程中，還發生過一件趣事。有一次，他裝成算卦先生出去，中途在一家書館休息，順便聽書館先生給學生們講書。坐了一會，書館的主人端出點心來給先生吃，這教書先生又盛情邀請于成龍一起吃。于成龍吃了一點，就告辭走了。

第二天，于成龍派人把這教書先生傳喚到衙門，說：「昨天承蒙你的盛情，請我吃點心，非常感謝。但是，你教小孩子讀書，很多地方都教得不對。你自己心裡都不明白，怎麼能教別人呢？還是散館回家吧。」教書先生磕頭求饒：「我家裡貧窮，如果散了這個館，日子就過不下去了。」于成龍說：「想過日子也不能誤人子弟呀！」說完，取了二兩銀子贈送給這位先生，讓他回家過日子。又賞了他五大板，作為他誤人子弟的教訓。這故事，也很典型地反映出于成龍「寬嚴相濟，恩威並用」的辦事風格。

多方治盜

于成龍辦案，也分幾種情況。對舊案的處罰力度是比較輕的，破獲以後，對罪犯痛加教訓，然後讓人保釋。如果有人來保，就會釋放，並對保人說：「這個人是真正的罪犯，你如果能保證他改過自新，不再犯案，那以前的案子就不再追究。如果再次犯案，你們保人是要連坐的。」如果過了三天都沒有人來保，那這名罪犯仍然要從重處罰。另外，在保釋時，于成龍也會認真察看保人的情況。如果確實是忠厚良民，方才允許取保，如果形跡可疑，那自然逃不過于大人的法眼。

有一回，于成龍正在審理一名大盜，忽然來了十幾個人，都要保釋這名罪犯。于成龍是精細人，發現這十幾個人面目陌生，神情詭祕，不像是良民百姓，便詐道：「本府看你們十幾個人，都不像是敦厚長者，莫非全是盜匪，以盜保盜？」這十幾個人一聽全慌了，于成龍立即命人把他們抓起來審問，果然全是盜匪，便每人賞了三十大板，暫時關在牢裡。于成龍的保釋政策是不變的，說：「給你們三天時間，如果有人來保，就釋放。沒人來保，從重處罰。」

三天過後，不僅那名大盜無人來保，這十幾個人也沒有人來保。于成龍先依法處理了大盜，然後對這十幾個人從輕處理：「看你們確有悔過的意思，本府也不想多傷人命。既然無人來保，那你們就互相作保吧。今後若有一人犯罪，其他十幾個人都是要連坐的。」這十幾個人終於保住了性命。

有一次，于成龍派人把一名舊案在身的盜匪傳喚到衙門，這名盜匪嚇得瑟瑟發抖。于成龍說：「你不要害怕。我知道你準備改邪歸正，今天傳你來是要獎賞你的。你以前犯案時，官府不知道，那是官府的糊塗；你現在要改邪歸正了，官府仍然不知道，還是官府的糊塗。本府知道你想做良民百姓，只是苦於沒有戶口。現在本府就賞給你戶口，幫助你改惡從善，以後就做個好百姓吧。但本府也不能白白賞你，你必須替本府廣為宣傳：以前犯過盜案，現在能改邪歸正的，本府既往不咎，還有獎賞；如果怙惡不悛，繼續為非作歹，那本府一定會捉拿歸案，從重處罰的。」說完了，不僅賞給這名盜匪戶籍，還賞了他一頓酒食才放回去。

有個年輕的小偷，被于成龍的差役捉住，送到了衙門。于成龍說：「你只是個小偷，對不對？而且你最近並沒有犯過案子，對不對？其實用不著抓你的，你們村的某某，本來是個巨盜，但因為最近沒有犯案，都被我饒過了。我的袋子裡裝著犯罪檔案，如果一切陳年舊帳都要審理，那不知道要殺多少人才行。算了，你還是回去吧。請把我的意思告訴你那些同黨，老實做良民就沒事了。」這名小偷回鄉以後，把于成龍的意思給大家宣傳了，確實打消了很多人的疑慮，也震懾了很多人。

于成龍的理念是，強盜都來自於百姓，只因生活無助、官府逼迫才鋌而走險的。如果官府能體恤他們，給他們一條比較好的生路，強盜是能變成良民的。《從好錄》讚歎道：「人知擒一而民畏，不知縱一而民愈畏；人知誅一而民畏，不知賞一而民愈畏。」

于成龍在羅城時，就曾經編制保甲，維護社會治安。在黃州，這個辦法繼續得到推行。在懲治犯罪時，保甲法往往也能發揮很好的效果。新洲有一名姓喻的大盜，作案累累。于成龍在任的時候，這名喻姓大盜又犯案了，他聽說某僧人累積了一些佛事銀子，就跑去搶劫。不僅搶了銀子，還殘忍地把僧人的腿骨打斷，在肌肉裡撐了一根鐵筋。事發之後，于成龍透過微服私訪，認真調查，終於確定是這名喻姓大盜做的。

于成龍隨後便到新洲編制保甲，喻姓大盜知道于成龍的威名，早早地就逃走了。于成龍在村裡一個一個點名，點到喻姓大盜時，問道：「這個人為什麼不在？」又點到另一個人，問：「這個人為什麼也不在？」點完了，他對鄉保說：「今天不在的，都給我召集起來，我還要重新點名。」鄉保是本鄉本土人，找人抓人很容易，很快就把喻姓大盜找來了。于成龍審查一番，證據確鑿，又讓人作保。結果，沒有人敢保這喻姓大盜。于成龍便下令，將其立斃杖下。

《從好錄》沒有記載「活埋巨盜」，但其他傳記資料中都提到過，這也算是于成龍震懾犯罪的重要舉動。話說有一次，于成龍抓捕了九名重犯。他進行了必要的審問，讓這些人心服口服，供認不諱，接下來便該處決了。于成龍把九名重犯綁成一串，拉到岐亭鎮的一處廣場上示眾。在最後關頭，于成龍仍然給罪犯們留了一條活路。他對在場的百姓們說：「這九名罪犯，都是綠林巨盜，罪在不赦。但本府慈悲為懷，再給他們一次機會。若有本地官紳百姓為他們作保，保證他們以後再不為盜，本府可以當場釋放。若保釋後他們再次犯法，則罪犯與保戶一同治罪。現在，誰願意出來作保？」

這些罪犯應該都是本地人，有自己的親戚朋友。當場就有兩名罪犯被人作保，鬆綁釋放，于大人一向是說話算話的。剩了七個人，沒有人肯保，可憐巴巴地等候處決。

于成龍為了震懾犯罪，揚刀立威，就用了一種比較極端的辦法。他讓人在大路旁邊挖了一個大坑，將七名罪犯活埋在坑中，上面壘了一個大墳堆。這還不算，于成龍又在墳堆上豎了一塊木牌，上面寫著醒目的大字：「黃州府二府于成龍瘞盜處。」

楊二鬍子

這個故事有兩個版本，也不見於《從好錄》，而見於其他傳記及民間故事。

有一夥巨盜，到處作案，殺人越貨，其藏身地點卻極為隱祕。于成龍經過長期的調查，終於查到強盜們平時藏身於某處深山的古廟之中。為了進一步摸清匪巢內部的情況，制訂穩妥的抓捕方案，于成龍居然用上了古人「不入虎穴，焉得虎子」的計謀。

他化裝成乞丐，假名「楊二」，以乞討為名，進入了古廟。正巧他自己生病了，特別像個可憐的病乞丐，完全沒有引起盜匪們的懷疑。那些嘯聚山林的江湖好漢，都是很講義氣的，他們招待了于成龍，給他酒飯吃，還給他治病，真是很夠義氣。不幾天，「楊二」病好了，盜匪們見他有些膂力，可以充當「嘍囉」，就吸納他入夥，送給他一個匪號叫「楊二鬍子」。于成龍當然是假戲真唱，便在匪巢中住了下來。

過了一陣子，于成龍摸清了古廟的地理環境，盜匪的人數、實力，相關的犯罪證據，覺得有十分把握了，便借著上廁所的機會悄悄離開古廟，召集藏在不遠處的捕役們，簡單部署了一下，沒有費太大的勁，就將這夥盜匪全部拿獲。

盜匪們被綁上堂來，他們還以為自己的同夥「楊二胡子」僥倖逃脫了呢，抬頭一看，堂上的「青天于二府」原來就是「楊二鬍子」，當時全都傻了眼。于成龍先歷數他們的罪狀，說明案情重大，無法寬恕。然後又感念他們的招待和治病之情，痛哭流涕，設下酒席，讓好漢們好吃好喝，從容上路。砍頭之後，又每人賞一口棺材，好好安葬了。據說于成龍當時又哭又笑，情緒十分激動，國法和人情在他內心劇烈交戰，久久不能平靜。

于成龍的故事在清朝流傳較廣，記載也出現了差異。上面這個「楊二鬍子」的故事，還有另一種說法：說匪首姓張，住在深宅大院，偽裝成良民，平時戒備森嚴，不容易接近。他又和官府捕役們有勾結，用行賄分贓的形式，尋求安全保護。于成龍擔心直接抓捕會走漏消息，讓張某逃走，也不容易一網打盡。他就穿上舊衣，化名「楊二」，混進張家當佣人。由於他勤懇小心，很快就取得了張某的信任，讓他參與自己的「盜務」，于成龍很快就摸清了張某這個盜匪團夥的詳細情況。

于成龍抽空脫身，回到衙門，召集捕役，只說去捕盜，並不說明去哪裡。到了張某的宅院，呼張某出來相見，然後立即拿下。張某還要抵賴，于成龍說：「你抬頭看看本府，我就是楊二。」張某只好磕頭服罪。

于成龍拿出幾份案卷扔到地上，說：「只要你幫本府把這些案子辦了，就可以贖你的罪過。」張某喜出望外，趕緊答應。于成龍留了幾名捕役配合他，沒有幾天，那夥盜匪就全部被捉拿歸案了。

為「鬼」申冤

黃安縣鄒彬然夫婦夜裡被殺，家財被搶掠一空。天亮後，鄒家僕人三長帶著傷到縣衙報案，黃安知縣把鄒家左鄰右舍十幾個人全抓起來，反覆拷打審問，鄰居們連連喊冤，就是不肯招認。鄒彬然的哥哥晚上做夢，夢見弟弟敲著他的門說：「我這個案子，只有『于青天』才能審清楚。現在抓的十幾個人都是被冤枉的。」天亮以後，鄒彬然的哥哥到縣衙申訴。知縣沒辦法，只好把案件上報給于成龍。

于成龍接案後，先命鄒彬然的哥哥畫了一幅鄒家住宅草圖，標明左鄰右舍的位置。然後詳細調查詢問左鄰右舍的情況，取得了大量的證據。經過研究，心裡大概有了譜。他對黃安縣的陳典史說：「你稍等一下，這案子馬上就破。」陳典史將信將疑，茫然無措。

于成龍悄悄安排了一下，命令差役將鄒家僕人三長單獨關押在一個大空房子裡，捆綁結實，然後讓差役們都離開。當夜，天黑如鍋底，烏雲密布，陰風怒號。半夜時分，僕人三長忽然看見鄒氏夫婦滿身血污，披頭散髮，站在牢門口，兩雙手伸進了柵欄，口裡還大叫：「還我命來！」三長十分恐懼，以為是鬼魂出現了，忍不住大聲求饒說：「不是我幹的！是我哥哥二長和鄰居某某把你們殺了，我只是在門口望風而已。」話音剛落，于成龍和陳典史就舉著燈走了進來，這宗血案就算告破了。《從好錄》記載：案發之後，黃安縣縣衙前每天刮旋風，陰雲滾滾，天色昏暗。這天早堂，案件審結，立即就「日明風靜」。後來，黃安縣就傳出一句諺語：「鬼有冤枉也來申。」

這個故事的記載有一定的迷信色彩，但文字中也透露出，當時的情形是于成龍設的「祕計」，是利用鬼魂出現的神祕恐怖氣氛，才逼迫僕人三長說出了實話。

于成龍的真正名聲，其實就是在黃州府同知的任期內創造的。當時，朝廷對盜案處分很重。如果發生盜案，當地官員首先要被問責。官員們為了保護自己，碰見盜案，往往是既不受理，也不上報。這樣雖然能逃過處分，卻等於縱容了盜匪。于成龍分管捕盜，積極出擊，以盜治盜，化盜為民，透過多種手段，不但治理了盜案，也為自己創下了名聲和政績。

他捕盜如神，斷案如神，微服私訪，神出鬼沒，忽而嚴厲，忽而寬容。黃州畢竟是個比較繁華的地方，有舞臺也有觀眾，還有評論員，于成龍的故事也就慢慢傳到全國各地。他晚年任兩江總督時，其實早就用不著微服私訪了，但廣大百姓，還是會把所有「白鬚偉貌」的陌生人當成是微服私訪的于成龍。

于成龍手下有一批精明強幹的助手，這些人大都有盜匪背景，熟知盜匪內幕，同樣也是辦案如神。于成龍離開湖廣時，後任官員請求于成龍把這批差役留下來。但是，後任官員很快就發現，根本不是那麼回事，這批差役並不好用，並沒有傳說的那麼神。於是，大家懷疑真正「神」的只有于成龍自己。有人傳說，于成龍夢寐之中經常和神靈交往，很多案子都是在神靈的幫助下破獲的。不過，于成龍自己則向人表示，自己辦案子並不「神」，只是一個「誠」字而已。只要以誠求之，什麼複雜案子都可以準確地破獲。

第十章　半鴨于公最清廉

于成龍在任黃州府同知的四年中，除了精彩的捕盜故事，後世還流傳了大量的清廉愛民故事。這個任期他也是非常成功的，最後二舉「卓異」，榮升知府。

克己賑災

康熙十年（一六七一年）和康熙十一年（一六七二年），黃州大旱，很多老百姓家裡都揭不開鍋了。這事本來不需要于成龍管，上有知府，下有知縣，他們是老百姓的父母官，賑災是他們的責任。于成龍這個「二府」，管好捕盜的事就行，但他心性慈悲，怎麼可能袖手旁觀呢？當然要積極承擔起放賑的任務。

據《從好錄》記載，于成龍在家裡吃糠咽菜，厲行節約，省出了一點俸銀，全部捐了出去。完了還不甘休，把自己常騎的一匹騾子賣了十幾兩銀子，隨手又捐了出去。後來，實在想不出好辦法了，只好去找岐亭鎮上的士紳富戶們，好言好語地勸說了半天，讓他們出錢出糧，幫大家共渡難關。岐亭鎮的有錢人，也都了解于成龍，知道他清廉愛民，同時也知道他是個狠人，手段很多，這時候誰也不敢不給面子，多多少少都會拿出些錢糧來賑濟。

錢糧來之不易，賑濟的時候自然不能浪費。于成龍認真調查，該賑濟的，一定要賑濟，不該賑濟的，一粒米也不能亂發。有些住在偏遠鄉村的窮家小戶，路途遙遠，消息閉塞，不能趕到岐亭鎮上領錢領糧。于成龍知道後，就親自帶人趕過去，調查屬實，按戶口發放糧米。而于老爺自己，四處奔波，不僅飢腸轆轆，而且靴子也跑破了，腳跟也跑腫了，但他哪裡顧得上自己。

有位老太太，來到岐亭鎮上領糧米。于大人按慣例要調查一番，一詢問，老太太有兩個兒子，一個二十歲，一個十六歲。他立即派人把那兩個兒子找來。一看，都是身強力壯的；一問，家裡的經濟也都過得去。于成龍很生氣，說：「這麼兩個身強力壯的小夥子，不能贍養母親，反而讓母親一個人跑到鎮上領米，你們的良心何在？」說完了，一人賞二十大板，讓他們把母親領回去贍養，一粒米也不發放。

有位姓周的世家子弟，一家人飢餓難熬。這姓周的就跑到宋埠去討飯，宋埠的人周濟了他幾天，又擔心他餓死在街上，就把這事彙報給了于成龍。于成龍調查清楚後，立即用自己的錢買了兩擔稻穀，送給這姓周的，讓他回家度日。

還有一戶人家，原先也是有身分的，家裡用著僕人。這年饑荒，主人沒錢買米了，就逼著僕人出錢為自己贖身。僕人付了一半錢之後，實在拿不出錢了，主人就把僕人告到了官府。于成龍接案後，詳細審理，弄清了原因。他對主僕二人說：「贖身並非僕人的本意，是主人窮急了，逼著僕人贖身的。現在，僕人付不起全部的錢，主人也沒有能力退還已付的錢。那就由本府替你們辦吧。」他從自己俸銀中拿出僕人所欠的數額，償還給主人。既替僕人贖了身，也讓主人有財力度過荒年。

于成龍的這些事蹟，著實讓人感慨，也著實讓人不可思議。也許，這正是「天理良心」的精髓所在吧！

「糠粥」佳話

在饑荒年月，于成龍自己的生活也貧困到了極點。這時候，就傳出了于成龍吃「糠粥」的故事。于家的「糠粥」，具體的製作過程是這樣的：買稻穀舂米，將米糠收集起來，在鍋裡炒到微焦，研磨成粉。然後，用少量的黍米煮稀粥，待粥快熟的時候，將糠粉撒入。有時候，也把炒過的蕎麥面、黃豆粉摻到粥裡。

用現代人的眼光看，用這種粗雜糧煮粥，應該頗有養生保健的功效。但現代人養生，都是肥魚大肉吃得過量以後，身體發福，疾病叢生，需要用粗糧調理一下，所以把粗糧當寶貝。在于成龍那個時代，這「糠粥」只能說是味道不好、營養不足的劣等食品。

于成龍不僅自己和家人吃「糠粥」，有客人來訪，他也用「糠粥」招待。為的就是省點錢，好賑濟飢民。有些客人，皺皺眉頭，端起碗來能湊合著吃一些；有些家境富裕、吃慣了燕窩魚翅的客人，端起碗來竟一口也吃不下。于成龍便開玩笑說：「這糠粥啊，在貧寒人家是家常便飯，在富貴人家卻是稀罕物。你現在吃不下不要緊，過幾天我到你家，你要是不給我設糠粥招待，我一定要罰你出錢賑濟災民。」

岐亭鎮東邊有個叫魯晟的人，仰慕于成龍的清廉品格，專門趕了七十里路，來到岐亭拜訪，特意要品嘗一下著名的「糠粥」。于成龍很開心地接待了他，等到吃飯時候，于成龍卻說：「你是新來的客人，今天先吃一次大米乾飯。下次來了，我一定設糠粥相待。」魯晟在岐亭鎮住了一晚，第二天就要趕回去。因為沒嘗到「糠粥」，竟然很不開心。

于成龍吃「糠粥」，也只是為了度荒，為了省錢搞賑濟，並不是真的想嘩眾取寵，博取清廉名聲。他的可貴之處並不是肯吃「糠粥」，而是寧可吃「糠粥」，也不憑藉職權貪汙官府的錢糧，榨取百姓的脂膏。

在平常的日子裡，于成龍的生活，過得還是比羅城和合州要好一些的。每夜喝酒的習慣保留著，黃州的酒價比羅城略貴一些，每次只能喝半壺，價值五厘銀子。這五厘銀子是什麼概念呢？一兩銀子的千分之一是一厘，也就是說，一兩銀子可以買一百壺酒，可以供于成龍喝二百個晚上。說到底，還是很便宜的劣質酒。當然，于成龍經常還要請朋友喝酒，花費自然就要多一些了。另外一項花費是吃豆腐，每天早晨讓僕人出去買二斤，供幾口人吃一天。

有人問于成龍為什麼要過得這樣清苦，他說：「我過去住在合州時，百姓苦，地方窮，很容易養成廉潔的習慣。現在住在岐亭，地方上很富裕，大家的吃穿條件都很好。這時候，養廉不容易，被腐蝕卻很容易。我只是努力堅持自己的清廉習慣罷了。」後來，黃州百姓給于成龍編了兩句歌謠：要得清廉分數足，難學于公吃糠粥。

「半鴨」故事

除了喝劣質酒、吃豆腐、吃「糠粥」，于成龍偶爾也有肉食，比如鹹鴨子。那隻著名的鹹鴨子後來給于成龍帶來一個「半鴨于公」的稱號。

康熙八年（一六六九年）臘月二十五日，快過年了，于廷翼帶著小弟弟廷元遠道而來探望父親，陪父親過年。那天清早，于成龍乘船從外地回到岐亭，還沒有上岸，忽然看見有兩個人在岸邊迎過來，一時沒有認出來是誰。等到對方開口叫爹，卻是久違了的永寧鄉音，于成龍方才省悟是孩子們來看他了，三個人抱頭痛哭。

于廷翼已經年過三旬，完全是成年人的樣子了。廷元當年才八歲，還是小孩子，如今也玉樹臨風，長成十七歲的小夥子了。九年不見，面目已經完全陌生。

于成龍痛哭一番，傷心一番，又高興一番，免不了再暢談一番，問問故鄉的事情。

康熙九年（一九七〇年）的新年，于家父子應該過得其樂融融。兩個孩子，幫老爹整理家務，換換衣被，修修房舍，再做幾頓可口的家鄉飯吃。在這個新年，于成龍作了好幾首《除夕》詩，這裡僅引第三首：

四壁音容慘，忽焉思故鄉。老妻知歲事，料得一家忙。誰念居官者，隻身惟雪霜。幸兒伴我側，談笑且開觴。只恐倚門望，淒然憾夜長。

兒子們來到身邊，是高興的事。但于成龍還是想念操勞家務的老妻邢氏，想念倚門望子的老母李氏，這一點點平常的天倫之樂，他整整缺失了後半生。在另一首詩中他寫道：「家中莫怨望，拂袖此心堅。」是說自己早就存下了辭官回鄉的堅定心願。

過了初一過十五，十五過了，兒子就該回鄉了。于成龍決定把小兒子廷元留在自己身邊讀書，只讓廷翼回永寧侍奉祖母和母親。于成龍很想給廷翼帶點好東西路上吃，找來找去，家裡只有那隻鹹鴨比較貴重，就給孩子帶上吧。很多記載都說，于成龍割了半隻鴨帶給孩子，這其實不合理。猜測應該是于成龍想給全鴨，廷翼死活不要，最後折中了一下，給老父親和廷元留半隻，廷翼自己拿半隻。

這個故事當然也流傳到岐亭百姓的耳朵裡了，大家便給于成龍取外號為「于半鴨」，還編了四句歌謠：

于公豆腐量太狹，長公臨行割半鴨。半鴨于公過夜錢，五厘酒價何處拈？

意思是說：于成龍很小氣，平時連豆腐也捨不得多買，大公子回家只給半隻鴨子。這半隻鴨子價值五厘銀子，正好是于成龍過夜的酒錢。買了鴨子，晚上就喝不成酒了。

廷翼走後，廷元留了下來，于成龍在黃州岐亭的生活就有了一些樂趣和溫暖。他閒暇時候可以親自教導兒子讀書，忙的時候，廷元在衙門裡也能幫一把手。于氏家風比較好，廷翼三兄弟都很能幹，愛讀書，講孝道，熱心公益。特別是于廷元，從黃州到福建再到直隸以至兩江，一直是于成龍身邊的得力助手。于成龍曾經讚歎說，他有廷元，就好比是南宋名相張浚有張栻那樣的好兒子。張栻是和朱熹齊名的大學者，由此可見于成龍對廷元的評價之高。

鐵面情面

一般來說，清官都是「鐵面無私」的，但中國偏偏就是個人情社會，不能夠沒有「情面」。于成龍呢，一方面努力做到「鐵面」，一方面也努力顧及「情面」。《從好錄》就記載了這麼幾個故事。

一位青年時代的好朋友來岐亭拜訪于成龍，此人就是前文提過的那位仗義疏財、家道中落的「社友」。當初大家熱情結社，以文會友，這位朋友仗著家裡有錢，幫完這個幫那個，最後把自己家裡那點錢給消耗完了。後來，社友們紛紛出仕做官，這朋友也算是苦盡甘來，慨然接受朋友們的豐厚回報。這次，他來到岐亭，一方面是看望于成龍，一方面是有私事要請託。于成龍是窮官，不可能贈給他大筆銀子，但幫他辦點事總可以吧！

于成龍見到老朋友，非常開心。雖然沒有好酒好菜，但熱情招待是必須的。喝完了酒，兩人免不了還要促膝談心，聯床夜話，訴說平生情誼。但朋友一旦把話題往私情私事上引，于成龍馬上就嚴肅起來，不是說「上帝臨汝」，就是說「天監在茲」，意思是「舉頭三尺有神明」，老天爺在上面看著，閻王爺在下面管著，還有什麼「因果報應」、「天理良心」……

結果，朋友想託付于成龍的私事，硬是沒有機會說出來。朋友臨走的時候，于成龍翻箱倒櫃，東挪西借，湊了幾兩銀子給朋友拿上。這朋友，估計只能搖頭歎息，拿于成龍一點辦法也沒有。

某官宦人家的僕人，拔了別人田裡的豆子。田主來爭執的時候，這僕人又動手打了人。雙方鬧騰起來，告到了于成龍的官衙。這僕人知道于成龍和他家主人是好朋友，就領著家主一起來打官司。

于成龍說：「拔豆子雖然是件小事，但很多違法犯罪的大事都是從小事開始的。不能不教訓他一次。」說完，就命差役把這僕人拉下去打板子。打完了，方才和這家主人暢敘朋友交情。

這人一大家子叔伯弟兄都是做官的，本人又與于成龍交好，但碰上于成龍這麼個古怪朋友，他又有什麼辦法？

崇賢興教

方山子陳慥是麻城縣的一位歷史文化名人，北宋時期隱居在岐亭鎮的杏花村。大文豪蘇東坡曾寫過一篇《方山子傳》，很傳神地介紹了陳慥英雄俠氣、折節讀書、隱居修行的故事。于成龍在治盜之餘，也想表彰先賢、教化百姓，就把陳慥當成了「典型」和「榜樣」。康熙十一年（一六七二年），于成龍主持修建了「宋賢祠」，在祠中祭祀紀念陳慥。同時，他又把「宋賢祠」辦成了講學的書院，召集本地的讀書人，定期在祠中講求聖賢之道，弘揚漢民族的優秀傳統文化。于成龍不僅為「宋賢祠」題寫了「輝光照國」的匾額，還親手在祠院中種植了兩棵桂樹。

于成龍夜間巡城時，一旦發現書館裡半夜亮著燈的或有誦讀之聲的，他會進去小坐一會兒，和那士子攀談一番。或者在第二天，把那位夜讀的士子請到衙門裡交談，極盡禮敬鼓勵之能事。于成龍因此和當地士子建立了良好的師友關係，其中一大批出類拔萃的人才，後來一直和于成龍保持聯繫，在平定東山叛亂時為于成龍立下了汗馬功勞。于成龍平生撰寫的文稿，就是由黃州士子、著名學者李中素幫助整理的。

興建「宋賢祠」之類的義舉，是古代地方官員的慣技，大家都愛做這種出頭露臉的好事。但于成龍還是大有深意在：陳慥拋棄富貴功名，過著庵居蔬食、徒步往來、學佛修道的儉樸生活，和于成龍自己的人生追求是一樣的；陳慥痛改「一世豪士」的習氣，折節讀書，安貧樂道，對強悍好鬥、豪傑輩出的黃州百姓也有一定的教育意義。

于成龍希望百姓們都好好種田，好好讀書，做良民百姓和清官廉吏，共同創造太平生活，千萬別再去做什麼綠林好漢。

入覲探親

地方官赴京「入覲」，按規定每三年一次，任務是到吏部述職，彙報工作。于成龍做黃州府同知的四年之中，曾經有兩次「入覲」的經歷。

于成龍第一次「入覲」，是在康熙九年（一六七〇年）的早春。出發的時候天氣還很冷，一路受盡風霜之苦。此行有他的《紀行》詩為證。在北京過了端午節，又寫了一首《長安邸中午日》，感歎道：

十年浮萍宦異鄉，回思已事倍神傷。榴裙噴火紅顏好，荷蓋擎珠綠水涼。泡雨有無呼吸變，奇雲生滅古今忙。

悲歌慷慨當年夢，白髮空慚續命長。

他上次在京是順治十八年（一六六一年），一晃十年就過去了。沒有死在羅城、合州，還從正七品做到了正五品，僥幸之中自然是感慨萬端。

這次「入覲」只是履行公務，辦完事之後，于成龍並沒有立即回黃州，而是繞道回了一趟故鄉永寧，探望了慈愛的老母親李氏、操持家務的老妻邢氏，還有兒子孫子等一大家子人，緩解了自己的十年鄉愁。十年來，于成龍在外地做清官，受苦楚，大公子于廷翼在家裡則努力經營，打造出一派興旺氣象。根據現存的碑文，于廷翼多次以于成龍的名義，給寺廟捐款，累積功德，也多次主持公益慈善事業，救助貧寒族人和永寧父老，不愧是于成龍的好兒子。二公子于廷勸，在讀書、行善等方面，直追父兄，也受到人們的好評。

于成龍回鄉探親的這個細節隱藏得很深，其《紀行》詩中有：「指日拜天闕，天香可袖歸。十年奔故里，未息漢陰機。」從中可以探知其行蹤。

二舉「卓異」

于成龍第二次「入覲」是在康熙十三年（一六七四年）春，往返時間很短，二月分便回來了。

這時候，于成龍在黃州已經頗有政績，在湖廣省也有了能吏的名聲。康熙十二年（一六七三年）的時候，湖廣總督蔡毓榮召見了他，讚譽有加。蔡總督見于成龍官服破舊，還很例外地賞了他一套新官服，這就是于成龍在幾篇文章中提到的「賜章服」。在這一年的「大計」中，新上任的湖廣巡撫張朝珍根據于成龍的實際政績，舉他為「卓異」，這是于成龍第二次被舉為「卓異」了。在清朝的官場上，舉「卓異」是十分難得的榮譽，于成龍辛苦工作多年，努力行善多年，總算是又有了回報，所謂「苦心人天不負」也。但這次「卓異」的評語，各種傳記資料都沒有記載，應該是失傳了。

根據于成龍的一貫作風，他應該還有一些特別的舉動和成績，獲得了總督蔡毓榮和巡撫張朝珍的青睞。就像在羅城和合州那樣，他很可能向上級提供過不少合理化建議。

另外，他在黃州府同知任期內，兼任過「黃漢捕務」，應該是全面管理黃州府和漢陽府的捕盜工作。陳廷敬的《于清端公傳》中又說他「攝漢陽、黃安、通城事」，也就是代理漢陽府、黃安縣、通城縣的政務，做過「絕火耗」、「飭保甲」等工作。這說明，于成龍在黃州府同知任期內，已經引起湖廣省高層官員的重視，被臨時調動官職，負責了更多的工作，做出了更多的成績。只是因為《于清端公政書》相關內容的嚴重缺乏，在此不能做更詳細的介紹了。

于成龍第二次「入覲」應該算是勞碌而愉快的旅程，到吏部述職後，朝廷核准了他的「卓異」，很快就下令升他為福建省建寧府知府，他由此成了正四品的官員。

第十一章　造橋失職被罷官

康熙十三年（一六七四年），就在于成龍被二舉「卓異」，準備升官的時候，命運又來了一次奇妙的轉變。著名的「三藩之亂」開始了，于成龍短期署理武昌知府。卻因為洪水沖斷軍用浮橋，被革去了官職。這是他官場生涯中一次意外的挫折。

三藩之亂

清軍入關時，滿洲八旗只有區區十幾萬人，如何能夠占領面積廣大、人口眾多的中原地區呢？他們依靠的主要是降兵降將，讓漢人打漢人。吳三桂原本是明朝山海關總兵，先投降李自成，後來「衝冠一怒為紅顏」，開關降清，打跑了李自成。又一路打過去，最後把明朝的永曆皇帝朱由榔從緬甸抓回來縊死，為大清朝的統一事業立下了汗馬功勞。吳三桂被封為平西王，鎮守在雲南、貴州等省，實力雄厚，是割據一方的藩鎮。另外，降將尚可喜，被封為平南王，鎮守在廣東廣西；降將耿仲明被封為靖南王，鎮守在福建。他們這三股地方勢力，被統稱為「三藩」。

清朝是中央集權制的王朝，不可能允許地方藩鎮的長期存在。「三藩」手裡有兵有將，有錢有糧，實力太過雄厚，一直是朝廷的隱患。所謂「臥榻之側豈容他人鼾睡」，康熙帝玄燁一直就有「撤藩」的想法。吳三桂等「三藩」也知道朝廷最終要解決這件事，疑懼不已。最後，雙方矛盾激化，吳三桂等人起兵造反，打出了「興明討虜」的旗號。各地的降將降官，與「三藩」有關係的，不免兔死狐悲，唇亡齒寒，都紛紛起兵響應吳三桂，戰火延及湖南、四川、福建、廣東、廣西、陝西、湖北、河南等省。這就是「三藩之亂」。

清朝平定「三藩之亂」，歷時八年，共分為三個階段。康熙十二年（一六七三年）至康熙十五年（一六七六年），叛亂迭起，清軍十分被動，只能雲集於荊州、武昌、宜昌等地，不敢渡江與吳三桂交戰。

康熙十五年至十七年（一六七八年），陝西的王輔臣兵敗降清，使整個戰爭有了轉機。福建的耿精忠受到鄭經的進攻，腹背受敵，只好向清廷投降。廣東的尚之信也投降了，廣西將軍孫延齡則被吳世璠所殺。叛軍只剩下吳三桂一股勢力，與清軍展開拉鋸戰，相持不下。

康熙十七年至康熙二十年（一六八一年），清軍轉入反攻，最終完全消滅了叛軍，結束了「三藩之亂」。

湖廣省的湖南部分，很多地方被吳三桂占領，是戰爭的中心地帶。而湖北部分，一直處在戰爭的前線，大部分被清軍控制著。吳三桂的叛軍並沒有過江，但小股力量的滲透到處都是。

在這種情況下，湖廣省需要一大批精明強幹的官吏辦理軍政大事，于成龍名聲在外，當然是走不了的。不過，即使調到福建建寧府，那裡也是前線，同樣是戰火紛飛。

署理武昌

康熙十三年（一六七四年），于成龍虛歲五十八，可以稱是年近花甲，算是老年人了。這一年，他最忙、最累、最委屈，但也最光榮。《于清端公政書》這一年的記載也最豐富，很多事件都有具體的日期。

二月，他完成「入覲」任務，長途跋涉，從北京回到黃州。三月初，接到巡撫張朝珍的命令，「署理」武昌知府，辦理軍需事務。三月九日，他從黃州趕到了武昌，履任新職。過了不久，吏部下了調令，升于成龍為福建省建寧府知府，巡撫張朝珍上報朝廷，要求就近改任于成龍為武昌知府。

每年四月，是清廷規定的徵收賦稅期限。武昌各縣靠近戰場，經常發生小規模的戰爭，但也時有小小的平靜。這年的賦稅，是應該「開徵」，還是「緩徵」，湖廣省的官員們有不同意見。于成龍是主張「緩徵」的，他寫了一篇《為武昌各屬請緩徵詳》，介紹了蒲圻、嘉魚、通城、咸寧、崇陽、大冶、興國、武昌、通山、江夏等州縣百姓流離失所、驚恐不定、無力務農的情況，表示徵收實有困難，不如照舊「緩徵」。

于成龍的這個建議是十分明智的。如果「開徵」，最苦惱的是各地百姓，而最勞累的是各級官員。百姓沒有收成，自然也沒有錢糧可繳，逼急了就都投奔吳三桂去了。官員們的頭等大事是辦理軍需，如果都跑去催徵賦稅，耽誤了軍需大事，那是要丟官掉腦袋的。如果「緩徵」，既能安撫百姓，也能讓官員們專心辦理軍需。所欠錢糧，可以在太平後補繳，或者向朝廷申請「蠲免」。

于成龍還寫過一篇《請復臨湘驛站詳》，主要是請求湖廣巡撫張朝珍移文給偏沅（湖南）巡撫，恢復臨湘界內的幾處驛站，方便軍情通信。

根據陳廷敬的《于清端公傳》，當時巡撫張朝珍已經起草了請求朝廷「緩徵」的奏稿，于成龍的「詳文」報上來之後，正好跟張朝珍的意思符合。張朝珍大喜，立即把很多重要軍務都委託給于成龍，讓他放手去辦。該傳記說：「公悉意擘畫，羽書交馳，師旅雲集，軍資億萬，皆咄嗟而具。」陳廷敬這幾句話寫得很輕鬆，實際上那是大大的苦差事，把于成龍累得半死。

能吏風範

于成龍在「署理武昌知府」的短暫日子裡，還辦了兩件比較露臉的事情。

第一件事是依法處理「惡少」。

當時，清軍全部雲集於荊州、武昌、宜昌等地，面對吳三桂的強烈攻勢，他們畏首畏尾，不敢爭鋒，但面對地方官吏和老百姓，他們又是另一副強橫嘴臉。有一名「惡少」級別的人物，靠著軍方的背景，在民間為非作歹。具體幹了什麼壞事，陳廷敬的《于清端公傳》記載並不清楚。只是說，這名「惡少」犯了罪就跑回軍營，地方官吏拿他一點辦法也沒有。

在平時，于成龍很懂得尊重上級，也會用自己的真才實學和出色政績來討好上級，但他卻是個硬骨頭，關鍵時刻不畏強權。他接到百姓的報案後，首先雷厲風行，把這名「惡少」抓起來，依法處理。估計這「惡少」犯的不是小事，所謂「依法處理」實際上就是立即斬首。斬完了，于成龍不等軍營派人來質問，主動出擊，帶著相關案卷到軍營裡找「大將軍」，詳細說明情況，同時要求「大將軍」申明軍令，不要縱容部下騷擾民間。

當時的情形十分有趣。「惡少」的身分特殊，他被斬首正法以後，十幾萬軍人立即騷動起來，咆哮吶喊，圍住于成龍不走。而于成龍一副「威武不能屈」的樣子，義正詞嚴地向「大將軍」說明情況，「詞譬理解，神色抗厲」。騷亂的軍人看嚇不倒于成龍，過了一陣子也就慢慢散開了。陳廷敬的傳記文字寫得十分生動，好像有一種天崩地裂之感。

另一件事是和解救百姓有關。

清軍的情報人員打聽到，武昌城裡有一個大戶人家，私藏兵器，暗地裡勾結吳三桂，準備搞「裡應外合」的事情。張朝珍接到情報，就準備派兵前去抓捕。這時候，熟悉民情的于成龍立即阻止道：「自戰爭發生以來，武昌、黃州等地的大戶人家，都逃到了梁子湖一帶避難，家裡只留了一部分僕人看守。他們攜帶兵器，只是自衛防盜，不可能有其他陰謀。如果派兵抓捕，只怕會引起民間的恐慌。」

張朝珍聽了後，沒有立即派兵，而是先讓人調查了一下，事實果然是于成龍說的那樣。這件事，于成龍可謂是「料事如神」。富室大戶如果真的要暗通吳三桂，肯定會住在城裡，伺機起事，怎麼可能出城避難？怎麼可能只留少數僕人看守門戶？

收復蒲圻

康熙十三年（一六七四年）四月初，于成龍奉張朝珍之命，前往武昌府下屬的咸寧、蒲圻二縣，修造軍用橋梁，並駐守蒲圻，料理地方事務。這一帶可能進行過拉鋸戰，一度失守，百姓離散。張朝珍命于成龍在此時駐守蒲圻，也有收復之意。

咸寧浮橋的修造工作比較順利，在下屬官吏差役的協助下，四月七日就搭建好了，可以供大軍通行。

八日，于成龍一行趕到了蒲圻縣官塘驛，召集百姓，發放巡撫告示，安撫民心。他們此舉得到了部分百姓的擁護，攜帶的告示很快就發完了。

九日，于成龍繼續向蒲圻縣城進發，路上遇到很多百姓，向于成龍哭訴戰爭慘狀，請求朝廷保護。于成龍手頭已經沒有告示，只好口頭安慰，並派人上報巡撫，要求多發告示下來。

九日晚上，于成龍帶領文武屬員渡河進入蒲圻縣城。此城經過戰爭洗劫，已經寂無人煙，只有一位元名叫潘宏錦的「丁憂」巡檢帶著一家人住在城裡。

于成龍當機立斷，命令堵塞蒲圻六座城門中的四座，只留下北門和水門讓人通行。隨後，便開始了艱難的恢復工作。

此時，張朝珍上報朝廷改任于成龍為武昌知府的批覆還沒有下來，于成龍「署理」武昌知府職務名不正言不順，不能有效地指揮下級官員，只能親自料理一些自己能幹的事務。用他自己的話說是：「請署之文未下，精力愈疲，神氣愈耗，似一廢人居一棄地矣！」

在于成龍的努力下，蒲圻一帶漸漸恢復了生機，不少百姓都回到家裡，開始了正常生活。外地的商旅，也開始了南來北往。于成龍每天坐到河邊，監督料理船隻事務。本地有威望的鄉紳，見於大人認真負責，一絲不苟，便都前來幫忙辦事，替于成龍出了不少力。只是大雨連綿，道路泥濘，很多百姓無法從外地趕回家中。

當時，大部分清軍南下作戰，後方百姓本來已經安心。但清軍勝負不定，經常有逃兵從前線流竄回來，渲染戰局，煽惑人心，鬧得已經回家的百姓又想外出逃難。城內的駐軍，號令不齊，紀律鬆弛，住在民房裡，破壞嚴重，又使許多百姓無家可歸。于成龍對此是一籌莫展，只能苦心經營，勉力支援。

造橋失職

于成龍駐守蒲圻的主要任務，就是修造軍用浮橋。工程難度很大，于成龍和屬員們商量，徵調船隻，初步計畫在四月二十九日，動手將船隻編聯成浮橋。當時是洪澇季節，大雨不止，山洪暴發，河流水漲，搭橋十分不易。蒲圻橋一直拖到五月十日方才勉強開工，十一日草草完工。就在這天，傳來了咸寧橋被洪水衝垮的消息。

于成龍大驚失色，於十二日趕往咸寧，準備重新搭橋。到了之後才發現，洪水實在是太厲害，不僅剛搭建的浮橋被衝垮，另一座堅固的古石橋也被洪水衝垮了。恰在這時，一隊清軍撤退至河邊，要求渡河。延誤了軍機，那可是殺頭的大罪啊！

領兵的將軍移文湖廣巡撫，要求嚴懲造橋失職的官員。張朝珍責令于成龍如實彙報。心驚膽戰的于成龍只能說：「咸寧橋成，洪水沖壞，是實天降災殃也！」大洪水連堅固的石橋都能沖塌，何況是倉促搭建、品質難保的浮橋？

張朝珍巡撫一向很器重于成龍，于成龍尊稱張朝珍為「撫臺」、「憲臺」，張朝珍則親切地稱于成龍為「親翁」。但是出了這樣的失職大事，軍方的文書已經移送過來了，張朝珍不能不如實奏報朝廷，請求懲辦責任人。朝廷很快就下達了處理文書，將于成龍革職。

這是于成龍出仕十幾年來第一次受處分，他的心情當然是糟透了。以前，他想主動辭官，現在，不用辭了，直接就是罷免，背個處分回老家，你說難受不難受？張朝珍在後來給于成龍的一封信中安慰說：「浮橋一案，部議處分太過。」

「革職」就是革去職務，但還有幾種不同情況，有「革職為民」的，有「革職查辦」的，還有「革職留用」的。史料記載簡略，不知道當時的于成龍究竟屬於哪種情況，但根據當時人才緊缺的情況，「革職留用」的可能性比較大。不管怎麼說，張朝珍還是會保護于成龍的。

于成龍在出事後不久就交卸了蒲圻的公務，回省待罪。張朝珍暫時把他留在了身邊，幫助自己處理岳陽的軍需公務。當時通信用的是驛馬，速度很慢，于成龍何時得到正式的革職通知不得而知，但因戰局瞬息萬變，發展很快，僅僅幾天後，于成龍就得到了新的任務。

第十二章　單騎招撫劉君孚

康熙十三年（一六七四年）發生的黃州東山叛亂，給了罷職才幾天的于成龍以「東山再起」的機會。于成龍不負張朝珍的厚望，採取靈活手法，成功地瓦解了一大部分叛軍，很快又消滅了剩餘的頑敵。

東山叛亂

在「三藩之亂」影響下，黃州等地蟄伏多年的「蘄黃四十八寨」祕密組織，也在醞釀著揭竿而起，反清復明。

這次起義的智囊人物，叫黃金龍。他是河南人氏，另有一說他是湖北大冶人氏，懂一些道術，自稱得到了上天賜予的天書和寶劍，要輔佐明朝宗室重新建立帝業，恢復大明的江山社稷。他的這種民間宗教的說法，很容易吸引和團結處於社會底層的老百姓。而起義的領袖人物，名叫劉啟禎，字君孚，是麻城東山曹家河人。他是位堅定的「反清復明」人士，其名「啟禎」暗含「天啟崇禎」之義，字「君孚」也有「不忘故君」之義。他是「蘄黃四十八寨」的祕密領袖之一，在民間有很強的號召力。和平時期，官府比較倚重他，借助他來辦理盜案，于成龍鎮守岐亭時，就曾經任用過劉啟禎。

黃金龍一直在四處活動，他和劉啟禎有共同的政治理想，交往頻繁，經常住在劉啟禎的家裡。吳三桂知道黃州一帶暗藏有反清復明勢力，就派人送來許多「委任狀」，鼓動大家起事。這些委任狀用清朝的話說，就是「偽劄」了。劉啟禎等人，在內心裡不一定支持吳三桂，但知道這是個大好時機，天下戰火四起，清廷手忙腳亂，如果舉兵起義，很有可能恢復大明江山。黃金龍和劉啟禎四處串聯，與「蘄黃四十八寨」以及河南、安徽、江西各省的反清復明勢力祕密商議，任命將帥，準備聚眾數十萬，於康熙十三年（一六七四年）七月正式起義。在黃州本地，只有木樨河夏鼎安及其族人二百餘名不肯依附劉啟禎，其餘的都參與了起義的密謀。

當時，麻城知縣屈振奇並不了解事情的嚴重性。他按照上級命令，嚴厲追查吳三桂的「偽劄」，經常抓捕嫌疑犯。而一些劣紳酷吏，卻又藉機生事，誣陷攀扯，借著「偽劄」的事情公報私仇，這就激化了矛盾。劉啟禎養子劉青藜的保戶楊楚喬被官府抓捕，屈打成招；徐家堡的周美公等人被官府抓捕，嚴刑拷打。劉啟禎誤以為官府已經掌握了自己的內幕，在沒有做好充分準備的情況下，於五月十五日，很倉促地在曹家河舉兵造反。

本來是接連數省、數十萬人同時發難的大型的「反清復明」的起義，現在演變成了「官逼民反」的中小型叛亂。這就是歷史的奇詭之處，也是于成龍命運的一次轉機。

定計招撫

劉啟禎匆匆起兵後，程鎮邦、鮑洪公、陳恢恢、李公茂等幾股勢力也起兵回應。知縣屈振奇並非懦弱無能之輩，他請黃州副總兵王宗臣率軍駐紮興福寺，自己率鄉勇駐紮白杲鎮，約定日期，準備共同剿匪。劉啟禎則更厲害，只派了七名騎兵，晚上偷襲王宗臣的軍營，就把王宗臣和屈振奇的兵馬逼回了縣城。這時候，麻城東山的「蘄黃四十八寨」勢力，都紛紛起兵，形成了星火燎原之勢。

東山叛亂的消息很快傳到武昌，巡撫張朝珍當然知道事情的嚴重性。如果劉啟禎的起義軍成了氣候，長江中游下游將被隔斷，不僅湖北一帶兩面受敵，河南、安徽、江西乃至江蘇等省也都會受到壓力，整個戰局可能都要發生變化。但這個時候，朝廷大軍正在全力進攻湖南的吳三桂叛軍，戰爭打得十分艱苦，很難分出兵力來平息黃州叛亂。

于成龍這時候正在等候處分，張朝珍把他召到轅門，商量剿撫大計。于成龍在黃州為官多年，長期駐守麻城岐亭，與劉啟禎的關係十分密切，知道「蘄黃四十八寨」的底細。他和張朝珍達成了一致意見，認為不能把黃州叛亂認定為「反清復明」的政治性事件，只按「官逼民反」、「赤子弄兵」的普通事件處理，採用「招撫」策略，暫時穩定局勢，然後再伺機行事，瓦解整個起義。于成龍在黃州威望很高，官紳百姓都十分信服他。張朝珍就決定委派于成龍前往黃州，主持「招撫」大計。

于成龍則向張朝珍提出要求，允許他「便宜行事」，打破常規、放開手腳去解決這個複雜問題，張朝珍一一都答應了。對于成龍來說，這實在是自己「立功贖罪」、「東山再起」的大好時機。當時武昌的官員們都信不過于成龍，認為他是一介文官，又是個好酒貪杯之人，怎麼能辦好這樣的大事呢？但張朝珍主意已定，用人不疑，堅決支持于成龍的行動。

勸諭百姓

于成龍只帶了駐守蒲圻時的幾名隨從，於五月二十二日從武昌出發，二十四日到達黃州麻城縣白杲鎮，此地距劉啟禎的山寨只有十里路。他撰寫了一篇《初撫東山遣牌》，以老父母官的口吻，回憶自己與黃州百姓的魚水深情，對黃州百姓倍加關懷、慰問，對起兵叛亂的事情表示無限的遺憾與責備。他把告示貼到各處，聲稱自己向巡撫苦苦哀求，阻擋住了大兵的征剿，要求百姓們到白杲鎮找他來傾訴冤屈，讓他來評判是非，早日恢復地方平靜。如果百姓們不給他面子，那他就只有回省，請巡撫派兵來剿殺了。

他又撰寫《勸畈間歸農諭》，大講副總兵王宗臣的好話，說他平時愛民如子，是慈悲心腸，這次帶兵來麻城，主要還是安撫百姓，並非前來剿殺。另外，他又向道臺徐惺、巡撫張朝珍兩次發文，要求釋放被錯抓的良民百姓，平息民怨。

後世有很多人都說于成龍此時用的是欺騙手段，騙取了老百姓的信任。其實，于成龍此舉雖然有智謀的成分，但勸諭老百姓放下刀槍，回鄉務農，過太平日子，也是發自內心的真誠。

黃州麻城一帶的士紳百姓，對于成龍是十分崇敬和信任的，也是十分畏懼的。大家一見「青天于二府」來了，都紛紛趕到白杲鎮，訴說冤屈，承認錯誤，表示願意接受招撫。轟轟烈烈的劉啟禎起義，就像一個還沒有完全吹起來的大氣球，被于成龍輕輕地洩了氣。

單騎招撫

接著，于成龍把注意力轉移到率兵據守山寨的劉啟禎父子身上。于成龍認為，如果迅速招撫，劉啟禎還有可能改變主意，稍遲數日，各處的起義軍合兵一處，勢力大增，劉啟禎就不會甘心受撫了。

五月二十七日，于成龍先派白杲鎮的一名鄉約，拿著自己的親筆書信去見劉啟禎。他在信中說明了朝廷的招撫政策，劉啟禎只要率部投降，不但不會殺他，還會特別重用他。

于成龍估計鄉約已經抵達山寨，自己便騎了一匹黑騾，帶了兩名隨從，一人打傘蓋，一人敲鑼，緩緩地向山寨進發。在距離山寨還有二里地的時候，于成龍命令隨從敲鑼喊話，聲稱：「太守來救爾山中人！」

劉啟禎曾經做過于成龍的差役，對于成龍十分敬畏。聽說于成龍親自來了，他命令手下的士兵們手持火銃，列隊相迎，自己卻不敢見面，倉皇躲到了後山。

于成龍極有膽略，根本不怕這種場面。到了山寨前，大聲喊叫開門。很多士兵都認識于大人，又看見沒有帶兵，只好開門請于大人進寨。于成龍進了寨，下了騾，坐到劉啟禎的大廳裡，很隨便地詢問：「君孚老奴到哪裡去了？怎麼不出來見我？」士兵們很尷尬地聲稱，劉啟禎外出，過一會兒才能回來。那些認識于成龍的士兵，很不好意思地過來拜見，其他的人也只好跟著禮拜，就好像迎接自己的長官一樣。

于成龍先不提起兵造反的事，只是很關心地詢問山中的雨水和莊稼，詢問他們的家庭生計，就像以前勸農時的問話一樣。大家只好順著于大人的問話來回答。提起雨水和收成，大家自然聯想起了平時的太平生活，想起了妻子兒女歡聚一堂的場面。好好的，誰願意起兵造反啊！這樣一來，劉啟禎的軍心也就散了。

于成龍拉著家常話詢問了幾句，又喊叫著天氣太熱，渴了，要士兵拿水給他喝。又解開衣服，脫了靴子，搖起扇子，躺到劉啟禎的床榻上呼呼大睡起來。睡足了一個午覺，醒來後又問：「君孚老奴，怎麼這麼久還不回來？客人來了，難道連酒飯都不準備嗎？」

劉啟禎一直藏在附近，到這時候，不得不出來相見。于成龍輕描淡寫地批評了他幾句，說官府刑訊逼供這麼一點小冤屈，哪值得起兵造反，自取滅亡？現在朝廷政策很寬大，只要率部投降，造反的事情就可以一筆勾銷，朝廷還會另有重用，絕不虧待。

劉啟禎很久以來就有反清復明的理想，絕不可能被于成龍幾句話就說得改變主意。但是，他這次倉促起義，根本沒有做好準備。于成龍的招撫政策一出，民心渙散，軍心渙散，再要硬撐著，也不會有好下場。他考慮再三，只好表面上答應于成龍，約定六月三日率部投降。究其本意，是想另尋良機，再行舉事。

叛亂初平

到六月三日，劉啟禎果然率領幾千人，打著一面「傾心向化」的旗幟，到白杲鎮向于成龍投降。于成龍很高興，又根據事先和張朝珍商量好的計策，命令劉啟禎去勸諭招撫其他起義軍，並鄭重承諾，事成之後，朝廷封劉啟禎為戎旗守備（正五品的武職官員）。

劉啟禎雖然狡猾，卻不知道于成龍早有成算。他假意答應，拿著于成龍的告示去各部招撫，實際上是勸說各部暫時詐降，另圖起義機會。

六月七日，經過劉啟禎勸諭的程鎮邦、鮑洪功、陳恢恢、李公茂等人，各率部屬來到白杲鎮，向于成龍獻了一面安家樂業旗，表示歸順。

于成龍命令他們到黃州城拜見分巡道徐惺，領取封賞的衣冠。之後，命河泊所官景可賢護送程鎮邦到省城拜見張朝珍，不久又命李公茂跟隨徐惺赴省城，接受任命。其他的起義軍首領，也進行了合理的安插和約束。

起義軍各部之中，只有鄒君升一部，態度堅決，拒不接受招撫。但轟轟烈烈的東山起義，就這樣被于成龍用安撫手段瓦解掉了。

于成龍單騎招撫劉啟禎，是一個很精彩的故事，也像一場精彩的戲劇，被載入了史冊。但是，因為清廷各級官員，不願意把此事當成反清復明大案，劉啟禎的名字太過敏感，在各種文書中就被悄悄改成了劉君孚。

黃州的局勢初步穩定，于成龍不敢大意，立即著手處理善後事宜。于成龍一向愛民如子，辦事又周密細緻，對曾經參加起義又接受招撫的眾多百姓百般保護安撫，不許各級官吏及劣紳借機訛詐他們。同時，又拿出自己用慣了的保甲法，在黃州各地分區編制保甲，訓練鄉勇。

于成龍訓練的這些鄉勇，都掌握武功，擁有刀槍弓箭等冷兵器和鳥槍火銃等火器。以區為單位，每區設一區長。遇到戰爭警報，鄉勇要立即集合待命；發現可疑之人，要立即向上彙報並驅逐之；包庇窩藏奸細要論罪。

因為于成龍在黃州享有崇高的威望，原來那些祕密組織裡的一大部分精兵強將，此時都願意歸附，做于成龍治下的良民和鄉勇，唯于成龍馬首是瞻。

換句話說，于成龍等於是在「蘄黃四十八寨」的組織之外，建立起一個有官府背景的歸于成龍自己領導的大型山寨聯盟組織。有了這個大組織，其他的不肯歸附的山寨組織，也就不足為慮了。

平白受氣

當于成龍正在辛辛苦苦辦理這些事情的時候，卻平白地受了一場惡氣。

一支清軍南下參戰，路經麻城。百姓們平時就害怕這些擾民的官兵，一有風聲，立即逃跑。于成龍是官員，當然不能亂跑，老老實實地等著清軍的到來。領兵的將軍見了于成龍，大言不慚地說是因為自己的大兵到來，才使劉啟禎等叛亂者望風披靡、接受招撫的。還說：「哪裡有賊？讓我去殺！」

于成龍氣憤地反駁：「大軍到來之前，叛軍就已經受撫了，怎麼能說是和大軍經過有關係呢？既然已經受撫了，為什麼還要殺他們呢？」

將軍見于成龍居然敢頂嘴，便諷刺道：「看你的樣子挺有本事嘛！為什麼不帶兵殺吳三桂去？」

于成龍也不示弱：「我以前雖然沒有帶過兵，但是也收復過蒲圻城。」

將軍說：「我可不想和你爭功。」于成龍說：「給朝廷辦事，還能說什麼功勞呢？」將軍問了問于成龍的姓名籍貫，然後帶著怒氣揚長而去。于成龍也憤憤不平，寫信給張朝珍要求辭官。張朝珍回信安慰了一番，要他繼續做下去。

于成龍並不是小心眼，假如真的讓那位將軍帶兵去殺賊，剛被瓦解分化的「蘄黃四十八寨」勢力，立即就會重新團結起來，爆發新的叛亂，張朝珍和于成龍的全盤計畫，也就會徹底被打亂。

不久，朝廷正式任命于成龍為武昌知府，算是對于成龍的獎勵。

而暫時詐降的劉啟禎，這時候也受了一場惡氣。他自己投降于成龍不說，還勸諭招撫了其他幾股勢力一起投降，這就引起了另外一些山寨組織的嚴重不滿，大家覺得他真的是「叛變」了。有人就在已經歸降的組織中挑撥離間，還有人派刺客來暗殺劉啟禎。挑撥離間產生了效果，有一部分人開始動搖，後來真的又舉旗造反。暗殺雖沒有成功，但讓劉啟禎心生疑慮，與山寨勢力產生了矛盾，他只能更加依賴、支持于成龍了。

剿滅頑敵

七月初的時候，于成龍的善後工作已經初見成效，準備回武昌覆命。沒想到七月九日，黃岡縣李家集忽然爆發了以方公孝為首的逃僕叛亂，黃州的形勢又嚴峻起來。隱藏在劉啟禎家的黃金龍，這時候與劉啟禎產生了矛盾，逃到黃麻交界紙棚河的鄒君升處，鼓動鄒君升起兵造反，方公孝也很快聚集到鄒君升處，雙方合兵起事。

于成龍一看形勢有變，不能再回武昌了，立即組織防守和進攻。說實話，黃金龍、鄒君升、方公孝的這次起義，時機很不對，正好讓于成龍檢閱了一下自己編制保甲、訓練鄉勇的實際效果，可以說是撞在了槍口上。

二十二日，于成龍帶領一批生員、紳士趕到距離鄒君升山寨二十里遠的望花山，與劉啟禎等人研究對策。各處的官員、區長、鄉勇、生員、紳士等，在于成龍的號召下，紛紛趕赴望花山，配合于成龍的行動。大家的意見十分一致，這次絕不招撫，而應該全力進剿。心懷怨憤的劉啟禎也堅決主張進剿，他認定刺殺他的人就是鄒君升派來的。

于成龍認為，黃金龍和鄒君升這次倉促起兵，並沒有準備好充足的軍糧，支撐不了幾天。與其立即進剿，不如三面包圍，一面設伏，將敵人困住，然後伺機剿殺。

根據記載，于成龍這次剿匪的陣容十分強大。黃岡知縣李經政、麻城知縣屈振奇聞訊趕來，都被于成龍打發回去，辦理日常公務。剿匪戰鬥，全部用當地的士紳和鄉勇。原起義軍首領之一的程振邦，這次給于成龍進獻了一份地形圖，使于成龍得以周密布置。具體的包圍、設伏地點，參戰人員，就不一一介紹了。只說一句，這次戰鬥連廟裡的和尚都參加了。于成龍的威望和動員能力，由此可見一斑。

七月二十五日，戰鬥正式打響。很快，王方遠就抓獲了方公孝，于成龍下令斬首。這天，于成龍還接到朝廷命令，改任他為黃州知府，這個好消息也令軍心大振。二十六日，投誠官李懋官殺傷了一部分叛軍，向于成龍報功。二十七日，大批鄉勇趕到，參加戰鬥，把鄒君升趕到了油河。二十八日，各處鄉勇繼續戰鬥，殺敵無數。二十九日，黃金龍等二十人絕糧，逃往馬鞍山，中了伏擊，全數被擒。另有沈潤成、楊克利等二十多人被斬。當天晚上，鄉勇們把黃金龍押解到望花山，于成龍下令立即斬首。

這裡還有一個有趣的傳說。據說，黃金龍會法術，在斬首時想施法逃脫。沒想到于成龍也會法術，拔劍朝黃金龍一指，怒喝一聲，黃金龍的法術就失靈了，只好乖乖地授首。這個故事，應該是當地人對于成龍的神化。

八月一日，夏仲昆等人生擒鄒君升於項家廟，斬首四十餘級。其他鄉勇四面進攻，殺敵無數，戰爭進入了尾聲，鄒君升被擒後也被斬首。

八月二日，于成龍下令不許再殺一人，允許剩餘的起義軍投誠。「逃僕」仍歸主人所有，「游勇」仍回軍營當兵，附逆百姓都既往不咎。其他善後事宜，于成龍都一一周密布置，務使百姓真正安心。

這場平叛戰鬥，前後只用了六天，而且沒有動用官軍，全是地方武裝，確實是很了不起。

捷報傳到武昌，巡撫張朝珍終於能夠放心。他舉起捷報向官員們說：「你們都說我不該重用醉漢，現在怎麼樣？」史書原文為：「人謂我不當用醉漢，今定何如？」

戰鬥平息後，于成龍也沒有忘了劉啟禎。他用了一條比較「毒辣」的計策，自己捐出俸銀，典賣衣服，湊足了一百兩白銀，當眾重賞劉啟禎。並且公開宣揚，這次能夠生擒黃金龍和鄒君升，全是劉啟禎的密謀妙計，全靠劉啟禎的大力支持。

劉啟禎的親信們，都以為他全心全意地投靠了朝廷，再也沒有反清復明的理想了。于成龍另外還用了一些離間之計，在劉啟禎的親友之間製造隔閡，搞得劉啟禎眾叛親離，再也不可能做起義軍的領袖了。幾年之後，劉啟禎鬱鬱而終。

第十三章　文官上陣亦英雄

康熙十三年（一六七四年）冬天黃州發生的又一次大型叛亂，讓于成龍面臨了更大的考驗，也建立了更大的功勳。他親自上陣殺敵，最後以少勝多，打出了威風。

大亂再起第一次東山叛亂被平定後，于成龍毫無喘息的機會。他於八月六日趕到武昌，向巡撫張朝珍交差，同時接受新的軍需供給任務。八月十日離開武昌，十一日到達黃州，正式上任黃州知府。軍需工作異常繁重，日常公文又堆積如山。年邁體衰的于成龍連夜辦公，於十二日夜裡口吐鮮血，重病了一場。

這裡，需簡要交代一下當時的軍需事務。辦理軍需朝廷是撥給經費的，但預算價格等不可能完全合理，有些物資需要採買，有些則需要製造，數量、品質、期限都有嚴格規定。于成龍這次領回來的軍需任務，有一百萬捆草料，還有馬槽、鍘刀、飯鍋等等。舊的任務沒有完成，新的任務很快又下來，真是千頭萬緒，令人焦急。清朝又是官僚主義嚴重的朝代，朝廷事事都會發命令，下級事事都要向上級彙報，各種公文像雪片一樣在驛路上穿梭，稍一疏忽，稍一繁忙，官府裡的未決公文就會積壓如山。于成龍在這些日子裡，好幾次急得想找根柱子一頭撞死，生病吐血也是在所難免了。

黃金龍、鄒君升的叛亂平定之後，黃州東山的局勢仍然是暗潮洶湧。

八月二日，于成龍就接到諜報，說羅山大盜周鐵爪潛入白水畈，聚集多人，正在密謀起事。不久，黃岡縣的鄉約熊世忠又報，永寧鄉一帶叛亂蠢蠢欲動。于成龍這時剛剛解散了鄉勇，不好再做計較，只能暫時隱忍。

到了這年十月，吳三桂大軍在江西進攻湖口，散兵劫掠興寧，已經接近湖北。清軍在黃州府下屬的蘄州一帶增兵戒嚴，準備應敵。吳三桂在進兵的同時，又發動了新一輪的政治攻勢，在湖北各地散布「偽劄」，鼓動漢族百姓起兵策應自己，黃州境內便又開始了新一輪的動亂。

十月中旬，陳鼎業糾合逃兵，搶奪驛馬，在陽邏一帶起兵；十月二十九日，何士榮糾合黃寅生等人，在黃岡縣永寧鄉起兵；同日，劉啟業在石陂起兵；十一月一日，周鐵爪、鮑世榮（鮑洪功）、李公茂、陳頓徹（陳恢恢）、王子之等人，在麻城白水畈起兵。另外，還有廣西將軍孫延齡的族人「孫將軍」、萬野予等人，也率部潛入，與周鐵爪聯合。這幾支叛軍各有數千人，加起來則有數萬之多，對外號稱十萬。他們奉何士榮為盟主，計劃於十一月上旬，合兵攻打黃州城，然後進攻武昌、漢陽。

前面提到的有好幾個首領，都是曾經接受于成龍招撫，獻過「安家樂業」旗的，如今時機一到，又重新舉旗造反。只有劉啟禎等幾股力量，徹底地投靠了于成龍，沒有參與這次事件。

定計反擊

根據史書記載，當時黃州的情況是：

高山大湖，烽火相望，城門皆晝閉，墟裡寂無人。各鎮援兵悉隨大軍進攻湖南，黃州餘吏民才數百人，至不能備闍柝，議者欲棄黃州，退保麻城。

于成龍只是一介文官，並不是久經沙場的老將軍。他事先知道黃州會發生叛亂，內心也十分緊張，經常是惶惶不可終日，不知道自己治下的這些老百姓，什麼時候全變成起兵造反的仇人。等到叛亂真正發生了，敵人已經呈現出眉目，官吏們商量著放棄黃州、退保麻城的時候，于成龍卻不再害怕了。因為他發現，叛軍雖然有數萬人，但自己精心培養訓練的鄉勇隊伍，大部分都還安靜地待在家裡，並沒有倒向叛軍。

于成龍冷靜地為大家分析：

黃州為湖北七郡門戶，我師屯荊、岳者數十萬，水陸轉運取道於此。且瀕江而城，控制阻險，前倚興寧廬阜，後壓天堂、金剛諸寨，實東南關鍵。東山為黃左臂，釋此不守，則無東山；無東山，則無黃；無黃，則無襄、漢；斯蘄、岳有狼顧之虞，七郡成瓦解之勢，江北危矣——所系非僅一城已也。

也就是說，這場戰鬥的戰略意義非常重大，如果叛軍取勝，不僅是黃州失守，湖北危急，清軍的糧草援兵運輸線路也會被切斷，戰場局勢就會完全改變，清廷也會更加被動。

于成龍又說：「我身為知府，誓死不能離開黃州。但是，我們與其困坐在城裡等敵人來進攻，不如主動出擊，或者可以僥倖成功。敵軍雖然人數眾多，但他們奉何士榮為盟主，一切行動都聽何士榮的。如果我們能夠一戰擊敗何士榮，對別處的敵人就可以不戰而勝了。」

于成龍派快馬到武昌，請求巡撫張朝珍派兵增援黃州。張朝珍命令于成龍帶一部分兵力出城剿匪，分巡道徐惺負責守城。黃州城裡的百姓們都逃跑了，留下來的官吏兵民一共才幾百人，幾乎無兵可用。張朝珍派了兩支正規軍來增援，但數量奇少。于成龍能用的兵馬，主要還是各區的鄉勇、紳士、生員，另外還有劉啟禎等幾股投誠的民間武裝。

十一月四日，把總吳之蘭帶領五十名官兵從蘄州趕到，駐紮在段家店；五日，千總李茂升帶領五十名騎兵趕到黃州。于成龍和徐惺命令黃岡知縣李經政帶領生員曹從仁，徵調一部分鄉勇，自備糧餉，攻打陽邏的陳鼎業叛軍。這支隊伍於八日取得成功，擒斬陳鼎業父子，平息了陽邏局勢。

于成龍自己則於十一月五日，率領千總李茂升、把總吳之蘭、羅登雲、齊安驛丞李德、候選千總劉先定、武舉張尚聖等人，連同生員、吏卒共二十二人離開黃州，前去征剿何士榮。他一邊走，一邊派快馬徵調動員各處鄉勇，並命令劉啟禎率部進駐土皮衝、梅鈿率部進駐八疊山、鄭丹率部進駐平頭山、童貴卿率部防守東義洲、蕭有至率部防守羅田界、田穀伯率部堵截黃岡廟。

于成龍親自撰寫了多篇檄文，文辭慷慨激昂，真誠感人，號召各區鄉勇行動起來，保衛自己的太平生活。要求各區精選武藝高強的青壯年鄉勇，佩帶鋒利武器，和自己會合迎敵。有火銃鳥槍的人家，一律持銃持槍上陣。另外，于成龍還有很實惠的政策，他給鄉勇們發放誤工費，有火銃鳥槍的還會多發一些。先統一發放三天的費用，然後計日發放。這樣，就刺激了各區鄉勇的積極性，他們本來是「義勇軍」，現在又變成了賺錢的「僱傭軍」。很快，于成龍身邊就聚集了兩千多名精壯鄉勇。隊伍齊整，紀律嚴明，和正規軍沒有什麼差別。

何士榮起兵後，占據黃土坳，紮營西山。為了準備糧草物資，他們在附近搶劫焚燒了一些人家，失去了民心。于成龍聞訊後，派把總羅登雲和武舉張尚聖帶領一隊人馬做前鋒，試探何士榮的虛實，自己率大軍緩緩前進。

十一月七日，羅登雲、吳之蘭、張尚聖與何士榮的小股叛軍相遇，交戰一場，何士榮敗退，藏入山寨，鄉勇們繳獲了很多兵器，初戰告捷。

于成龍聞訊後，加速前進，抵達張尚聖的大營。鄉勇們見于成龍來了，都激動得上前討賞，于成龍沒帶銀子，只能做精神鼓勵，拍拍這個人的肩膀，摸摸那個人的鼻子，說了很多激勵人心的話，提振士氣。

不久，各處鄉勇紛紛趕到薄金寨，于成龍的兵力達到了五千餘人。

上陣苦戰

十一月八日黎明，大戰開始。何士榮率數萬人，從牧馬寨出發，分東西兩路，向于成龍駐紮的薄金寨進攻。叛軍手持雜色紅旗，浩浩蕩蕩而來，氣勢十分嚇人。

于成龍這天穿了一件「舊戎衣」，手持寶劍，騎一匹戰馬，站在營門口，擺出親自上陣的架勢，十分威武。他見東路敵軍較少，就派羅登雲帶領一千多人攻東路，自己率大軍攻西路。而在西路主戰場，又形成了吳之蘭攻東路，張尚聖攻西路，于成龍和李茂升攻中路的態勢。

戰鬥剛一開始，官軍把總吳之蘭就中彈身亡。叛軍火力密集，槍炮聲像爆豆一樣，官軍和鄉勇紛紛敗退。于成龍也比較倒楣，威武的大鬍子被戰火燎著了，十分狼狽。大家勸于成龍暫時後撤，于成龍知道此時一退，必敗無疑，就大聲說：「今吾死日也，敢言撤退者立斬！」

但官軍鄉勇仍然抵擋不住敵軍的炮火，繼續後撤。附近的山民平時就支持何士榮，此時見官軍敗退，紛紛拿出小紅旗，站在高處吶喊助威。

看起來，敵眾我寡，官軍鄉勇敗局已定。于成龍知道這次是跑不掉了，反正總是死，不如奮力殺回去。他調轉馬頭，向李茂升大喊一聲：「我死，歸報張公！」然後就縱馬殺入了敵陣。

李茂升是武官，哪敢讓文官于成龍去拚命送死？焦急之中，他張弓搭箭，一箭射倒了敵軍的大旗。然後，他又奮不顧身地殺過去保護于成龍。官軍鄉勇在于成龍和李茂升的激勵下，又鼓起勇氣，努力殺了回去。何士榮叛軍見大旗已倒，攻勢便弱了下來。李茂升在這次戰鬥中表現得極為英勇，他的戰馬被射死，自己也受了傷，仍然揮刀步戰，砍殺多名敵兵，奪了一匹馬，繼續戰鬥，身上的鎧甲都被槍彈打穿了。

張尚聖率領的一支人馬，從右山繞到敵後，成功地將敵人包圍，戰場的形勢立即全面改觀。經過一番激戰，何士榮的大軍終於潰敗。官軍乘勝追擊，翻山越嶺，連追了數十里才甘休。

何士榮也是一員勇將，他手持長矛，親自斷後。右臂被砍斷，仍然在力戰。最後陷在泥潭中，被官軍擒獲。

這場戰鬥，打得極為慘烈。官軍斬首數千人，繳獲器械無數。屍體堆滿了山谷，鮮血染紅了溪水。于成龍在此戰中，創造了「手刃四十八人」的戰績。作為一名老年多病的文官，于成龍上陣之後能有這個戰績，充分說明他從小練過武功，並且有一定的實戰經驗，是個文武全才。另外，他在關鍵時刻敢闖入敵陣，這和武功沒有關係，主要還是一種勇氣，一種大無畏的精神，一種慷慨赴死的精神。戰場上槍彈無眼，于成龍能夠活下來完全是僥倖。

官軍進入何士榮的山寨後，繳獲了何士榮的「偽劄」，還搜出了何士榮密謀起義的名冊。于成龍是熟讀《三國演義》的，知道這份名冊牽連太廣，不利於穩定人心，就當眾燒毀了名冊。

肅清殘敵

十一月八日凌晨的戰鬥取勝之後，于成龍等人率軍乘勝追擊，中午時分趕到了呂王城。李茂升下令士兵們埋鍋造飯，稍事休息。

于成龍見狀後，急忙對李茂升說：「白水、石陂等地的叛軍，都奉何士榮為盟主。現在何士榮被擒，諸賊膽落，無所適從。我們卷甲急趨，緊緊追殺，他們就會徹底潰散。這就是所謂的破竹之勢，機不可失。如果稍一鬆懈，叛軍進入山寨，據險堅守，就會死戰到底的。」李茂升點頭同意。當時鍋裡的飯剛煮上，于成龍下令把米倒掉，大軍立即出發。

于成龍一邊行軍，一邊口述檄文，讓鄉勇們傳抄宣傳。他在檄文中說：叛亂人員如果能夠反戈一擊，擒拿賊首，必有重賞；臨陣投誠者，絕不殺害；扔下兵器逃回家中者，絕不追究；身上沒有鄉勇印號而家藏兵器者，按叛賊對待，一律處死。又把官軍鄉勇一戰生擒何士榮、焚毀叛賊名冊的事情廣為宣傳。

參加叛亂的「蘄黃四十八寨」人員，聽說盟主被擒，名冊被燒，又是恐懼又是僥倖，紛紛解散回家。叛軍的數萬人馬，又一次被于成龍輕易瓦解了。

十一月九日，官軍鄉勇進攻白水畈。一場戰鬥下來，周鐵爪、鮑世榮、李公茂等人身邊只剩下幾百名親兵，失去了戰鬥力。他們想退守什子寨，沒想到于成龍事先已經布置羅田知縣王光鼎、生員蕭有至等率領鄉勇五百餘人，堵住了路口，另外還有蘄水知縣蔣燦派生員何翩然率領鄉勇二百名前來助戰。李公茂等人進不了山寨，只好殺出一條血路，倉皇逃走。

十一月十一日，孫將軍、萬野予、假周鐵爪等人在麻城縣石壁起兵，李公茂等人率殘兵與孫將軍聯合一處，叛軍的力量一時間又壯大起來。于成龍的大軍駐在白水畈，因山路阻隔，無法趕到石壁。麻城知縣屈振奇向分巡道徐惺請示，調來党、伊兩位參將，率正規軍趕到石壁平叛。

十一月十三日，官軍和鄉勇攻入石壁，大戰一場，擒獲孫將軍和萬野予，李公茂等人乘亂逃走，這支叛軍基本上也被瓦解了。

官軍鄉勇繼續搜捕，過了幾天，李茂升、魯試等人先後擒獲了李公茂、假周鐵爪、鮑世榮、陳頓徹、鮑自性、王子之等叛亂首領。

李公茂被俘後撞石自殺，傷重而死，其餘首領被押送到了武昌，獻給巡撫張朝珍，不久全被斬首。于成龍當時並不知道俘獲的周鐵爪是假的，到武昌後才被張朝珍審了出來，真周鐵爪不久也被擒獲斬首。

十一月十九日，搜捕小股殘匪的行動仍在進行，但東山叛亂大局已定，于成龍下令班師回黃州。他當時駐紮在麻城縣黃市村，在村口鄭重立了一塊紀功石碑，上面刻著：

龜山以平，龍潭以清。既耕既織，東方永寧。

歷史評價

後世史家評價這場平叛戰鬥：

自出軍至是僅二十四日，以鄉民數千破賊數萬，不費公家粒粟，不煩師旅，徒手奮身，摧鋒陷堅而奏膚功，此近世所稀有也！

嚴格地說，這場戰鬥動用了少量的正規軍，不能說是「不煩師旅」，只是大軍未動而已。另外，這場戰鬥也不全是于成龍一個人的功勞，湖北按察使某某、分巡道徐惺以及王宗臣、佟世俊等一大批文武官員和地方紳衿都有戰功。但毋庸置疑，于成龍是這場戰鬥最主要的策劃者、指揮者，也是最關鍵的人物。

于成龍在大家束手無策時，首先提出不能放棄黃州，並且定下了以攻為守，先打何士榮，然後各個擊破的戰略；五千餘人的精壯鄉勇，是于成龍憑藉個人威望動員起來的；薄金寨大戰，官軍本已敗退，是于成龍拚死殺入敵陣，成功地扭轉了敗局；焚毀叛賊名冊，瓦解大量敵軍，是干成龍的計謀；一鼓作氣，乘勝追擊，不給敵人喘息撤退的時間，是于成龍做的說服和動員工作；各處的堵截防守，主要出自于成龍事先的布置。綜合這幾條，可以確定，于成龍在此戰中立了首功。

于成龍並非職業軍人，他為什麼能夠成功組織這麼一次以少勝多的戰鬥？他的制勝之道是什麼？

首先，談談叛軍的情況。中國歷代的農民起義，都必須具備充足的外部條件，這個條件很簡單，那就是天災人禍，官逼民反。如果有嚴重的水旱災荒，百姓家家斷糧，貪官污吏們不但不賑濟百姓，反而增加苛捐雜稅，逼得老百姓實在沒有活路了，這才會堅決地走上武裝反抗之路。東山的叛亂顯然並不具備這個條件，大部分百姓都有地可種，有飯可吃，有「老婆孩子熱炕頭」的天倫之樂。只是因為當地民風強悍尚武，民間隱藏了很多英雄豪傑，這批人不甘心接受清朝統治，一有機會就想起兵造反，百姓們是在他們的鼓動或者欺騙脅迫下才加入造反隊伍的，立場並不堅定。而且，「蘄黃四十八寨」的祕密組織，派系眾多，各行其是，居住地又很分散，既容易聯合起事，又容易土崩瓦解，缺乏真正的凝聚力。幾位叛軍首領雖然都是英雄豪傑，有一定的文韜武略和號召力，但水準相對還是不高。

其次，說說于成龍這邊。于成龍是一位大清官，在黃州為官多年，威望非常高。他多年來致力於讓歷經明末戰亂的廣大老百姓能夠過上耕田讀書的太平生活，這是很有吸引力的。他的辦事風格又十分特別，霹靂手段與菩薩心腸並存，如果要打，就打得非常狠，如果要撫，就撫得周密細緻。他成功地團結了一大批地方官吏、鄉紳、豪強、生員，透過建立保甲、訓練鄉勇，把黃州強悍尚武的民風化為己用，「以民治民」，讓想過太平生活的黃州百姓去打擊想造反的黃州百姓。在「武裝征剿」的過程中，他時時不忘「寬大招撫」，給廣大參加叛亂的百姓留下一條十分寬闊可靠的「後路」，孤立極少數的叛亂首領。戰鬥雙方都注意爭取民心，但相比較之下，于成龍爭取到的民心更多一些。

再次，說說這場戰爭的性質。很多近現代的文獻中，都把這場戰鬥定義為農民起義，鎮壓起義的于成龍自然就成了窮凶極惡的劊子手。實際上，這只是一場「反清叛亂」，有吳三桂「偽劄」煽惑的因素，也有「蘄黃四十八寨」傳統的「反清復明」因素，叛亂的組織者和領導者，並非是純粹的農民，而是民間的「英雄豪傑」，有祕密宗教領袖，有江湖俠客，有當地土豪，成分是十分複雜的。

中國古話說「勝者王侯敗者賊」，其中原沒有明確的是非可言。反清復明戰爭如果能夠最終成功，黃金龍、何士榮這些人自然都是功臣，都是英雄，于成龍就真成了罪人。但他們失敗了，于成龍平息叛亂，安撫百姓，恢復太平，自然就是大功臣、大英雄。

于成龍在紀功石碑上刻下的「既耕既織，東方永寧」的簡單話語，其實包含了他複雜的思想感情和遠大的人生理想。那塊石碑，至今仍然保存著。當地老百姓談起于成龍，仍然是充滿了好感。

戰後招撫

平叛戰鬥還沒有完全結束的時候，于成龍就已經萌生退意，向巡撫張朝珍上書請求退休。主要原因是自己年齡太大，疾病纏身，工作又過於繁重。繼母李氏風燭殘年，也需要兒子回家行孝。當時的某些同僚，見于成龍功名日盛，就以「不孝」為藉口，在背後攻擊他，使于成龍的思想負擔倍加沉重。他寫過一首《自歎》詩，其中有幾句為：

小官缺養母，浮譽惱群賢。久欲歸林臥，豈為升斗牽？

戰鬥結束後，于成龍又多次向張朝珍和湖廣總督蔡毓榮請求退休，都沒有得到同意。在特殊時期，上級太需要于成龍這樣的能吏了。于成龍只能硬著頭皮，頂著壓力，繼續在官場上做下去。

于成龍的招撫工作取得了良好的成效。他迅速解散了各部鄉勇，給他們發放了賞銀，同時又嚴厲禁止這些鄉勇敲詐、搶劫、霸占叛亂人員及其家屬的財產。在于成龍的感召下，隱藏在深山老林中的叛亂人員陸續下山投誠，回歸田園。

康熙十四年（一六七五年）正月，叛軍首領黃翠林帶領一百多人下山乞降，得到了于成龍的寬恕和妥善安置。

河南省羅山縣的叛軍，聽說湖廣黃州的招撫政策執行得好，就越境而來，向于成龍投誠。于成龍既感動又為難，他首先妥善安置了投誠人員，然後向張朝珍請示解決辦法，與河南巡撫做了一些溝通工作，最後把這批人平安送回了河南。

不久，安徽六安一帶的叛軍，聽說了河南的事情，也有不少人來黃州投奔于成龍。于成龍不僅如法安置了他們，還越俎代庖地寫了一封《招安諭》，讓這批人拿回安徽，招撫解散其他叛亂人員。所謂「一紙勝千軍」，于成龍的越境招撫工作也取得了成效，瓦解了鄰省的叛亂。

于成龍作為湖廣黃州知府，能夠解決河南和安徽境內的叛亂，聽起來似乎不可思議。但是，黃州與河南、安徽等省相鄰，黃州境內的傳統反抗勢力號稱「蘄黃四十八寨」，如果加上河南、安徽境內類似的山寨，又有「七十二寨」之說。他們叛亂或者起義，往往都是聯合起來的，越境造反原本就是平常事，此時越境受撫，也就不算奇怪了。另外，于成龍是講「天理良心」的，名聲在外，誠實無欺，不會為了自己的政績和官運而濫殺無辜，這也是外省叛軍敢於越境受撫的一個最重要的原因。

在北京的名臣魏象樞，雖然一直仰慕于成龍，但考慮到朝臣不宜與外吏私下聯繫，就一直沒有和于成龍公開結交。黃州之戰的消息傳到北京後，魏象樞抑制不住內心的激動，破例寫了一首詩，託人送給黃州的于成龍：

那能覯面識于公，十載懷君夢已通。骨帶情霜撐陋俗，化行春雨起頹風。朝紳推服千秋上，兆姓歸依一念中。聞道黃州羣寇息，誰將直筆勒奇功。

第十四章　賦詩赤壁定民心

黃州的東山叛亂平息之後，于成龍過了一段相對安寧的日子。他處理地方上的災異事件，募捐賑濟災荒。為了穩定人心，他還故意作詩飲酒，與文人雅士相聚於黃州赤壁之上。

戰後災異

康熙十三年（一六七四年）七月，于成龍正在準備進剿黃金龍、鄒君升之時，朝廷正式任命他為黃州知府。戰爭期間，特事特辦，幾個月之間，關於于成龍的任命書就下發了好幾次。坐鎮在北京的康熙皇帝玄燁，大概已經注意到湖廣有這麼一位特殊人才了。

「知府」這個官職，在唐宋時候就有，但那時候設府的地方很少，「知府」是相當重要的封疆大吏。到了明清時代，全國普遍設府，「知府」的地位就只相當於宋朝的「知州」了。知府的職責是：總領屬縣，宣布條教，興利除害，決訟檢奸。三歲察屬吏賢否，職事修廢，刺舉上達。地方要政白督、撫，允乃行。

叛亂平息後，黃州府的工作才漸漸走上正軌。不過，社會並沒有平靜。康熙十四年（一六七五年），黃州災異不斷。大旱災、大風災，引發了大饑荒；府城黃州，還發生了巨大火災。老虎離開了深山老林，來到人煙稠密的村鎮，白晝橫行。據記載，當時的虎患十分怪異，牠們不僅白天橫行，晚上還埋伏在百姓家門口，故作人聲，比如咳嗽、嘔吐聲等等，吸引居民出門察看，然後從容叼走居民。居民有時不敢出來，放狗出去看，老虎就把狗給叼走。

除了真老虎，還有假老虎。賊人披著虎皮，隱藏在林中，看見單身行人，就跳出來綁架搶劫，將人拐賣到遠方。

還有一種妖民，善於製造迷藥。在路上遇見行人，拿手往其臉上一拂，行人立即昏迷，任由妖民搶劫拐賣。

有一些從高郵、沔陽等地逃難流浪到黃州的人，到處騷擾本地百姓，常常闖進居民家裡，搶吃搶喝，甚至還進入內室搶劫財物。

另有一種男扮女裝的賊人，姦淫婦女，詐騙男人……這一切現象，可以統稱為「災異」。

如果按照傳統的「天人感應」或者「因果報應」說，康熙十三年發生了幾場叛亂，官府殺人如麻，死的多是英雄豪傑，這些不屈的英魂難免會給黃州地方降下種種「災異」來。于成龍在戰鬥中「手刃四十八人」，大概也是平生沒有經歷過的事情，他事後曾經痛切地懺悔祈禱，並努力做好善後工作，以換取心靈的平靜。

拋開神祕的說法，除了旱災、風災、虎災等自然災害，其他的人為災禍，仍然可以理解為「戰爭後遺症」，某些被迫招安、暫時潛伏下來的英雄豪傑，見公開舉事不能成功，就改變手法，用種種「妖異」行為做掩蓋，對官府和平民發動各種襲擊。

于成龍此時的主要工作，仍然是繁重煩惱的軍需大事。張朝珍不斷地下發命令，于成龍一方面率領下屬官吏，努力完成任務，一方面努力和張朝珍討價還價，爭取減少黃州百姓的負擔。他和張朝珍是很好的朋友關係，但同時又是嚴厲無情的上下級關係。《于清端公政書》中保存了大量的文字資料，就不一一介紹了。只說一點，于成龍的這段日子過得極為辛苦。

面對嚴重的災異，于成龍也不能不分心應對。他命令通判宋犖負責治理虎患，帶領士兵、獵戶到處打虎，總算把老虎吃人的事情給解決了。面對各種違法犯罪事件，于成龍拖著病體，四處奔波查案。他當時渾身長滿了膿瘡，痛苦不堪，但經常得連夜行動。有一回，坐騎受驚，把于成龍從馬背上摔了下來，病體帶傷，更加痛苦。

面對大旱、大風引起的大饑荒，于成龍實在是沒有好的辦法。因為軍需緊急，官府存銀存糧極為有限，一時無法全面賑濟。于成龍除了請求朝廷蠲免黃州的賦稅外，不得已想出了一條下策，利用已經推行的「保甲法」，進行民間賑濟。由區長、甲長等人，調查本區本甲內各戶的經濟狀況，損有餘而補不足，動員富民救濟窮民，大家同舟共濟，度過難關。保甲內部饑荒嚴重，實在不能內部救濟的，再由官府出面解決。如果保長、甲長、鄉約等人不負責任，餓死區內百姓的，于成龍就用嚴刑峻法對待之。這些辦法產生了成效，「活數萬人」。

于成龍還親自撰寫了《賑濟募引》，號召有錢有糧的人家慷慨行善。文中寫道：

故效持缽之小技，暫為燃眉之急圖。共丐洪慈，大施惻隱。幾石幾斗幾升，可救一時之婦哭兒啼；或銀或米或錢，立蘇片刻之飢魂餓鬼。無亡七級，專賴一忱……

以靜制動

康熙十五年（一六七六年），黃州的大災算是勉強過去了，各地的經濟有了不小的恢復。但是，規模不大的水旱災害仍然時有發生，關於戰爭局勢的流言蜚語仍然到處流傳，黃州的人心仍然不算穩定。

于成龍在這一年，採取了「以靜制動」的策略，辦法很簡單，就是轉移黃州官吏人民的注意力。

黃州是宋代文豪蘇東坡謫居過的地方。東坡先生曾經漫遊府城外的赤鼻磯，把這個地方當成是三國時代赤壁大戰發生的地方，撰寫了《前後赤壁賦》、《念奴嬌．赤壁懷古》等文學名篇。後來，人們就把黃州的赤鼻磯當成是「黃州赤壁」、「東坡赤壁」來紀念，在赤壁上修建了許多亭榭。明朝末年，張獻忠起義軍攻打黃州，守城的明軍擔心赤壁上的大士閣被張獻忠當成攻城的制高點，就放火焚燒。不僅燒毀了大士閣，也毀壞了其他建築。

于成龍在這一年便主持重修赤壁，恢復黃州的文物古蹟。建築的經費可能是官府出一點，富豪們捐一點，召集大量民工來工作。于成龍的這個招數，可能就是跟著蘇東坡學來的，叫「以工代賑」，用興建工程的方式，讓富豪們出錢，讓窮人們賺口糧。在他的主持下，不僅大士閣等舊建築得以恢復，還新建了一座「二賦堂」，專門紀念蘇東坡的《前後赤壁賦》。

黃州城南，也有一座安國古寺，始建於唐代，規模很大。宋代蘇東坡經常在寺中遊玩小住，坐禪修行，曾經寫過一篇《黃州安國寺記》。這座寺院在清朝初年也有相當大的毀壞，于成龍募集錢財，召集民工，對安國寺進行了重修，還專門題寫了一塊「圓通自在」的匾額。

這些工程，除了有「以工代賑」的目的，還有一定的「祈福」作用，大士閣、安國寺修好了，僧侶們、居士們肯定會做一些大型的法會，誦經念佛，超渡亡靈，對黃州的種種「災異」，也有一定的禳解作用。于成龍是有宗教信仰的，這些事他都會很認真地去做。

為了表示閒暇鎮定，于成龍經常召集官吏文士相聚赤壁之上，和大家一起飲酒賦詩，粉飾太平。黃州的老百姓看到于成龍這樣悠閒自在，紛紛表示：「我公如此，吾屬何憂？」意思是我們的于大人都不擔心戰亂，我們還擔心什麼？

這裡引于成龍幾首詩詞作品：

《赤壁懷古》

赤壁臨江渚，黃泥鎖暮雲。至今傳二賦，不復說三分。名士惟諸葛，英雄獨使君。今朝懷古地，把酒對斜曛。

《贈屬邑》

浠川淑氣冠齊安，撫字催科萬姓寬。尤望冰壺澄到底，神君年少足稱歡。

《如夢令》

歲暮容顏非舊，食少形骸消瘦。睡起不勝愁，頻叫蒼頭斟酒。斟酒、斟酒，夢見故鄉花柳。

赤壁鶯啼岸柳，歧鎮雨肥園韭。憶別若為情，且看燕飛紅瘦。回首、回首，穀雨清明時候。

遙祭慈母

黃州赤壁上的飲酒賦詩，是于成龍官場生活中短暫的快樂日子。《赤壁懷古》、《贈屬邑》等幾首詩，也是于成龍平生最精彩的創作。在「三藩之亂」的大型戰爭之中，他在黃州一隅創造了幾項驕人的戰績，聲名鵲起。上自康熙皇帝，下至各省督撫，都知道黃州有位清廉能幹、智勇雙全的于成龍。隨後，他又在艱難困苦之中，和黃州百姓一起度過了災荒，否極泰來，黃州一帶漸漸恢復了興旺與和平。知府大人在這個時候，多喝幾場酒，多參加幾次詩會，實在也是很應該的享受。

但是，好景不長，樂極生悲。

康熙十五年（一六七六年）十月，于成龍收到家信，年邁的繼母李氏病故了。于成龍幼年喪母，由李氏一手撫養成人，母子感情很深。如今于成龍已經虛歲六十，年至花甲，老母親在此時撒手人寰，駕鶴西歸，是正常的自然規律，也算是「喜喪」，本不應該過分悲痛。

但于成龍自順治十八年（一六六一年）離家做官之後，就不能夠侍母行孝，微薄的俸祿只能滿足自己的粗茶淡飯，根本沒有餘錢貼補家用。也就是說，老母親十幾年來，沒有喝過于成龍一口茶，吃過于成龍一口飯。這方面的情感缺憾，讓于成龍十分痛苦，還經常因此受到同僚的惡意攻擊。他好幾次上書辭官，就是想回家侍奉母親，稍微盡盡孝道。如今辭官未成，母親已經去世，于成龍自然是悲痛欲絕。

根據官場的規矩，父母去世，官員是要「丁憂」的，必須辭官回鄉，料理喪事，服喪三年。于成龍向湖廣總督蔡毓榮和湖廣巡撫張朝珍寫了一封聲淚俱下的辭呈，內容如下：

> 成龍謭劣庸材，荷恩提拔，感戴終身。茲有下情，泣血上陳。念成龍父兄先逝，上無叔伯，終鮮兄弟，煢煢一身，奉侍慈幃。希冀升斗，以祿養親。不料任粵任蜀，遠隔天涯；及佐黃郡，又苦卑溼，不敢迎養。身羈一官，心懸白雲。十六年來，烏鳥之私，未嘗刻忘。康熙十三年成龍有終養之請，屢詞告休，實為高堂母老，中懷隱憂，不得不為之乞憐也。今忽焉永訣，母北子南，幽明殊隔。訃音馳至，肝腸慘裂。魂魄黯銷，號天搶地。欲見無由，追悔無及。痛成龍母老不能養，母死不能殮！目前柩停中堂，亡靈無依，倚門倚閭，死後望兒，倍切生前。成龍他鄉孤哀，痛心疾首，淚已血凝，形已骨立。惟奔喪營葬，觸棺擗踴，少釋終天之恨。此成龍痛哭呼號而不得不為之乞憐也。
>
> ……

面對三藩之亂的緊張形勢，蔡總督和張巡撫實在不敢把于成龍放走，他們上書請示朝廷，建議于成龍「奪情任職」。這也是有先例的，等於是「移孝作忠」，把對父母的孝心轉變為對國家和皇帝的忠心。

于成龍辭職不成，無奈只好到黃州城外缽盂峰頂的青雲塔上，遙祭亡母。這座石塔建於明朝，高四十多公尺，又名南塔和文峰塔，極其壯觀，至今尚存。塔頂長了一棵三公尺高的大葉朴樹，形如巨傘。黃州民間傳說，于成龍當年到塔頂哭祭母親，淚水灑到塔頂，久久不枯，後來就生出這麼一棵樹來。

第十五章　萬民相送離荊楚

康熙十六年（一六七七年），于成龍調任下江防道，一年後升任福建按察使，離開了任職九年的湖廣省。這時候，于成龍已經是名揚天下的清官廉吏了。

江夏盜案

康熙十六年，于成龍的黃州知府任期已滿，應該調動或者提拔了。蔡毓榮和張朝珍認為蘄州地理位置十分重要，應當加強防衛，就上奏朝廷，請求恢復「下江防道」的建置，並任命于成龍擔任這個要職。朝廷批覆後，于成龍就離開府城，駐守到黃州境內的蘄州城。人沒有離開黃州，但職責變了，不再管理普通的民事，而是專管軍事防衛工作。道臺的級別仍然是正四品，于成龍不算是升官，只是從府級官員變成了省級派出機構的官員。

于成龍擔任江防道臺只有一年左右的時間，其間戰局平穩，他負責的長江沿線沒有出現緊急情況，日子過得相對清閒，並沒有什麼突出的政績，只是在職責範圍內盡心辦事而已。陳廷敬的《于清端公傳》中簡要記載了幾句：「公規復沿江墩戍，繕治戰艦，練習水師，計禽偽官渠盜，江境肅然。」

于成龍是個辦案高手，在擔任江防道臺期間，曾經順手幫助張朝珍辦過一個漂亮的案子。

江夏縣有一名負責軍餉的士兵，他弟弟是個市井無賴。有一天，遊蕩多日的弟弟回到家裡，當天晚上就發生盜案，家裡暫時存放的一筆軍餉被偷走了。丟失軍餉是殺頭的罪，當哥哥的自然不敢包庇，立即把弟弟捆起來送官。在官府的嚴刑拷打之下，弟弟承認了犯罪事實，並且供出了十幾個市井無賴。官府把這批人全都抓起來審問，拷打以後也都招供了。但是，那筆被盜的軍餉卻沒有下落。犯人們交代，錢已經花光了。

正準備定案的時候，于成龍到武昌找張朝珍辦事。張朝珍就順口提起此事，說案子沒有什麼疑點，只是賊贓沒有破獲。于成龍說：「找不到贓物，這就是一宗疑案。偷了幾千兩銀子，哪能很快全花光？」張朝珍笑著說：「既然如此，那就委託你來辦吧。」

于成龍沒有聲張，祕密地調查了兩天。這才把一干人犯提了過來，稍微詢問兩句，就下令釋放。然後去向張朝珍彙報：「江夏盜案的人犯，沒有一個是真正的盜賊。」

張朝珍吃驚地問：「犯人現在哪裡？」「全放了！」

張朝珍是個急性子，立即就發了火：「案子還沒有搞清楚，你怎麼就敢隨便放人？」

于成龍說：「這些人都被打壞了，再過堂審問，肯定就打死了，我實在不忍心看他們受罪。再說，定案需要的是真正的盜賊，留這些人有什麼用？」張朝珍看于成龍胸有成竹，就緩了口氣問道：「真盜在哪裡？」

于成龍卻伸手指了指巡撫衙門裡的一名軍校說：「這個人就是主犯。他的餘黨現在到木蘭山進香去了，今晚就能拿獲。」

結果，差役們拿下軍校，到他家裡一搜，被盜的軍餉完完整整地藏在家裡，連封條都還沒有打開。當晚，軍校的餘黨果然也被于成龍全部拿獲。張朝珍驚奇地詢問于成龍，案子到底是怎麼破的，于成龍卻笑而不答。

後來有人猜測，于成龍的袋子裡仍然裝著那份詳細的盜賊檔案，而且在盜賊團夥內部一直有「臥底」人員，所以一查一個準。于成龍這個著名的袋子，到後來上任直隸巡撫時已經十分破舊了，下屬們勸他扔掉，于成龍開玩笑說：「以前，這袋子裝盜匪名冊，以後不抓賊了，就裝貪官汙吏的名冊。」

離任交接

康熙十七年（一六七八年）六月，六十二歲的于成龍接到朝廷的命令，升任福建按察使。他的宦海征途，又算進了一大步，從正四品官員升為正三品。但在辦理離任交接手續時，拖延了好長時間。

于成龍在湖廣任職九年，經手帳目極多，湖廣的相關部門都要一一核查清楚，出具證明。于成龍在黃州府辦理軍需事務很多，有幾宗帳目存在問題。

康熙十六年（一六七七年）八月，于成龍奉命買豆十萬石，價值六萬兩。他開具了一張六萬兩的「印領」，但藩司只發了一萬兩，只買豆兩萬石。後來，藩司並沒有把那張六萬兩的「印領」發還給于成龍。

康熙十七年于成龍領買豆銀兩萬兩，花出去一萬四千兩，剩餘六千兩存入藩司的庫房，這兩萬兩的「印領」也沒有發還。

因為修理杉船，于成龍借司庫銀一千七百五十兩，開了三張「印領」，實際領銀一千兩，這三張「印領」也都沒有發還。

湖廣布政使徐惺，以前擔任過知府和分巡道、分守道，駐守黃州，一直是于成龍的上級，曾經一起平定過東山叛亂。他是一位窮苦的老年官員，生有一子早早夭亡，老母親和妻子天各一方，境遇很不好。徐惺辦事能力比較差，沒有效率，經常被巡撫張朝珍批評。他清查了于成龍的帳目後，認為沒有問題，未完事件由後任黃州知府來負責。相關的財務手續，他準備回省城清查後向張朝珍彙報，再出具證明。沒想到，徐惺離開黃州後，又去忙別的公務，過了很久都沒有把于成龍的手續辦好。

這時候，福建省的差役已經到達蘄州，迎接于成龍上任。于成龍沒辦法，只好一面寫信向徐惺懇求，一面向張朝珍申訴。

在寫給徐惺的信中，于成龍十分體諒藩臺大人的難處，他結合自己的執政經驗，向徐藩臺傳授衙門裡的辦事技巧，希望徐藩臺以後能減輕壓力，提高效率。徐惺很感激于成龍，專門寫了送別的詩篇，于成龍當然也作詩福回覆。

在給張朝珍的信中，于成龍說明了帳目情況，並委婉地勸張朝珍不要苛責徐惺。張朝珍是徐惺的上級，哪會有那麼多的客氣，在他的親自過問下，迅速辦好了于成龍的離任手續。

惜別良友

于成龍接到升遷的命令後，曾經到武昌向張朝珍告別。他是張朝珍賞識重用的能吏，也為張朝珍立下了汗馬功勞，這次升官到福建，張朝珍自然顏面生光，十分高興。他大設酒宴，和于成龍開懷暢飲，席間談了許多知心話。臨別時，張朝珍請于成龍對湖廣的軍政大事貢獻一些意見和建議，于成龍便寫了一篇《升閩臬上張撫臺》。在文中，于成龍首先感謝張朝珍對自己的知遇之恩，然後讚揚張朝珍上任巡撫以來的種種軍功政績，接著才提出自己的意見和建議。他說：「圖治之大要，在用人行政而已。」

當時的用人大權，都在朝廷手裡，地方官並沒有直接的人事權。但是，推薦賢才、參劾劣員的「激濁揚清」之法，仍然操在地方長官之手。于成龍認為，「知人則哲，自古為難」，辨別賢才很不容易。布政使、按察使、各位道員，統稱為「監司」的，是巡撫的耳目，成天在一起籌畫國家大事，這些人選最為重要。

于成龍推薦了當時的「驛傳道」和「襄陽道」兩名官員，說是「正人之選，倚為心膂，自可相與有成」。于成龍說知府、知州、知縣等親民之官，應當「時加勸勉」。人人都有良心，而且畏懼法律，只要勸勉得當，這些親民之官都會自愛的。于成龍推薦了夷陵知州、黃梅知縣、前任漢陽江防等官員，說他們勞苦功高，應當破格提拔，以快人心。

至於行政方面，于成龍認為：

行政多端，目前苦累惟在軍需一事。今王諭一頒，時刻難緩。然寓仁慈於催辦之內，寬一分則軍民受一分之福。

這裡面包含了于成龍最重要的執政理念。以前，他曾經和金光祖談過，在催徵賦稅之中寓有「撫育百姓」之意，號稱「撫字催科」。現在則說「寓仁慈於催辦之內」。徵賦稅辦軍需，這都是朝廷大事，是各級官吏為國家為皇帝表「忠心」的時候，于成龍則在「忠君」之時，處處不忘「愛民」。所謂「民為邦本，本固邦寧」，「民為貴，社稷次之，君為輕」。于成龍雖然不敢像孟子那樣，明確喊出「君為輕」的口號來，但他心裡時時記著「民為邦本」這個大原則。

在辦理軍需的時候，于成龍提倡事事精心。比如木料、油、麻、鐵釘等物，先調查相關衙門裡存剩多少，不許他們隱瞞。再計算實際還需要購置多少，不許他們浮冒。司道分派數目時，要向上呈報，到報銷時再進行核對。這樣就能避免「沉匿」、「浮冒」等常見弊端。

採買米豆等事，于成龍更是熟悉其中的弊端。他建議，不允許司道在牌內開「如價不足，另行補發」的字樣，說這是個大騙局，相關人員會從中作弊取利。只允許地方官按時價購買，造冊報銷。如果發現地方官「浮冒」，就痛加駁減，這樣「公事易辦，而官民無憑空墊賠之累」。

另外，于成龍還指出了湖廣幾項重大問題，請求張朝珍關注。如：驛官窮困，負債累累，如何周恤？吏員奔波不已，窮困潦倒，內不能顧家庭，外不能顧差役，如何存濟？排夫數減，差役日增，累及煙戶，漸已逃避，如何調停？封船不已，船戶潛逃，商賈絕跡，如何疏通？漢沔一帶，堤受水害，百姓流亡，如何修築？長江沿線，汛塘無兵，盜賊即將橫行，如何預防？「三藩之亂」不休，戰爭不能結束，湖北人民供應軍需，日漸窮困，患在肘腋，如何籌度？湖北民風健訟，好打官司，經常搞得家破人亡，如何禁止？

最後還說，蔡毓榮總督操勞軍事，鬚髮半白，巡撫應該「同心戮力，時勤寬慰」。下屬官吏們此時極苦極累，巡撫應該「寬其文法，恩先於威」，善待屬吏們。

于成龍與張朝珍相處六年之久，友誼極深。可惜的是，于成龍調到福建後不久，張朝珍就去世了。張朝珍在世時寵信方士朱方旦，後來朱方旦犯了朝廷忌諱，於康熙二十一年（一六八二年）被斬首，死去的張朝珍也受到牽連，被剝奪了政治待遇。

于成龍晚年，一讀到張朝珍的信件手稿，一提起張朝珍，就會痛哭不已，確實有一種傷逝之情。據後世搜集的資料，于成龍任黃州知府時，張朝珍曾經贈送給他一副對聯：「何處尋求包老；此間便是閻羅。」這是張朝珍對好友于成龍的高度評價。

告別湖廣

辦完了離任交接手續，于成龍就告別了居住九年的湖廣省，在福建差役的陪同保護下，一行五艘官船，駛離了蘄州碼頭。根據陳廷敬的記載，于成龍離任時的情形是這樣的：

乘五兩小舟，蕭然去楚。去之日，蘄、黃及旁郡人沿岸遮送至九江者數萬，哭聲與江濤相亂。公亦垂泣不忍別。

所謂「蕭然去楚」，是說于成龍戀戀不捨，心裡十分傷感。而蘄州、黃州及附近州府的官吏百姓，同樣捨不得于成龍離開，大家沿江相送，哭聲震天。而其中有一部分人，條件較好，乾脆自己開了船，一直把于成龍送到了江西的九江。最後，相對灑淚，一揖而別。

于成龍在黃州時，身邊有兒子于廷元，還有兩名僕人。清朝官員經常會聘請一些幕友，幫助自己辦理公務，俗稱為「師爺」。于成龍在黃州的時候，結交了一位鄭肯崖先生，他在《鄭肯崖詩集序》中說：肯崖，黃岡幽人也。自臨皋赤壁、閩海春潮、燕山朔雪，靡不朝夕與共。昨年秋，又訪余於三山石城……

又在另一篇《跋鄭肯崖漁舟詩》中說：余在黃州九年，交肯崖老人最深。

這些記載說明，黃州詩人鄭肯崖先生是于成龍的親信幕友，陪著于成龍到福建上任去了。後來還陪著于成龍到了直隸，到了兩江……

有一個流傳極廣的故事。于成龍在黃州買了幾擔蘿蔔，堆滿了船頭。船夫很納悶，就問道：「蘿蔔是賤物，帶這麼多有什麼用？」于成龍說：「這是我沿路的口糧，另外還可以壓船啊。」于成龍就一路咬著蘿蔔充飢，跋涉數千里，到福建去上任。傳之後世，成為美談。

咬著蘿蔔上任的于成龍，在黃州是清官，到福建還是清官！

第十六章　大義解救蒼生苦

康熙十八年（一六七九年）春，于成龍經過長途的跋涉，終於抵達福建省省會福州，就任福建按察使一職。他的任期十分短暫，當年十月就升任福建布政使，次年二月便被康熙皇帝「特簡」，調往北方的直隸。在福建工作一年有餘。這期間，他收穫了平生第三次的「卓異」榮譽。

福建戰亂

福建省也是「三藩之亂」的重災區。

康熙十三年（一六七四年），靖南王耿精忠響應吳三桂的反叛號召，在福建省境內發動了反清叛亂，分兵三路進攻浙江、江西等地，聲勢浩大。但耿精忠的運氣很不好，長期從事反清復明鬥爭的鄭經勢力，並不信任耿精忠，覺得他朝秦暮楚，反覆無常，是個勢利的小人，不但不好好配合他的軍事行動，反而趁火打劫，出兵攻占了福建的興化、泉州和廣東的潮州等地。

康熙十四年（一六七五年），耿精忠派遣部下與鄭經議和，雙方約定以興化楓亭為界，楓亭以南州縣歸鄭經，以北州縣歸耿精忠，暫時穩定住了局勢。

康熙十五年（一六七六年）九月，清廷派康親王傑書率大軍進入福建。耿精忠兩面受敵，只好向清軍投降。接著，康親王傑書繼續進兵，收復了興化、漳州和泉州，把鄭經逼到了廈門。

康熙十七年（一六七八年），鄭經率兵反擊，攻打漳州等地。這年六月，朝廷提拔福建布政使姚啟聖為福建總督，福建按察使吳興祚為福建巡撫，領兵配合康親王，共同與鄭經作戰。

吳興祚升官後空缺下來的福建按察使一職，就由皇帝特簡，委派在湖廣立下大功的于成龍接任。所謂「特簡」，就是皇帝直接下旨選調簡任優秀官員，將其「破格提拔」的意思。于成龍擔任湖廣下江防道的時間很短，還不到正常調動或者提拔的時候，所以這次升官算是「特簡」。需要說明的是，于成龍是漢人，又是「副榜貢生」出身，能夠做到按察使這個級別的官，在當時已經是非常特別了。他在黃州時的種種特殊表現，應該已經引起朝廷和皇帝的高度重視，他已經成為清朝政壇上一顆冉冉升起的新星。

平反冤獄

按察使衙門的全稱是「提刑按察使司」，屬於司法監察機構。其主要職責是：振揚風紀，澄清吏治。所至錄囚徒，勘辭狀，大者會藩司議，以聽於部、院。兼領闔省驛傳。三年大比充監試官，大計充考察官，秋審充主稿官。

于成龍康熙十八年（一六七九年）到任的時候，福建省的監獄裡關滿了違反「遷海令」及其他禁令的百姓。

明朝時候，為了防備倭寇，曾經長期實施海禁，嚴重影響了中國的海外貿易。清朝順治十八年（一六六一年），為了對付占據臺灣的鄭成功反清勢力，清朝政府又下達「遷海令」：嚴格禁止東南沿海商民船隻私自入海，不允許用陸上的產品、貨物進行海上貿易。有違禁者，不論官民，俱行正法，貨物充公，違禁者的財產賞賜給告發之人；負責執行該禁令的文武各官失察或者不追緝，也要從重治罪；保甲不告發的，即行處死；沿海可停泊舟船的地方，處處嚴防，不許片帆入海；如有從海上登岸者，失職的防守官員以軍法從事，負有領導責任的總督或巡撫也要議罪。

于成龍首先要解決的大案，就是數千名「通海」罪犯及耿精忠叛亂附逆人員的處決問題。這都是吳興祚手裡積攢下來的案子，于成龍只要朱筆一圈，手一揮，按程序報到國家最高司法機關刑部核准，皇帝御筆一勾，這幾千名罪犯就人頭落地了。但于成龍時時記著自己的「天理良心」，哪敢如此草菅人命？他仔細查閱案卷，發現原來的審理十分草率，絕大部分犯人都是被冤枉的。他也明白「遷海令」的實質，百姓們出海捕魚、貿易，都是正當的生計，並不都是為了資助鄭經，朝廷是寧可多抓錯殺，也不漏過一個，要杜絕鄭經的後勤補給。

至於耿精忠叛亂的附逆人員，也有大量是受脅迫的或被冤屈的無辜貧民。于成龍思忖再三，決定辦一件出格的大事。他向巡撫吳興祚、總督姚啟聖分別請示，要求釋放這批人。吳興祚和姚啟聖知道朝廷的嚴令，出了事是要追究督撫責任的，不敢貿然答應。于成龍又找康親王傑書申訴，他據理力爭，反覆陳說，並指著那些被拘押的婦女兒童說：「這些人怎麼可能造反？」傑書是天潢貴胄，又是領兵統帥，沒有什麼可擔心的，他聽于成龍講得很有道理，就答應奏報皇帝請旨定奪。

重新審理舊案，程序還是比較繁雜的。犯人們被一批一批地押到院子裡等著，衙門裡的公文來回穿梭著。有些案卷，反覆彙報了許多次，最後的結論還是不能下來。于成龍看犯人們可憐，就下令先去掉他們的鐐銬，並給他們弄點酒飯吃。根據監獄的慣例，殺頭前都要去掉鐐銬，賞給酒飯，犯人們以為自己要被處死了，不由得哭聲震天。哭了半天又發現案件平反了，自己被無罪釋放，可以回家了，又忍不住磕頭如搗蒜，再次放聲大哭起來。在衙門裡辦事的官吏差役，看見這種情況，也都忍不住流下了淚水。平反不了就是砍頭，平反了就是回家過日子，不管是經歷者，還是旁觀者，這心情能夠平靜嗎？

犯人們死裡逃生，自然十分感謝青天于大人，同時對于成龍所代表的清朝政府，也增添了幾分好感。于成龍此舉，在特殊的戰爭時期，應該為清朝政府爭取了不少民心。此後，官府在辦理軍需、賦稅等公務時，也就得到了福建百姓更多的支持。

于成龍不僅用高效率、高水準的手段大量清理冤獄，釋放大量無辜百姓回家，還十分關心監獄囚犯的生活。朝廷的經費缺少，監獄犯人的口糧普遍不足，獄中牢頭惡犯勒索，餓死、逼命事件時有發生。于成龍心裡過意不去，他動員各地的官紳富戶，捐助銀錢，購買糧食，增加犯人們的口糧，讓這些人能夠勉強活下來。另外，他也捐助醫藥，為犯人們看病療傷。這在當時，應該是十分罕見的舉動。用現代人的話說，就是依法辦事，大力發揚人道主義精神了。千萬不要忘記，于成龍畢竟只是一名封建官吏啊！他的這種境界和做法在那個貪贓枉法盛行的封建時代，實屬罕見。

簡訟省刑

于成龍上任後，還正式發布《簡訟省刑檄》，要求下屬各府州縣，在農忙時節，一律不得受理民間訴訟。

于成龍首先說：訟獄為民命攸關，聽斷讞決，務合情罪，使民無冤，然後能使民無犯。

于成龍認為「聽斷讞決，務合情罪」是司法的原則，官府審案清楚，判決合理，百姓沒有冤情，朝廷的法律自然就樹立起了威信，百姓就不敢輕易犯法了。接著，于成龍重申自己的職責，按察使就是管理全省司法監察工作的，而「簡訟省刑」是皇上發布的「敕諭」，也是司法的大原則。

同時又說：刑期無刑，聖意即經意也。意思是執行刑律，最高的期望是無人觸犯刑律，皇上「簡訟省刑」的理念，和儒家經義是一致的。這幾段話是于成龍為自己的新政策尋找的最高理論依據。

于成龍說：值今時屆農忙，亂後孑遺，方得歸農樂業，大小衙門俱應停訟。

于成龍還說，民間的細小紛爭，告到官府的，官府不准受理，不准拘審人犯，騷擾百姓，妨害農業。不准擅自擬定罪行、贖金，不准藉官司向百姓勒索財物。關係重大的案件，上面批轉下來的案件，官府不得不受理的，審案人員必須依法秉公，心平氣和，傾聽百姓申訴，獲取真實情況。不許官吏嚴刑拷打，主觀辦案。更不許上下其手，徇情枉法。

于成龍是從基層一步一步做上來的，熟悉衙門裡的辦案弊端。他對下屬，既有正面的指導，也有威脅和警告。

如果下屬「擬議妥確，獄不茲煩」，他會以此作為官吏的考核成績，向上級推薦；如果下屬「苛酷淫刑，草菅民命，徇私賣法，巧為輕重」，他不但要重審案件，為民平反，還要依律追究相關責任人。

那麼，于成龍不許受理民間細小紛爭，老百姓真有細小的冤屈該怎麼辦？難道就沒人管了嗎？其實，于成龍此舉是權衡利弊，對症下藥。當時各級官府中的貪官污吏們藉著辦案，騷擾勒索百姓，中飽私囊，徇情枉法，這是大病。百姓們一打官司，不僅自己的冤屈得不到伸張，反而要受官吏訟棍之害。于成龍下令「停訟」，其實是要束縛住貪官污吏們的手腳，讓他們不能明目張膽地滋事擾民。至於那些細小的冤屈，比如誰打誰一拳，誰欠誰幾文錢等等，本來就應盡量依靠鄉鄰長老調解。

于成龍在黃州時曾寫過一首《勸民》詩：

閉門且避事，省爾窮民錢。莫憾居官懶，妻孥望爾還。

意思是我關著門不受理官司，只是想給你們這些窮老百姓省幾個錢。不要嫌當官的太懶，老婆孩子在家裡等著你呢，快回去吧！

現代人已經懂得用法律保護自己的權益，有了糾紛就去法院。但實際上，這中間的是非和利弊，也只有經過的人才知道。于成龍的「息訟」思想，對現代人來說，也未必沒有啟示啊！

整頓官場

按察使的另一項重要職責，就是監察管理官吏，獎勵推舉清官廉吏，剔除懲辦貪官污吏，澄清吏治，提高效率。但當時是特殊的戰爭時期，大量的公務還要依賴現有的這批官吏，不可能真正地進行徹底清理整頓，于成龍就採取了一種「有力有節」的整頓方法。

他發布了《嚴戢衙蠹檄》，指出：

> 衙役犯贓，首嚴功令。本司法紀攸司，剔蠹除奸，尤為急務。

說自己上任以來，就開始留心察訪衙役犯贓這一地方流弊。調查的結果是，福建全省向來是「叢奸藪惡」，地方上的惡棍全藏身於衙門之中，這些人「老奸巨猾，機深術巧」，用花言巧語和微薄小利矇騙誘惑長官上鉤，取得長官信任，然後官吏勾結，坑害百姓。愚昧善良的百姓十分畏懼這些人，而狡詐的百姓則與衙蠹們勾結，再去坑害其他良民百姓，地方上的風氣就這樣被敗壞了。

于成龍聲稱，自己已經察訪到了很多具體的事實，他舉例說：採買軍需時，這些人會在其中濫加雜派；徵調差役時，這些人會賣富差貧，從中取利；處理訴訟案件時，他們會唯利是圖，黑白不分，是非顛倒。自己本應當立即指名擒捉這些衙蠹，揭發參劾這些貪官，但考慮到地方連遭戰亂，法紀廢弛，對犯法的官吏也沒有三令五申，及時教育，所以這次姑且從寬處理，既往不咎。希望這些官吏「痛改前非，洗心易轍，奉公守法，保守身家」，同時表明如果他們怙惡不悛，繼續作惡，那自己絕對不會「寬假」，官員要以「貪縱揭參」，衙役要以大法重處。于成龍這是一種「敲山震虎」的手段，話說得很重，但處理較輕，也可以說是「先禮後兵」，重在警告懲戒。于成龍還發布了《申飭招格檄》，規範了司法文書的格式，要求文書要簡明扼要，清晰準確，方便案件的複查和上報。

于成龍自己的「提刑按察使司」衙門，和別的衙門一樣，也存在著「衙蠹」的問題。他在監察別的衙門時，自己派下去的差役也常常恐嚇下級，勒索財物，為非作歹。下級各衙門因此也產生抗拒心理，不肯執行于成龍的命令。

為此，于成龍發布了《申飭差擾檄》，一方面指出由於各級官吏怠忽職守，無法完成朝廷緊急公務，自己不得已才派差役前去催辦。這樣做，是為了避免各級官吏因為遲誤公事受到「參罰」，並不是想讓差役們去騷擾地方。另一方面，他也承認按察使衙門的差役有違法犯罪行為，以前的事情查無實據，可以既往不咎。以後，若再有類似事件發生，下級官府可以「據實具文」，將犯法差役押送回按察使衙門，依法重處。如果下級官吏「投鼠忌器」，不敢對上級差役下手，也可以密信揭發，由按察使衙門另派差役捉拿追究。如果下級官吏既不敢公開查究，又不願密信揭發，而是隱忍不報，那一定是自己有把柄捏在了差役手中。于成龍說，對這種情況，自己一旦查出，就會以「委靡無能」「揭報」該官吏。

于成龍最後說：

法在必行，務各恪遵。本司將以此覘該府之風力才幹矣！

意思是，揭發上級差役的事情確實很難辦，但我會以此考察你們的膽魄和能力。于成龍是位精明厲害的官員，他明白這種事件中的「狗咬狗」成分，下級官吏和自己的差役，都會存在問題，所以雙方都要言語刺激一下。

為了解決辦事效率和「衙蠹」滋擾問題，于成龍還發明了兩種新方法。第一種是「風火雷三催號票」，設計了風、火、雷三種號票，一種比一種緊急，用於催辦公務。如果「雷票」發下，公務還不能如期完成，那就要派差役捉拿相關人員問罪。這種方法，免不了仍要派遣差役，即使是奉公守法的好差役，到了下級地方，也會受到一番接待，花上許多錢。于成龍考慮到這個問題，又設計了一種木簽，在木簽上注明期限，隨公文發往各地，這樣就不必派遣差役了。木簽一到，說明事件緊急，必須按期完成。辦事的「經承」，完事後拿著木簽到省交令。如果「事已妥當，不煩駁詰」，該「經承」可以法外從寬，不受追究。如果「苟且塞責，仍不能完結」，要對「經承」進行「責懲」，還要派差役押回去重新辦理。如果地方官府收到木簽，置之不理，到期不報，就要選派差役星夜捉拿辦事的「經承」，並以「違玩職名」罪揭報該地方的長官。

這一段記載，證實了于成龍所做的按察使工作真是複雜、麻煩。當地官場風氣不正，效率不高，但又軍情緊急，有大量的軍需事務要辦。于成龍既要考慮到如期完成公務，又要防止貪官污吏們從中作弊，還要設法為地方上減輕負擔，只能夠絞盡腦汁，想盡各種辦法，慘澹經營。他的風火雷三票和木簽制度，到底起到多大的效果，人們並不知道。只是于成龍做得很努力，很盡心，對得起自己的「天理良心」，也對得起國家和百姓。

解救奴婢

古代戰爭時期，敵對雙方的將士們，冒著生命危險殺來殺去，難道就只為賺幾個軍餉？領幾個賞？升幾級官？肯定不是！戰爭是將士們發橫財的機會。他們不但會毀壞百姓的田園房舍，搶劫金銀細軟，還會姦淫婦女，擄掠人口。這是戰爭的潛規則，誰都沒有辦法徹底治理這個弊病。不讓士兵搶劫，士兵們就沒有打仗的積極性。

康熙十八年（一六七九年）前後的福建省，大兵雲集，擄掠現象十分嚴重。耿精忠叛軍進攻浙江、江西時擄掠了大量的人口，康親王的八旗騎兵在進軍過程中，從耿精忠手裡搶回一批人口，又免不了再擄掠一批人口。這些被擄掠的人口，按照不成文的規定，屬於將士們的私人財產，是給將士們做奴婢用的。這些將士行軍打仗，哪有多餘的口糧給奴婢們吃？哪有多餘的精力管理奴婢？所以他們便會將奴婢就近出售，換成錢財帶回家鄉。

于成龍也並沒有權力過問軍營裡的這些陳規陋習，也沒有權力向康親王或者其他長官建議禁止擄掠、釋放奴婢。但是，一向講究「天理良心」愛民如子的于成龍，又不可能不關心這批被擄掠為奴婢的平民百姓。怎麼辦呢？于成龍只能尊重當時的潛規則，拿錢把這些人贖買回來。于成龍自己手頭不富裕，官府的經費又不能動用，他採取了募捐集資的辦法，動員號召當地的官紳富戶，大家發發慈悲，慷慨解囊，湊集一筆銀子，到兵營裡頭去贖人。于成龍再利用自己的按察使身分，和將士們拉關係，討價還價，盡量降低價格，用有限的銀子，多贖一些人出來。他兒子于廷元可能也跑前跑後，幫著老父親做善事。總督姚啟聖是個著名的富戶，在解救奴婢事件中，也出了很大的力。

這樣的事情其實史不絕書。春秋時期，賢臣百里奚被賣為奴，秦穆公用五張羊皮把他贖買回來；三國時期，蔡文姬被南匈奴左賢王掠走，曹操花重金把她贖回中原；唐朝初年，太宗李世民曾經動用國庫錢財，從自己士兵們手裡贖買戰爭擄掠的人口；安史之亂時，名臣顏真卿曾經派侄子到敵占區贖買被擄掠的親友和僚屬。

這次，于成龍主持贖買的奴婢，和自己全無親友關係，都是浙江、江西、福建等地的平民百姓。他要讓這些人擺脫奴婢命運，骨肉團聚，享受天倫之樂。于成龍經手贖買回來的奴婢有成百上千人，他還給這些人發放必要的路費，遣送他們回家。有很多被擄掠的少年兒童，贖買回來後沒有親友來認領，自己也沒有能力回家，于成龍就暫時把他們收養在自己的官署中，把官署變成了臨時的幼兒福利中心。于成龍每天回到後堂，孩子們圍著他要吃的、要玩的，非常熱鬧。每湊夠一船的人數，于成龍就送走一批孩子。陸陸續續地把孩子們都送走了。

這件事不是于成龍一個人就能完成的，但他出面組織募捐，安排遣送，費盡了千辛萬苦，確實是做了一件很大的善事。當時的被擄人口遠遠超過數百名，于成龍的籌資能力有限，不可能全部贖回。其他的人，有一部分被自己的親友贖回，另一部分就被轉賣他方，終身為奴，沉淪苦海。慈悲的于成龍大人，對此只能流淚歎息了。

三舉「卓異」

康熙十八年（一六七九年）又是朝廷考察地方官的「大計」之年，于成龍的考核評語按慣例是由福建總督和巡撫來撰寫的。

當時的福建總督是姚啟聖，巡撫是吳興祚，這兩位都是清代著名的封疆大吏。他們兩人對于成龍印象很好，認為于成龍上任僅僅幾個月，就有膽識魅力，做出了很大的成績，確實是福建省最清廉也最有能力的官員，於是就推舉于成龍為「卓異」，這是于成龍平生第三次得到這個榮譽。吳興祚給于成龍的評語是這樣寫的：

成龍執法決獄，不徇情面，屢伸冤抑，案牘無停，不濫准一詞，不輕差一役，而刁訟風息，擾害弊除。捐增監獄口糧，遍濟病囚醫藥，倡贖被掠良民子女數百口，資給路費遣歸。屏絕所屬饋送，性甘淡泊，吏畏民懷。為閩省廉能第一。

上報朝廷後，康熙皇帝的聖旨是這樣批示回覆的：

于成龍清介自持，才能素著，允稱卓異。

在史書的記載中，于成龍是康熙十八年（一六七九年）九月被舉為「卓異」，並且在當月被朝廷提拔為福建布政使。但《于清端公政書》中的記載卻顯示，這次的舉「卓異」與升官，是在十月分，並且還曾經發生過一段小糾紛。

按照朝廷的期限，「大計」必須在十月二十五日前完成。十月上旬，于成龍患病請假，不能理事，布政使高某派差役到按察使衙門督催于成龍，要求于成龍盡快把自己年老多病、不能履職的情況寫成公文上報。

在這種情況下，于成龍就不方便參與「大計」事務了。這裡面透露出藩臺和臬臺兩位大員不和睦的訊息，高藩臺的舉動，似乎是要逼迫于成龍申請退休的。于成龍這年虛歲六十三，確實是高齡的官員，也應該退休了。

當雙方正在僵持的時候，傳來朝廷的命令，把高藩臺調到湖廣去了，于成龍的壓力立即減輕。但是，巡撫吳興祚這時候正背著處分，不方便列名「大計」事務。十月十九日，吳興祚召于成龍議事，要求他代理布政使職務。這時，離十月二十五日的期限只有六天了，于成龍繼續以患病為由進行推辭，拒不上任。二十日，吳興祚再次下令，要求于成龍上任。于成龍無奈，於二十一日到布政使衙門接受了藩臺大印，正式上任。二十二日，于成龍到巡撫衙門拜見吳興祚，請示「大計」事務。吳興祚向他詢問「主稿」的舊例，于成龍以前沒有辦理過，表示自己不知道，就傳衙門裡的「吏書」前來詢問。「吏書」說，軍政方面，由總督主稿，「大計」方面，由巡撫主稿。于成龍又調來過去的案卷來查閱，發現確實如此。吳興祚這才命令「吏書」按舊例辦理。二十三日，于成龍向吳興祚建議，因為近年福建省戰爭頻繁，下屬官吏為軍務所苦，犯錯誤的很多，一年之內，已經有八名官員被參劾，所以這次「大計」應該適當放寬尺度，不能太嚴格了。商量之後，開列三名官員為「卓異」，向朝廷彙報，終於趕在期限之前完成了任務。

事後，吳興祚對于成龍十分不滿，向總督姚啟聖發牢騷告狀。姚啟聖於十一月三日給于成龍寫信，委婉地批評了一番，要求于成龍注意同僚之間的團結問題。于成龍認真撰寫了回信，說明事情的前因後果，自己確實是患病請假，帶病上任，又不熟悉「大計」事務，並不是和吳巡撫有隔閡。最後還說，他對姚總督和吳巡撫這幾年在福建做的貢獻，是十分敬佩的。當然，他在信中也把高藩臺欺負自己的事情做了彙報。

這個記載並不清楚。姚啟聖寫信批評于成龍，那肯定是因為于成龍與高藩臺或吳巡撫鬧過情緒，鬧過矛盾。但在這種情況下，姚啟聖和吳興祚為什麼還要舉于成龍為「卓異」呢？

在證據不足的情況下，不妨大膽做一點猜測。藩臺和臬臺的考核，是在九月分進行的，姚啟聖和吳興祚共同推舉了于成龍，沒有推舉高藩臺。這位高藩臺因此有了意見，藉著于成龍年老多病，逼迫他退休。高藩臺調走之後，于成龍情緒一時無法轉變，所以就不願意去藩臺衙門上任。這樣，吳興祚當然就不高興了。

這場小小的官場風波很快就過去了，在以後的幾個月裡，于成龍和姚啟聖、吳興祚都有很好的合作。

求羅荃夫

布政使衙門的全稱是「承宣布政使司」，俗稱「藩臺」、「藩司」。其主要職責是：

宣化承流，帥府、州、縣官，廉其錄職能否，上下其考，報督、撫上達吏部。三年賓興，提調考試事，升賢能，上達禮部。十年會戶版，均稅役，登民數、田數，上達戶部。凡諸政務，會督、撫議行。也就是管理官吏、考試、財政等地方事務。于成龍在藩臺任上最著名的事件是向康親王求罷莝夫。

當時，數萬名八旗騎兵駐紮於福建，與鄭經作戰。人每天要吃飯，數萬匹戰馬每天也要吃黑豆、草料。福建地方官員成天忙碌的軍務大事，就是徵集採購這些軍需品。採購回來還不算，馬草都要細細鍘過，才能餵給馬吃。八旗子弟比較懶惰，哪裡肯親自幹鍘草的苦差事。於是，自然就要向民間徵集勞力，專門到軍營裡鍘草。對八旗官兵來說，這樣的民夫當然多多益善，根本不考慮地方上的承受能力，一徵集就是數萬名。於是，數萬戶家庭的生產生活都受到影響。民夫們也要吃飯，還得再向民間徵糧。民夫們也不可能成年累月地服役，總要定期更換，於是這種徵夫的災難就會波及福建省境內更多的地方、更多的家庭。不僅搞得很多百姓家破人亡，也讓各級官府頭痛不已。

鑒於明亡教訓，清朝初年的皇帝，還是比較關注民生的。他們了解到徵夫的巨大弊病後，曾經下令禁止再徵莝夫。各級地方官和廣大老百姓，這才都深深舒了一口氣，十分感激朝廷的大恩大德。但是，驕縱的八旗子弟，仗著自己是特權階層，又在為國打仗，仍然想繼續徵調莝夫。康親王傑書是軍隊統帥，他雖然比較開明，但考慮到自己軍隊的利益，也出爾反爾，對此事睜一隻眼閉一隻眼，答應了將士們的請求，再次下達命令，要求各地照舊派夫。這就激發了一次嚴重的軍民矛盾。

康熙十九年（一六八〇年）正月二十四日，福建巡撫吳興祚把康親王的手諭轉發給閩縣、侯官等地的知縣，要求按諭執行，但巡撫衙門並沒有下達正式的公文。知縣祖寅亮、姚震等人揣測到巡撫背後的真實意圖，就以需要請示為由，拒絕執行康親王這道命令。正月二十七日，八旗官兵聚集到縣衙鬧事，逼迫知縣派夫。二十八日，福建省地方官員聚會商議，準備向康親王請命。就在這天，民間很多百姓，聽說了徵夫的消息，便突然停業罷市，聚集在街上，哭泣喧鬧，群情洶湧，大規模的民變一觸即發。

官員聚會商議之後，布政使于成龍代表下屬各級官員，向康親王傑書上了一封公開信——《公上康親王求罷埊夫啟》，說明原委，請求康親王收回成命。于成龍又以自己的名義，向康親王上了一封《再肅上康親王啟》。他在這篇文章中指出：

國家之安危，由於人心之得失，而人心之得失在於用人行政，識其順逆之情而已。孟子曰：得天下有道，得其民斯得天下矣；得其民有道，得其心斯得其民矣。得其心有道，所欲與之、聚之，所惡勿施爾也。

是國與民相倚之切，千古誠不可誣，載諸簡冊，可考而知也。

于成龍先給康親王講了一番大道理，然後又讚揚康親王的品德、才幹和功勞，說他既是皇族，又是國家棟梁，處處能以國事為重，也知道得民心者得天下的道理。接著，他又說最近北京發生大地震，太和殿發生火災，上天示警，皇上親自下了《罪己詔》，要求百官給自己提意見，並且時刻以「愛民察吏」為念，賑濟各省的饑荒。于成龍請求康親王看在太祖、太宗、世祖皇帝創業艱難的份上，為康熙皇帝分憂，關愛百姓，穩定民心，收回徵調埊夫的命令。這篇文章在《于清端公政書》中是非常精彩、非常感人的一篇。

康親王傑書一看事情鬧得太大，官吏和百姓都反對自己照舊派夫的命令，在收到官吏們的公開信和于成龍的個人信件之後，思忖再三，也就偃旗息鼓，收回了成命。

于成龍為屬下官吏和廣大百姓辦了一件講究「天理良心」的大好事，但這件事確實辦得有些驚險。根據前面的介紹，此事牽扯到官員抗命，百姓鬧事，稍一處理不慎，就會引發社會大動亂，甚至是一大片人頭落地。清朝是滿人的江山，滿人比漢人要高一個等級，王爺貝勒和八旗官兵都驕橫無比，不講道理，弄不好于成龍不僅丟官，甚至有性命之憂。幸好，君明臣賢，康熙帝是一位明君，康親王也一向比較信任于成龍，這事才算有驚無險。

平抑米價

于成龍為官多年，一向以捕盜、判案著稱，在黃州打了兩仗，也顯示出軍事才華。在處理財務方面，卻沒有太多豐富的經驗，在羅城徵收賦稅，一共才經手白銀一千二百多兩，在合州經手的銀錢更少，只有九兩左右。上任福建藩臺之後，要管理全省財務，確實有很大的難度。但于成龍一向精明多智，邊做邊學，在理財方面，很快也做出了不少成績。

康熙十九年（一六八〇年）初，泉州米價騰貴，兵民交困。總督姚啟聖十分關注此事，向朝廷申請捐濟。姚啟聖本人是位商業天才，曾經在罷官閒居的幾年時間裡經商致富。在平息耿精忠叛亂、與鄭經交戰的幾年中，他本人為軍隊捐出的私財就多達數萬兩白銀。這次捐濟泉州，姚總督也不含糊，一下子就捐出了五千兩，但他同時也交代，下屬各司道府必須捐齊五千兩，共籌集一萬兩白銀，在省城福州買米五六千石，火速運往泉州。總督做出了表率，巡撫吳興祚也不敢落後，他沒有私財可捐，就下令清查延平、建寧、邵武三府以前購買的四萬石糧米，把這批糧米運往泉州。同時，他擔心清查工作緩慢，不能及時運輸，又命令糧道從即將到來的軍餉中留出三萬兩白銀，立即在省城買米發運。

這幾項具體工作，都需要于成龍負責實施。于成龍在讚歎姚啟聖和吳興祚的同時，又覺得捐濟方法有問題，十分為難，便另想了一套應急辦法。

當時，省城福州的米價也在上漲，每石米已經漲到二兩一二錢。如果這時候在福州大量購米，供需失衡，省城米價勢必繼續飛漲，和泉州、興化一樣了。如果消極等待上游運來的外省米，則不能救目前之急。于成龍認為，應該改買米為借米。他懇求巡撫吳興祚下令，從糧道手裡借出官府為康熙十九年秋天儲備的糧米。這其中，閩縣負責籌借一千石，侯官縣負責籌借兩千石，于成龍自己再負責籌借兩千石，一共湊齊五千石，先行運往泉州。等上游的外省米運到福州之後，再陸續補還借出的秋糧米。由於于成龍處置得當，泉州的糧荒得到緩解，省城福州的米價也很快跌到了每石一兩左右。

在外地的姚啟聖不明究竟，派人到省城催辦捐銀買米的事情，于成龍寫了一封《上姚制臺議捐濟稟》，詳談福州的實際情況，說明自己不願買米的原因。他說：

(一) 福州工商業者多，農民少，大家都靠買米生活，如果米價飛漲，百姓生活難以保障。

(二) 福州駐軍每月消耗料谷兩萬石，每石折銀只有六錢五分，已經遠遠低於市價，購買料穀已經費盡委曲，十分艱難，如果米價再漲，則軍隊每月兩萬石的料穀就不可能買齊。

(三) 總督給各司道府派下來五千兩銀子的捐款，因為官員們官俸有限，經濟拮据，負債累累，完成十分困難，逼急了只能用非法手段向下屬和百姓攤派了。于成龍還列舉了幾位同僚困窘負債的例子。

(四) 目前福建的藩庫十分匱乏，欠姚總督本人的一萬兩銀子一直歸還不了，軍隊每月還要消耗一萬四千兩，自己只能嘔盡心血，東挪西補，實在不敢再支用新到的餉銀買米了。

于成龍最後說，五千石左右的糧米，對泉州來說是杯水車薪，不能根本解決問題。只有先平抑米價，等朝廷的餉銀押解到之後，如數發放拖欠的軍餉，餉銀充足後，民間囤積的糧米自然願意出售，糧食問題就能圓滿解決了。

可以看出，過慣窮苦日子的于成龍，經濟頭腦並不比富商出身的姚啟聖差。他用借米還米、臨時周轉的方式，平抑了飛漲的米價，幫助大家度過了難關。

清廉風範

于成龍在福建生活了一年有餘，仍然保持著清廉節儉的風範。

臬臺和藩臺都是省內高級官員，下屬官員很多，手裡的權力也很大，按照官場慣例，是有很多收禮納賄的機會的。于成龍這方面十分注意，嚴厲禁止下屬官員給自己送禮。同僚之間的禮節性來往，也只限於橄欖果和蒲葵扇等價值不高的土特產。用現在的話說，就是只收水果瓜子之類的小禮品。

福建是沿海地區，碼頭上經常有外國商船停泊貿易。清政府在這方面有嚴格的限制，外商們為了暗中請託，多買多賣，也勢必要向主管的官員重金行賄。官員們趁這個機會發點洋財，收點當時稀罕時髦的大擺自鳴鐘、望遠鏡、洋槍也是難免之事。于成龍升任藩臺後，監管對外貿易，也成了外商們行賄的對象。但他仍然嚴於律己，絕不受賄。外商們最初以為于成龍胃口大，嫌禮品送得太輕，就加倍行賄，于成龍仍然不受。外商們借驗貨之機，拿出一些價格高昂的珍珠、寶石、香料，請于成龍品鑒。按慣例，這些東西驗過之後就留在衙門裡了。于成龍只是拿起來看一看，聞一聞，辨別一下貨色，然後就讓外商拿回去。外商們感歎道：「天朝洪福！我們走遍天下，從來沒見過這樣的清官。」

布政使衙門的大堂名叫「紫薇堂」，于成龍專門撰寫了一副廉政對聯，掛在堂上。聯語云：

累萬盈千，盡是朝廷正賦，倘有侵欺，誰替你披枷戴鎖？

一絲半縷，無非百姓脂膏，不加珍惜，怎曉得男盜女娼！

這副對聯寫得很精彩，也很有于成龍的性情特色。一是禁止貪汙，一是禁止浪費，「披枷帶鎖」說的是朝廷的王法，「男盜女娼」說的是因果報應。這對聯，既是警示自己的，也是警示屬吏的。當時，于成龍負責全省財政和軍需，經手的銀錢有上百萬兩，他自己和廣大屬吏都面臨著巨大的廉政考驗。而于成龍要做到的，就是一分一毫不出差錯，一絲一厘絕不收受，這的確是相當難能可貴。

于成龍在福建的俸祿，每年有一百多兩，主僕幾人是夠花了，但生活水準相當低下。他集資贖買奴婢，給囚犯布施口糧醫藥，還有其他一些公益慈善事務，都免不了要花費一部分俸祿。有時候實在拮据了，就得典當衣物去換口糧。

當時，福州城裡經常有北京來的欽差大臣、八旗將軍，這些天皇貴胄成天到處亂逛，無所顧忌，于成龍的官衙和內室，也是他們散步閒逛的地方。他們看見于成龍房裡只有一個竹箱子，裡頭只有一套朝服，飯鍋裡泡著剩稀飯，不知還要吃到什麼時候，另外還有幾十捆文書，此外再沒有其他私人物品了。這些過慣了富貴日子的權貴們，對此情景都搖頭咋舌不已，沒想到還有這麼窮困、這麼清廉的大官。陳廷敬的《于清端公傳》說，這些權貴人物紛紛讚歎：「于公，天下第一清官也！」、「于公清苦，天下一人而已！」

在當時的官場上，漢族官員的俸祿都比較低，負債累累的窮官非常多。于成龍在寫給姚啟聖的一份文書中，就舉例說明過福建幾位道臺窘迫的經濟狀況。但像于成龍這樣的官員如果想要適當改善一下生活，也不是沒有可能，手裡有權，什麼事都不會難辦。有些同僚就奉勸于成龍，把生活稍微過得好一點。于成龍說：「我平生沒有特別的愛好，就喜歡過布衣蔬食的生活。衣食問題，只要能夠免於飢寒就行了。」他還向人說：「我從來不知道世界上有享受這件事，也不知道饋贈交際有什麼用處。我每年得到的俸祿，其實也花不完，要那麼多錢有什麼用啊！」

于成龍這幾句話，在今天的人看來確實像是不可思議的奇談怪論，也像是虛偽矯情的高談闊論。但是要知道，于成龍是有自己的精神追求的，除了忠君、愛民、做好官、名垂青史之外，他還在追求聖賢境界。他在布衣蔬食之外，也還是有飲酒賦詩之類的很多生活樂趣的。他在福建時，曾經撰寫過一副對聯，表達了自己的思想觀念與精神境界。聯語云：

山到窮時，現許多峭壁層崖，勸富貴功名，何似林禽野獸；

路逢狹處，經無數行雲流水，任盤桓談笑，休辜翠竹蒼松。

第十七章　巡撫直隸推新政

康熙十九年（一六八〇年）二月，康熙皇帝「特簡」于成龍為直隸巡撫。六月，于成龍抵達保定上任。

康熙二十年（一六八一年）十二月，于成龍向康熙皇帝請假，回家葬母。准假後數日，即被提拔為兩江總督。次年三月，離開保定，結束直隸巡撫的工作。他在直隸工作的時間，不足兩年，主要政績是整頓吏治、推薦賢能、賑濟災民、蠲免賦稅、教化百姓、移風易俗。

作為天子腳下直隸長官，他有條件與康熙皇帝近距離接觸，深深地感受了一番皇帝的器重、信任和寵愛，可謂皇恩浩蕩。垂暮之年的于成龍，至此達到了人生功名事業的高峰。

請求陛見

清朝「直隸」的轄區範圍，包括今天的北京、天津、河北大部，以及內蒙古、遼寧、河南、山東的一部分。在理論上講，這些地區屬於京師的直屬範圍，所以稱為「直隸」，又叫「畿輔」。但事實上，它相當於一個大省，省會在保定府，古稱為「上穀」。在清朝初年，直隸不設總督，巡撫即是最高長官。也不設布政使和按察使，由「守道」管理布政使的事務，「巡道」管理按察使的事務。另外還有通永、霸昌、大名、口北、天津等地的「道臺」分管各地事務，向巡撫彙報工作。巡撫為從二品官員，年俸一百五十五兩，主要職責是：

宣布德意，撫安齊民，修明政刑，興革利弊，考核群吏……標下有參將、遊擊等官。其三年大比充監臨官，武科充主試官。

另外，巡撫還兼任都察院右副都御史，掌有監察權。其實，一省軍政大事，財政民政，文武官員，全歸巡撫管。

康熙十九年（一六八〇年），直隸久旱不雨，發生饑荒。康熙皇帝於二月下詔賑濟，但直隸巡撫金世德忽然病故，他的位子便空缺下來。年輕的康熙皇帝久聞于成龍的大名，便「特簡」于成龍為直隸巡撫，把他調到自己的眼皮底下。

于成龍這年虛歲六十四，已經是桑榆暮景，應該辭官退休了。他心裡很清楚，自從康熙十六年（一六七七年）調任下江防道，自己的升官速度就異常快，康熙十七年（一六七八年）升按察使，康熙十八年（一六七九年）升布政使，康熙十九年升巡撫，簡直是官場奇蹟。按清朝初年的慣例，總督、巡撫等省級地方長官，大部分由旗人充任，科舉出身的普通漢人是很難有資格的，尤其是皇城根的直隸巡撫和財賦重地兩江總督是輕易不給漢官的。于成龍如果沒有皇上的特別賞識眷顧，單憑自己的品行、能力和政績，哪能如此迅速升至督撫高位？其實，于成龍升官快，不僅僅是由於康熙皇帝本人的眷顧，和左都御史名臣魏象樞的祕密舉薦也有很大關係。但魏象樞為了避嫌，一直守口如瓶，直到于成龍去世後才在弔唁詩中寫道：「當年薦草曾聞否？歷盡平生一語無。」所以，于成龍在世時，根本不知道魏象樞幫過自己的忙。

當年六月，于成龍長途跋涉到達保定上任後，想做的第一件事，就是到北京拜見二十七歲的康熙皇帝。他給皇帝上了一封《請陛見疏》：

……竊念臣屢受皇上知遇洪恩，久切覲闕之念。今既謬叨皇恩，優升巡撫，且自保定前赴京都，計程三百餘里，與他省相隔迢遞者不同。況直隸係畿輔重地，連歲荒旱頻仍，黎庶困苦。臣係庸才，必得天語指示，庶足撫蒞茲土……

康熙皇帝的批示很簡單：「于成龍簡任巡撫，正資料理，不必來京陛見。」意思是：不必客氣了，你就好好地做吧！

直隸新政

直隸雖然靠近京師，但達官貴戚、文臣武將、四方商旅雲集，問題一點都不少。天災造成了各地的饑荒，需要糶糧賑濟，蠲免賦稅；社會治安狀況極差，盜匪橫行，需要大力緝捕；國家連年征戰，驛站負擔過重，虧空嚴重，需要增加工料；旗民漢民雜居，民族矛盾糾紛嚴重，需要妥善處理；官場腐敗，賄賂公行，需要大力整頓；民間風氣不良，吃喝嫖賭無所不有，需要加強教化。

于成龍做了京城的封疆大吏，位高權重，除了遵守朝廷的大政方針和皇帝的聖旨之外，其他方面基本上無人限制，可以憑著自己的意志辦事。皇帝的器重和信任，也讓他底氣十足。「新官上任三把火」，他到達保定接印之後，就陸陸續續下達了一系列命令，開始推行自己的「直隸新政」。根據《于清端公政書》中搜集的資料，依次介紹如下：

飭查劣員

于成龍在下發的《飭查劣員檄》中說，直隸連年災荒，百姓困苦不堪，「僅存皮骨」，正需要賢良的州縣官「加意調劑」，也需要道臺、知府等官「實力整頓」，才不至於使百姓流離失所。自己上任以後，「切切以察吏安民為念」。經過初步察訪，發現各地官員並不能「潔己奉公」：有的官員在徵賦時濫收「火耗」；有的官員在辦差時攤派雜稅；有的官員用嚴刑峻法，「貽累地方」；有的官員聽信衙蠹之言，恣意勒索百姓。「種種不法，殊可痛恨。」他說，自己的初步察訪，證據未足，還需要進一步祕密察訪。

他命令各地的道臺、知府，接到文書後，「細加體察，務將不肖貪酷官員，據實揭報，以憑飛章參處」。除上述有不法的官員之外，也要將昏庸衰老、廢弛公務的官員查實揭報。各位道府官員必須認真調查，不許「以平日之喜怒為屬員之賢否」，也不許照顧情面，「止以微員塞責」。如果道府官員陽奉陰違，拖延不辦，巡撫要追究其責任。

嚴禁火耗

嚴禁「火耗」，是于成龍的一貫作風。所謂「火耗」，原指地方官府將百姓交納錢糧之散碎銀兩熔鑄成銀錠時的損耗部分，後來成為地方官任意增收附加稅的名目，成為貪酷不肖官員吮吸老百姓血汗錢的無底洞。這筆錢，既可以是地方官府的「小金庫」，也可以是官吏們的額外俸祿，用現在的話說就是「灰色收入」。因為明清時代地方官府經費太少，官員俸祿又低，於是想出這麼一個對策，借著「火耗」略為貼補。朝廷對這種「陋規」其實也是睜一隻眼閉一隻眼。但各地徵收「火耗」形成風氣之後，原來的「貼補」損耗演變成了變相發財手段，給百姓造成了沉重的負擔，有違朝廷「輕傜薄賦」的大政方針。于成龍一向淡薄自甘，清廉自勵，對徵收「火耗」深惡痛絕。他在《嚴禁火耗諭》中說：

> 朝廷則壤以定賦，百姓按則以輸糧，原有一定之規。在州縣各官，身為民牧，亦當上體朝廷德意，下念百姓困苦，按則徵收，更不可意為輕重。

但很多地方官無視朝廷法令，任意增收「火耗」，有加二分的，有加三分的，還有明加一分而暗中實加三分的。于成龍說他們的「種種竊脂之行，無異竊盜」。他要求各位官員「洗心滌慮，痛除積習」，停止徵收「火耗」，既愛護自己的功名，也愛護治下的百姓，這樣不但能做一名「循良」的好官，也會有「陰騭之報」。他說自己作為巡撫，會樂於看到這種現象，並會特疏舉薦這樣做的好官。如果官員們不思改悔——

> 狃於故智，甘蹈陋規，不恤民怨，不顧鬼譴。或快意於輕裘肥馬，或肆志於田宅妻妾，或近為耳目之娛，或遠為子孫之貽，當民窮財盡之日，饑饉洊臻之時……敲鳩形鵠面之骨，吸賣兒鬻女之髓，以遂一身一家之欲。忍心害理，禍必不遠，天道好報，絕不爽期。總以為幽眇難憑，且顧目前。然國法具在，本院絕不敢循縱以玩功令。

于成龍在這篇辭藻精彩的文章中，仍然打出朝廷王法和因果報應的旗號，苦口婆心，威逼利誘，想徹底改變地方政府加收「火耗」的弊端。而事實上，當時「火耗」是無法嚴禁也不能嚴禁的，最妥善的辦法是限制「火耗」，減少「火耗」，少收一點，解決官府經費就可以了。于成龍因為朝廷沒有明文規定該收多少「火耗」，也只能下令「嚴禁」。幾十年後，雍正繼位，清朝政府才勉強解決了這個問題，將「火耗」明令歸公，給官員發放了高額的「養廉銀」，給官府撥發一定的辦公經費。

嚴禁饋送

官員之間饋送禮品，原是很常見的現象。平級之間，講的是交情，你敬我一尺，我敬你一丈，投桃報李，禮尚往來。上級給下級一般沒有送禮之說，只算是賞賜。于成龍在武昌時，總督蔡毓榮就賞賜過他一套官服，巡撫張朝珍則經常請他喝酒吃飯。而下級給上級送禮，卻有很重大的意義：一是打通關節，尋求庇護，讓上級多關照自己、包涵自己、提拔自己；二是上級的俸祿也較微薄，經濟拮据，又不直接治理百姓，沒有弄錢的管道，只能靠下級冬夏年節饋送「冰敬」、「炭敬」、「耗羨」之類銀兩過日子。

于成龍是特別嚴於律己的清官，對下級向上級饋送禮品之事深惡痛絕。直隸的官員們聽說過于成龍的名氣，但不知道他是真的不收禮，還是弄虛作假，故作清高。康熙十九年中秋節時，終於有一名官員站出來做了「第一個吃螃蟹的人」。這人是大名縣的知縣，他公開寫了手本，備了不輕不重的中秋節禮，送到巡撫衙門，祝巡撫大人中秋快樂。這份禮品如果他收下了，接下來幾百份重禮便會接踵而來。

于成龍大為惱火，他下發了一份《嚴禁饋送檄》，在文中表達自己對饋送禮品的獨特看法。他說：「禮有交際，原因分宜相近，互為獻酬，用將誠敬。」意思是說，送禮這件事，只有級別平等的人，才能用來交流感情。如果兩個人級別相差太大，沒有交情可言，為了維護體統，就應該杜絕饋送。雖然有「用下敬上，禮順人情」的說法，但是等級名分，既不能故意疏遠，也不能肆意僭越。自己和廣大州縣官員在一個省內共事，固然是休戚相關，但名分差異太大。如果互相送禮，論朋友交情，那就造成了

「犯上」和「悖禮」的後果，既違反了法紀，又冒犯了巡撫的威嚴。

對於給自己送禮的大名知縣，于成龍並沒有借題發揮，殺雞儆猴。他說：「本應題參，姑念初犯，暫從寬宥。」然後下命令說，以後「凡遇重陽、冬至、元宵等節，並過路送禮，各衙門概行禁止。如有私相饋獻，查出並行題參，絕不姑寬。」說到底，于成龍是講究「嚴以律己，寬以待人」的，對屬下以批評教育為主，絕不輕易斷送人家的官運前程。

禁止越權

所謂「佐貳」官員，就是指各級官府的副職官員。知縣的副職有縣丞、主簿、典史，知州的副職有州同、州判，知府的副職有同知、通判等。

于成龍本人擔任過的佐貳官為黃州府同知。他是從基層一級一級地做起來的，熟悉官場利弊。到直隸後又做過一些調查，了解到各級官府中的佐貳官員普遍存在不尊重正印官員、越權辦事、騷擾地方的行為。於是，他專門下發了《嚴飭佐貳擅理詞訟檄》，指出：府、州、縣的佐貳官有明確的職責，比如緝逃捕盜、巡查私販、領解錢糧等事務。而一切民間詞訟，比如強盜、人命、重情、鬥毆、戶婚、田產等官司，屬於正印官的職責。佐貳官不能私自受理民間詞訟，只有經過正印官批示允許的事件，佐貳官才能依法辦理。于成龍在檄文中要求，各級地方官府必須嚴格按照朝廷規定辦事，嚴厲查處這些越權違規行為。

禁販人口

于成龍上任直隸巡撫時，直隸正遭遇饑荒，雖然朝廷有蠲免賦稅、糶糧賑濟之舉，但很多貧窮百姓仍然度日艱難，免不了有賣兒賣女乃至賣身的行為。有些從外地來的人口販子，與本地惡棍勾結，採用哄騙欺詐手段，低價購買人口，再販賣到外鄉，獲取幾倍的利潤。貧窮愚昧的百姓賣兒賣女賣妻，只圖有一口飯吃，只圖能活下去，既賣不了幾個錢，又不知其淪落到何方。于成龍了解到這種情況，自然是切齒痛恨，認為地方官不管不問，屬於「溺職」。

還有一種情況是將人口賣給旗人為奴。按朝廷規定，旗人購買奴婢，必須經過地方官審查，在賣身契上蓋印，並且上報到朝廷有關部門備案。當時，祁州發生一宗案子，曹之完的僕人曹來，想投靠旗人為奴，背著主人，與惡棍杜文常勾結，偽造了一份賣身契，祁州知州不問情由，就蓋上了大印。後來，主人曹之完投詞控告，經過保定知府審理清楚，銷毀偽契，將曹來斷歸原主。

于成龍查閱了這宗案卷後，十分憤怒，認為類似的事件一定非常普遍。他發布了《嚴禁略賣檄》，要求直隸境內各處的地方官，要認真察訪外來人口販子與本地惡棍勾結販賣人口的事件，一經發現，立即捉拿查辦。關於旗人買奴程序，要求地方官認真對待，將當事人和左鄰右舍以及族長等相關人員，一起傳喚問話，當事人確實是生活困難、自願賣身，且價格公道的，方許在賣身契上蓋印。如果地方官仍然怠忽職守，「不恤小民困苦，任其輾轉販賣」，或者對「旗下賣身文契，不行查明，輕與用印者」，一旦察訪確實，就要以「溺職」罪參劾罷官。

治盜安民

直隸境內盜匪橫行，殺人越貨，盜墓掠財，無所不為。這種情形，在許多舊小說中都有反映，比如竇爾敦盜御馬、楊香武三盜九龍杯，還有黃三太、黃天霸等人物故事，都是清代初年直隸境內的事。這些人到底算是普通盜匪，還是替天行道的英雄豪傑，暫不必論，作為巡撫的于成龍，則必須以治盜安民為要務。

于成龍下發了《飭查防守地方檄》，要求查明直隸真定府與山西交界處的軍隊防守情況，合理安排，把守關隘，防止盜賊越境作案或者逃逸。

于成龍又下發了《嚴飭協拿盜賊檄》，指出直隸境內「盜跡詭祕，出沒無常。呼朋引伴，糾黨非一處之人，朝西暮東，行止無一定之所」。地方官往往只管自己轄區內的案子，盜賊一旦逃入鄰境，就束手無策，外地的盜賊逃入本地，也不聞不問，這樣就給盜賊提供了大量的逃匿機會。于成龍要求各地方官要同心協力緝拿盜賊，要互相幫忙，不要互相推諉，更不許故意為盜賊開脫。

《清稗類鈔》記載，于成龍曾經下令在大道兩側修築長牆，防備響馬。這種辦法既勞民傷財，也不能起到防禦效果，于成龍很快就醒悟過來，下令停止了。據稱，當地的綠林好漢曾經在夜裡騎馬繞著巡撫衙門奔馳，向于成龍示威。有人寫詩諷刺道：「百里長牆攔賊馬，綠林昨夜繞官衙。」

嚴禁奢侈

奢侈浪費行為，不算是違法犯罪，只能說是社會的不良風氣。官員們追求奢華，免不了要貪汙納賄；富戶們追求奢華，免不了坐吃山空，家道中落；平民們追求奢華，則寅吃卯糧，挖肉補瘡，免不了有傾家蕩產之虞。按照因果報應的理論，社會風氣過度奢靡，會導致饑荒和戰亂。在康熙皇帝頒發全國的《上諭十六條》中，第五條就是「尚節儉以惜財用」，把反對奢侈浪費、提倡節儉當成是基本國策。

直隸守道董秉忠是一位能幹的清官，他給于成龍提了四條治理直隸的建議，其中第一條就是「力崇節儉」，于成龍非常贊同，立即摘錄董秉忠的建議內容，下發了《嚴禁奢靡檄》。文中說：「天地之生財，止有此數。過用則易竭，奢費必不支。且暴殄狼藉，凶劄隨之，必然之理也。」文中詳細敘述了直隸省境內奢侈浪費的種種情狀，然後很尖銳地指出這種現象「總由為民上者不身先儉樸，以躬導之」。意思是，這種不良風氣是由各級官吏們的作風不正導致的。要求各級官吏們率先垂範，先從自身節儉做起，然後「懇切化諭」屬下百姓，讓大家知道「粒食之不可暴棄，非分之足以喪身」。婚喪大事的宴席典禮和日常生活的用度，都要有所限制，不能過分。當時，每月初一、十五，民間都要上「政治課」，由「鄉約」宣講《上諭十六條》。于成龍要求，在「政治課」上要多講禁止浪費、提倡節儉的故事。還要求民間知書達禮的士大夫要教育自己的家人、族人和親戚，德高望重的老人要教育自己的子孫。他認為如果能這樣堅持下去，「村里之間，將見古樸可風，物力常餘。日積不見多，而歲積則日盈。苟逢水旱災荒，未必遂致捉襟而露肘也」。

于成龍最後還說：「本院將以覘諸有司之賢良教化矣。倘或視為具文，因循舊習，有奉行之名而無奉行之實，本院亦何樂有此屬員也，定以溺職特疏糾參，絕不姑容。」

嚴禁賭博

賭博的危害古今皆知，但其魔力巨大，至今仍吸引著成千上萬的人。于成龍自己是不參與賭博的，但他深知賭博惡習失地、典妻敗家的危害，到直隸後，又因為發生了兩宗賭博殺人案，于成龍便下令嚴禁賭博。

他在《嚴禁賭博諭》中說：

四民之中，各有本業，咸宜安分以保身家。乃有奸猾之徒，希圖厚利，開設賭場。貪癡之輩，墮入局中，相聚賭博，晝夜不息。開場之家，獨得其利。贏者百無一二，輸者比比皆是，以致貲財蕩盡，田房准折一空。棲止無所，謀生無策。或情急自盡，或身為乞丐，或自賣旗下，或將妻女子媳賣為奴婢，終身淪落，或為盜賊，致被擒獲，身罹重辟……當聚賭之時，還有互相爭競被人毆死者。

于成龍在檄文中申明，嚴禁之後，如有違犯者，要將「賭博之人與開場、放頭並抽頭之人及該地方，俱照定例治罪，絕不輕貰」。如果有人舉報揭發賭博行為，將賭資一半作為獎金；如果同賭之人舉報，不但免罪，還有獎金。

驅逐流娼

清朝禁止官員嫖娼，但並不禁止看戲。有些女戲班，不能進京城演出，就在各府州縣活動。各地的文武官員和富豪大戶，在欣賞戲曲的同時，免不了有些偷偷摸摸的苟且行為，把女演員當成流娼來玩弄。

于成龍透過調查得知，廣平府一帶女戲流娼現象尤為嚴重，主要活動地點在雞澤縣的柳下村，永年縣的南胡村、賈西岩村。由此引發了各種違法犯罪事件：廣平府錢同知為了看戲嫖娼，留宿於張守備署中；例監張文炳、張文煜兄弟在家裡嫖戲旦四娃；廣平府門役齊佩蘭為了包宿流娼李六，竟設局騙各縣銀錢；管理縣衙戶口賦稅的差役張文玉、王立業，為嫖流娼王菊花，竟偷盜庫銀。

于成龍下發了《驅逐流娼檄》，除了嚴肅查處相關官員和罪犯之外，下令將在本地活動的流娼和女戲驅逐出境，不許容留。這些走江湖賣藝的婦女們本來也十分可憐，於是只把她們驅逐出境，也算是從輕發落了。

宣導農桑

于成龍認為，植樹鑿井是「培天地自然之利，裕吾民衣食之源」的大好事，但尋常百姓，目光短淺，觀念守舊，不肯在這方面努力。他於康熙十九年（一六八〇年）七月下令，要求地方官員勸導、督率百姓們廣植桑麻，多浚井泉。他說只要這樣「力行久之，自收成效」。

命令下達之後，各地官員並沒有很好地執行。有的說當地風土不適合種植桑麻，有的說當地缺乏地下水，鑿井無利。有的乾脆裝聾作啞，將于成龍的命令當耳旁風。只有安肅縣的王知縣認真執行了于成龍的命令，並且適當變通，取得了很大的成效。王知縣將于成龍的命令，改編成通俗易懂的歌詞，在鄉村裡到處張貼傳唱，動員號召百姓多浚井泉，廣植樹木。後來，四十八個村子，共鑿井兩千五百二十多眼。當地歷史上不種桑麻，樹苗和種子難找，王知縣就號召百姓種植柳樹，用柳樹枝編制「水斗」販賣。王知縣也編寫了號召種榆種柳的歌詞，張貼傳唱，許多百姓都開始大量植樹。

于成龍得知情況後，下發了《再飭植樹浚井檄》，表揚了王知縣的成績，並把王知縣編寫的俗語歌詞頒發各處，要求大家廣為宣傳。他還教育其他州縣的地方官：

若謂方物不類，地土異宜，即有不宜於桑，無有不宜於麻者。且如榆柳之類，乃最易生之物，又不擇地而可期長茂者。至泉源與土脈流通，無地無水。即或原隰高下不同，一邑之中，間有石磧流沙，亦自無多，其土深壤沃之處，無不可為井。此二事，勞僅一時，坐享長久之利，民何憚而不為，官亦何憚而不勸也？

意思是說，即使是風土氣候有差異，不適合種植桑樹，但麻、榆、柳等植物適應性都極強，沒有不能種的。有的地方確實缺乏地下水源，但縣裡地方大了，難道各處都不出水？總還是有一些地方可以鑿井吧！于成龍的命令，其實是讓各地方官因地制宜地發展水利、林業和經濟作物種植，給老百姓更多的經濟保障，並不是死板地要求種桑種麻。

請禁訃告

于成龍的一系列「新政」，在直隸官場引起巨大的震動。處於中層的道臺、知府，根據于成龍的命令，調查下屬州縣官員的違法亂紀問題，向于成龍舉報，于成龍再根據舉報情況，調查落實，然後選擇少數罪大惡極的官員，向朝廷特疏參劾，革職查辦。從于成龍這方面講，仍是心存仁慈，「殺一儆百」，只處理少數人，而警告、教育大多數人，給大家一個洗心革面、改過自新的機會。

但是，正所謂「冰凍三尺，非一日之寒」，官場腐敗不是一天兩天的事，也不是一人兩人的事。負責調查舉報的中層官員，長期與州縣官員沆瀣一氣，有很多非法的來往和勾結。如今，這些人沒有受到參劾查辦，反而幫著于成龍整治下級，眾多州縣官員自然是口服心不服。一有機會，他們就要實施「反噬」。

在前任直隸巡撫金世德的時候，就發生過任縣知縣施埏寶控告大名道范永茂和順德知府殷作霖、廣平知縣夏顯煜控告大名道范永茂和署理廣平府事河間府同知周從謙的兩宗事件。施埏寶和夏顯煜都有嚴重的貪汙行為，被舉報後反咬一口，把自己的上級給告下了。其他官員從這兩起事件中，無疑學到了保護自己的寶貴經驗。

于成龍查處劣員時，永清縣知縣萬一鼒被霸昌道沈志禮舉報，他懷恨在心，搜集到沈志禮貪汙腐敗的證據，向上舉報。于成龍接報後，只得命令守巡兩道依法調查沈志禮的問題。

過了不久，獻縣知縣喬國棟又繞開守巡兩道，直接把舉報信送到巡撫衙門，控告河間府知府徐可先和同知周從謙。信中說，因為巡撫嚴禁「火耗」，嚴禁饋送禮品，自己手頭無錢，沒有按慣例給上級饋送中秋節禮，知府和同知便挾恨報復，借魯道村崔成失竊一案，「捏誣獻縣」。又拿別人的糧票，冤枉獻縣知縣。另外，喬國棟還舉報了徐可先和周從謙康熙十六年、十七年（一六七七年、一六七八年）的幾宗違法事件。于成龍接報後，無可奈何，只得命令守巡兩道再去調查徐可先和周從謙的問題。

讓于成龍煩惱的是，如果這種風氣一開，各中層官員就無法正常工作了。你一舉報下級，下級就反咬你，一咬就成功。那麼大家投鼠忌器，誰也不敢執行公務了。于成龍左思右想，覺得下級訐告上級，這絕不是小事，會敗壞一個地方的風氣。他於是就向朝廷上了《請禁訐告以正名義疏》，提出上下級之間的名義和體統問題，要求朝廷拿出解決辦法。他認為，道臺和知府犯法，應該由巡撫來調查處理，州縣官員絕不能以下犯上，舉報自己的上級。

在這份奏疏中，于成龍詢問，如果巡撫不查處道、府官員的違法問題，應如何處理巡撫？對「反噬挾制」上級的下級官員，又該如何處理？

吏部接到于成龍的奏疏後，認真研究對策。朝廷有明文規定：「道、府不法，督、撫姑容不行題參者，降三級調用。」第一個問題有章可循，不用研究。至於對「反噬挾制」的官員如何處理，朝廷以前沒有規定，吏部援引「京察大計」中的成例，認為對這類舉報，應該不予受理，舉報人有官職的革職，已革職的交與刑部議罪。

康熙皇帝閱讀了于成龍的奏疏和吏部的批覆意見後，下旨「依議」，將這條新規定下發全國各省，一體遵行。後世有人評論說，于成龍的這份奏疏「在吏治史上又譜寫了新的一頁」。

其實，康熙皇帝和吏部，並沒有完全同意于成龍的意見，沒有完全禁止下級控告上級這種顛倒名分體統的事情。禁止的只是「反噬挾制」，也就是上級查處過下級之後，下級再控告上級的現象。

破格賑災

于成龍上任的時候，直隸已經是災荒遍地。他在開展各項新政的同時，仍把主要精力放在了賑災大事上。

清朝政府在賑災方面，有一套嚴密的制度和程序，先由地方官調查災荒程度，彙報到省裡。省裡進行一番查實，然後上報朝廷，戶部請旨複查，確定災情後，最後才發布命令，根據災情程度，部分減免或者全部蠲免賦稅，或緩徵賦稅，或平價糶糧，災情最嚴重時才會無償地發放糧米。這麼做的目的，無非是防止地方各級官員虛報災情，從中貪汙，讓朝廷蒙受損失，讓百姓得不到實惠。但對飢腸轆轆的災民來說，朝廷的辦事節奏實在是太慢了，官府的審批程序實在是太繁多了。于成龍在直隸的賑災活動中，敢作敢為，急事特辦，先賑後奏，繞開了原有的一些程序。康熙皇帝出於對于成龍的高度信任，不但不加責怪，反而大力支持。他們君臣同心同德，為直隸的災區百姓，辦了不少大好事。

康熙十九年（一六八〇年）十月，于成龍上疏聲稱，直隸宣府所屬東西二城和懷安、蔚州二衛，有一千八百多頃耕地，被水沖沙壓，已經無法耕種。前任巡撫金世德曾經請求蠲免賦稅，朝廷沒有批准，當地百姓要包賠歷年所欠的賦稅。自己上任後再次勘查，發現沖壓情況更加嚴重，根本無法再度耕種。他說，雖然連年征戰，國家財政困難，但這部分土地，每年徵糧不過三千餘石，徵銀不過一千餘兩，對朝廷來說只是個小數目，對幾千戶貧民來說卻是生死攸關的大事，請求朝廷豁免錢糧。康熙皇帝仍然走了一下程序，讓戶部派人複查，確認無誤後，下令從康熙二十年起豁免錢糧。

不久，于成龍又上報宣府所屬東西二城和萬全左右前衛、懷安、蔚州、保安、紫溝、西陽等處的夏災與秋災，朝廷複查後下令緩徵賦稅，並平價出售官倉中積儲的陳糧，救濟百姓。這道命令剛開始實施，宣府通判陳天棟就向于成龍報告，宣府東西二城在最近二十多天內，已經餓死了數十名百姓，還有大量百姓處在餓死的邊緣。于成龍接報後，認為情況緊急，如果按制度上報朝廷請求賑濟，批准下來得一個月左右，不知又要餓死多少百姓。他當機立斷，派保定府同知何玉如火速趕往災區，向無力購買糧食的貧民發放倉糧，每人給二斗，以解燃眉之急。同時向朝廷上疏說明情況：

伏思平糶糧石，止救稍能措糴之民，而不能救囊無一錢、僵臥待斃之民。即再疏請賑，候部議覆，奉旨允行，亦須一月。此一月之內，民之飢死者又不知凡幾矣！

于成龍還說自己「仰體皇上惠愛元元至意」，已經開始行動了。康熙皇帝接奏報後，和戶部商議，同意了于成龍的應急辦法，並沒有追究他違反制度的過失。從做官的角度講，于成龍這次的行為也算是十分冒險，考慮到了「天理良心」，就把朝廷的制度給忽略了。

康熙二十年（一六八一年），康熙皇帝派戶部員外郎葉綸到直隸，和于成龍一起趕往宣府賑濟各地災民，並下令「蠲免本年額徵、積年帶徵錢糧及房稅」，大規模救濟宣府一帶的災民。到了七月，于成龍又向皇帝上疏，說真定府下屬的獲鹿、井陘、曲陽、平山、靈壽五縣，發生了旱災，二麥無收，請求將房稅銀兩緩至來年徵收，康熙皇帝和戶部商議後也同意了。這裡提到的「房稅」，是康熙皇帝為了解決軍餉問題，臨時加徵的物業稅，天下百姓臨街的門面房，每間每年徵銀二錢。

康熙二十年九月，康熙皇帝巡行到直隸霸州等地，親自察看民間的災情，下詔說：「朕巡行近畿至霸州，見其田畝窪下，多遭水患。小民生計維艱，何以供給正賦？著察明酌量蠲免。」這些地方本來已經減免了部分賦稅，于成龍見皇上有特旨，就上疏請求「破格全蠲」，皇帝立即答應了。

在兩年的賑災過程中，于成龍還號召各級官員和民間富戶慷慨解囊，捐銀捐米，拯救貧苦百姓的生命。只是，少數貪官污吏仍然手癢難耐，利用賑災中飽私囊。青縣知縣趙履謙就頂風作案，不但違規收取了三千多兩「火耗」銀，又把一千兩賑災銀裝進了腰包。他還藉口製作報災文冊，向民間攤派銀兩，把這些錢也貪汙了。于成龍了解情況後，認為對這種人絕不能手軟，立即上疏參劾，將趙履謙革職問罪。

根據現存文獻，于成龍擔任封疆大吏後，真正參劾過的，只有這個趙履謙。

齋戒求雨

于成龍在務實賑災的同時，也用自己的因果報應思想來思考直隸的災情。他認為，天災起於人禍，總是直隸各級官員德行不夠，才導致水旱頻仍。康熙十九年（一六八〇年）冬天，于成龍自己嚴格禁絕酒肉，持齋三個月，誠心懺悔，祈禱來年的風調雨順。這年歲末除夕，他滿腹憂慮地寫下了一首五言古詩：

今夕是何夕，明晨又一年。三冬無再雪，萬戶有孤煙。爆竹誰家響？盆花幾處鮮？早朝齊拜舞，誰上彗星篇？灶冷疇為祀，井寒空自漣。哀哉孑遺歎，忍待麥芊芊。

康熙二十年（一六八一年）正月十五，于成龍帶領一部分官員在保定舉行了一次隆重的祈雨儀式，還為此寫下一首五言絕句：

皓月當空照，黃塵逐日飛。求沾驚蟄雨，腸斷幾千回。

這一年，直隸仍然有災荒，賑濟工作仍在進行。但部分地區的氣候不錯，農作物獲得了豐收。而且，單穗的農作物居然長出了雙穗或三穗，當地百姓把它稱為「于公穗」，認為這是蒼天對于成龍德政的感應。

入宮陛見

康熙二十年（一六八一年）正月，于成龍接到工部的命令，要他挑選一萬零八百四十名夫役，趕到京郊沙河，將已故的孝誠仁皇后赫舍里氏、孝昭仁皇后鈕祜祿氏的梓宮，迎請到皇陵安葬。用白話說，就是替康熙皇帝的兩位亡妻抬棺材下葬。命令中說，于成龍必須親率夫役，於二月六日趕到沙河。這是一宗責任重大但相對輕鬆的差事。于成龍再次上疏，請求在赴役途中入京陛見皇帝。這次，康熙皇帝一口答應了。二月五日，于成龍入宮陛見皇帝。康熙皇帝安排得很周到，知道于成龍年邁，步行入宮不方便，就命侍衛在午門外設下座位，傳旨說：「巡撫年老不勝步，宜少坐。」請于成龍坐下休息片刻，再進紫禁城。

入宮後，三拜九叩的君臣大禮完畢，康熙皇帝就命太監給于成龍賜座賜茶，從容談話。康熙皇帝這年虛歲二十八，其實和于成龍的幼子于廷元一般年紀。他們兩人的緣分很有意思：順治十八年（一六六一年），康熙皇帝即位，于成龍進京掣籤，赴羅城上任；康熙六年（一六六七年），皇帝親政，于成龍調任到合州；康熙八年（一六六九年），皇帝擒拿鼇拜，真正掌握政權，于成龍調任黃州府同知。之後，于成龍有兩次進京「入覲」的機會，但那是名義上的「入覲」，不一定能面見皇帝，最多是跟著大夥兒一起遠遠地磕個頭就完事了。等到「三藩之亂」進入尾聲，天下太平在即，于成龍已經是皇帝最器重的封疆大吏了。

康熙皇帝對于成龍的了解其實挺多的，見面就說：「爾為今時清官第一，朕所深知。」皇帝尤其感興趣的是于成龍在黃州單騎入虎穴、招撫劉君孚的事情，于成龍的回答十分得體：「微臣只是宣布皇上的威德，並沒有其他的本事。」

這話皇帝聽了，當然喜歡。當時于成龍和張朝珍密謀了許多妙計，招撫劉君孚時也還有許多「便宜行事」的地方，這些話自然不能跟皇帝都講出來。（這段關於黃州剿撫叛軍的問答，依據的是《清史稿・于成龍傳》。另據李中素《于清端公政書》原序，說這段問答是在後來雄縣陛見時詳細交談的。）康熙皇帝又問：「你屬下還有哪些清官？」于成龍說：「知縣謝錫袞、同知何玉如比較清廉。」康熙皇帝又說：「上次你參劾知縣趙履謙，辦事非常得當。」于成龍說：「趙履謙過而不改，微臣實在不得已才參劾他。」

康熙皇帝鄭重囑咐道：「為政之道，當知大體，小聰小察，不足為多。且人貴始終一節，爾其勉之！」

康熙皇帝的意思是，你現在做了封疆大吏，以前那種「小聰小察」的智慧就不值得提倡了，而應該學會駕馭全局，把握整體，不要在具體小事上過於分心。最後一句，則是勉勵于成龍，要堅持自己的清廉作風。兩人座談了一會兒，到了開飯時間，康熙皇帝命太監撤下幾道御膳，賜給于成龍吃。吃完飯，于成龍就謝恩告辭了。

隆重賞賜

于成龍那天離開皇宮後，康熙皇帝很感慨地對身邊的經筵日講官員說：

于成龍起家外吏，即以廉明著聞，洊陟巡撫，益勵清操。凡在親戚交遊請託者，概行峻拒。所屬人員並戚友，間有饋遺，一介不取，朕甚嘉之！知其家計涼薄，特賜內帑銀一千兩，朕親乘良馬一匹，以示鼓勵。

意思是，于成龍在基層工作的時候，就以廉明著稱，逐漸做到巡撫這樣的大官，越發砥礪自己的清廉品德。親戚朋友請託辦事，一概嚴厲拒絕。下屬官員和親戚朋友偶爾饋送禮品，他也絲毫不取。聽說他家境貧寒，我特此賞賜他內帑銀（內帑銀，是指皇宮內部的經費，等於是皇帝的私財，區別於戶部管理的國庫財產）一千兩、御乘良馬一匹，以示鼓勵。

看來，康熙皇帝從別的管道了解到于成龍很多資訊。

于成龍到直隸上任以後，離家鄉已經很近了，親戚朋友往來很多，請託送禮的人也很多。于成龍仍然堅持了清廉原則，頂住了情面壓力。

二月十二日，翰林院掌院學士庫勒納和一等侍衛對親，奉旨趕到于成龍臨時居住的地方，將皇上賞賜的一千兩內帑白銀和鞍轡齊全的御乘良馬，正式頒賜給于成龍。

二月十八日，大學士明珠又和庫勒納、對親等人，將康熙皇帝親撰親書的詩卷，頒賜給于成龍。然後，明珠等人領著于成龍到康熙皇帝的「行殿」叩頭謝恩。當時皇后下葬，康熙皇帝夫妻情深，也離開紫禁城去送葬，所以住在「行殿」。

康熙皇帝為于成龍撰寫的是一首五律詩，詩前還有序言。全文如下：

直隸巡撫于成龍秉性淳樸，廉介夙聞，朕心嘉賴。俾典節鉞，保厘畿輔。惟能激濁揚清，始終如一。清潔之操，白首彌厲。真國家之所重，人所不能也。茲來陛見，爰賜以詩，用示鼓勵之義，且以風有位焉。

隆重賞賜

自昔崇廉治，勤思吏道澄。郊圻王化始，鎖鑰重臣膺。政績聞留犢，風期素飲冰。勖哉貞晚節，褒命日欽承。

序文和詩句的意義沒有太深奧的，就是讚美于成龍的清廉勤政，勉勵他繼續努力，保持晚節，同時借此勸誡其他官員，要向于成龍學習。

三月十四日，于成龍完成了安奉皇后梓宮的任務，回京覆命。這次康熙皇帝沒有召見他，只命他在宮門謝恩。同時傳旨，再賜御乘良馬一匹。于成龍領了馬匹之後，感激不已，再次請求當面請安。康熙皇帝派人送出茶來，請老巡撫喝杯御賜的茶，然後就命回保定府。

于成龍於是就帶著皇帝賞賜的兩匹御馬、一幅詩卷、一千兩內帑銀子回到了直隸省會保定府。兩匹御馬，大概是留著自己乘騎了。那一千兩銀子，有記載說是捐出去買糧賑災了，也有記載說回籍葬母時用了一部分，周濟貧寒族人用了一部分。

康熙二十年（一六九〇年）九月，皇帝到直隸境內巡察各地災情，在霸州境內曾經下令全部蠲免受災地區的賦稅。後來，皇帝又巡察到了保定府境內的雄縣。康熙皇帝是滿洲人，喜歡騎馬打獵，帶著侍衛們捕獲了很多獵物。正好直隸巡撫衙門的「筆帖式」朗圖到「行殿」辦事，皇帝就賞賜了一大堆獵物，命朗圖帶給于成龍，並同意于成龍帶屬員來雄縣陛見。

九月十日，朗圖帶著御賜物品回衙，于成龍設香案謝恩。賞賜的獵物有：魚二包、麅一隻、兔二十隻、雁二隻，「孤汀」（水鳥名）五隻。于成龍將御賜物品分賞給保定城內的文武官員，讓大家均沾皇恩。

隨後，于成龍帶著直隸守道參議董秉忠、巡道僉事吳元萊、保定營參將張玉麒趕到雄縣「行殿」見駕，又被皇帝賞賜了一頓御膳。于成龍自己另外得到一件皇帝御用的銀鼠褂，一瓶御用奶酒。另有記載說，皇帝也知道于成龍愛喝酒，奶酒其實是賞了兩瓶。御用奶酒，自然比于成龍平時喝的酒好多了。對康熙皇帝來說，拿幾件東西賞人，是再尋常不過的事情了。但對于成龍他們這些封建時代的官吏來說，確實是天大的龍恩。

會見結束以後，康熙皇帝要出發了，于成龍帶著隨員送駕。當時，皇帝已經上了馬，回頭看見年老的于成龍步履遲緩，還沒有走到跪送的位置，就特意勒住韁繩等了一會兒，讓于成龍等人從容行禮，然後才揚鞭而去。這個細節，也被在場的人認真記錄，後來被于氏後人多次提起，認為是皇帝的特殊恩典。

不過，這次君臣相會，並不只是吃吃喝喝，更重要的是談了直隸的治理情況，民間的受災情況，還有于成龍多次上疏彙報過的驛站工料問題。皇帝經過實地考察，聽從了于成龍的意見，蠲免了更多地區的賦稅，適當增加了驛站的工料，幫直隸解決了很多的實際問題。

這個「龍恩」才是最實惠的。

請假葬母

康熙二十年（一六八一年）冬，清軍攻入雲南，吳三桂的孫子吳世璠兵敗自殺，歷時八年的「三藩之亂」宣告結束。

從此之後，上自皇帝，下至百姓，又可以安享太平生活了。于成龍在邸報上讀到了吳世璠兵敗自盡的消息，長長地舒了一口氣。回想起八年來的戰時生活，又不禁感慨萬端。

在黃州時候，于成龍就屢次請求退休，想回鄉孝敬母親，總督和巡撫以戰爭為由不予批准。母親去

請假葬母

世那年，于成龍請求「丁憂」，仍然沒有得到批准。後來，幾次得到皇帝的特別提拔，由黃州知府升任下江防道，再升任福建按察使、福建布政使、直隸巡撫，都因為戰爭不止，國事艱難，不敢再提回籍葬母的事情。現在，戰亂平息了，他也終於有機會回籍葬母，盡最後一點孝道，再享受一點天倫之樂，抒發一點故鄉之情了。也許，于成龍還可以帶著無上的皇恩和榮耀，葉落歸根，退隱林泉，在故鄉安度晚年了。

十二月，于成龍向康熙皇帝上了一份情辭懇切的《請假歸葬疏》，摘錄如下：

臣早年失恃，繼母李氏勤劬撫育。臣初任知縣，欲奉母之任，而力有不能。及任黃州知府，正值兵興，終未遂迎養之私。尋聞母病故，督撫之臣題留在任守制。由是抱哀供職，馳驅軍旅之間，而臣母停柩在家，不遑顧也。今滇南逆孽蕩平，我皇上誕敷文德，首扶植綱常，敦崇倫理。臣謬任巡撫，代宣聖化，亦惟以綱常倫理教人。際太平盛時，非復從前多事。若不歸葬，是貪戀顯榮，忘親背義。對屬臨民之際，先處懷慚歉，又何以教人乎？伏乞允臣回籍葬母，完此一生大事。則犬馬餘年，皆圖報聖恩之日。

康熙皇帝接到奏疏後，非常感動，批覆道：「覽奏，情辭懇切，准假三個月回籍葬母。事竣，速赴任供職。」既恩准了假期，同時又明確表示，自己對于成龍仍然是要重用的，辦完事趕緊回來，不准找藉口退休。

康熙皇帝批覆數日之後，再次把隆重的皇恩施加給年邁的于成龍，特旨任命干成龍為江南、江西總督，兼兵部右侍郎、都察院右副都御史。此職簡稱「兩江總督」，為正二品大員。過年之後，皇帝第三次加恩，將于成龍的兼銜改為兵部尚書、都察院右副都御史，成為從一品大員。

于成龍心裡很明白，皇帝屢次加恩，是要把自己當成是開創太平盛世的清官典型，利用自己這點清廉能幹的名聲，去鼓勵教育天下所有的官員。自己這把老骨頭，已經完全交給了皇帝。家事處理完畢之後，所謂的「犬馬餘年」，那就真要好好地「圖報聖恩」了。

舉薦賢才

在離任前夕，于成龍妥善處理了直隸的各項公務。直隸巡撫的第一助手，是守道參議董秉忠，前任巡撫金世德病故後，于成龍尚未到任的那段時間，董秉忠曾臨時署理直隸巡撫的職務。這次，于成龍向康熙皇帝上疏請示，自己離任後，仍然由董秉忠臨時代理巡撫職務。皇帝批准了。

直隸巡撫衙門的「筆帖式」朗圖，在任七年有餘，精通滿漢文字，擅長翻譯，而且為人誠實謹慎，精明勤奮，安分守法，從不干涉外務，是于成龍的得力助手。于成龍請求皇帝批准，把朗圖帶到兩江去任職。皇帝也批准了。

之後，于成龍再次向皇帝上疏舉薦直隸境內的幾位中下層賢能人才。他說：「以人事君，人臣之誼。臣謬荷知遇，抵任一年有餘，於所屬各官細加察驗，更時為勸勉。」康熙二十年，于成龍曾將直隸守道參議董秉忠、阜城知縣王燮舉薦給朝廷。往宣府賑災時，又將南路通判陳天棟舉薦上去。後來，王燮被吏部批准「行取」，董秉忠和陳天棟則未予註冊。于成龍在奏疏中說，董秉忠和陳天棟「賢績已達天聽」，請求皇帝在適當的時候予以提拔重用。

于成龍另外還說，柏鄉縣知縣邵嗣堯「矢志清潔」，高陽縣知縣孫弘業「留心弭盜」，這樣的人才直隸有很多，還需要一段時間的磨礪，將來必堪重用。「較然不欺，卓有成績」的突出人才還有兩位：一位是通州知州于成龍——「具恬淡之性，優通變之才，治劇理繁，允堪器使」；另一位是霸州州判衛既齊——「化浮囂之氣，凜清白之操，任州幕而講學不輟，署縣篆而滿漢咸和，可當大任」。

奏疏入朝後，經過部議，邵嗣堯等人准予註冊，日後都得到了提拔。

光宗耀祖

康熙二十一年（一六八二年）三月六日，虛歲六十六的于成龍，從直隸省會保定出發，回山西省，奔赴自己的永寧老家。

當年初仕羅城，他是四十五歲的中年人，滿腔豪情，一主五僕，慷慨赴任，發誓不昧「天理良心」。如今，已經是堂堂一品大員，儀仗赫赫，榮歸故里。可惜白髮蕭蕭，瘦骨支離，不復當年的英武情態。途中經過號稱「京西四大名關」的固關時，他寫下了一首感慨萬端的詩：

行行復過井陘口，白髮皤皤非舊顏。回首粵川多壯志，勞心閩楚少餘閒。欽承帝命巡畿輔，新沐皇恩出固關。四十年前經熟路，于今一別到三山。

于成龍在這首詩中回顧了自己的一生。廣西、四川、湖北、福建、直隸，又點出自己四十幾年前就曾經路過固關，當時應該是考上了「副榜貢生」，到北京國子監報到去的。最後說「于今一別到三山」，是指不久之後要去江寧上任了。江寧有座護國山，此山有三峰，所以稱為「三山」。

于成龍回鄉後，將去世六年的繼母李氏，與父親于時煌、生母田氏合葬在一處，墳墓位置在今方山縣積翠鄉東王家溝村。有記載說，于成龍合葬父母的花費，就是康熙皇帝御賜的那一千兩內帑銀子。花不完的銀子，又被于成龍分贈給了貧寒的族人。

按照封建時代的規矩，高級官員的父母，一般都會有封贈的官銜，這就叫作光宗耀祖。于成龍父親于時煌的封贈情況是這樣的：

以子成龍官初贈中憲大夫、湖廣黃州府知府；再贈通議大夫、巡撫直隸等處地方、都察院右副都御史。又以曾孫准官加贈光祿大夫、巡撫貴州等處地方、都察院右副都御史。

也就是說，于時煌不僅享受了兒子于成龍的封贈，後來又享受到了重孫于準的封贈。于成龍的生母田氏、繼母李氏封贈情況是一樣的：「初贈恭人，再贈淑人，加贈一品太夫人。」用戲曲舞臺上常說的臺詞，也就是一品誥命夫人，免不了還有「鳳冠霞帔」等裝束。

另外，于成龍的祖父母也得到了封贈，祖父于采的贈官是「通議大夫、巡撫直隸等處地方、都察院右副都御史」，祖母張氏贈為「淑人」。身處九泉之下的于時煌夫婦，如果真的有靈，一定會為他們的兒子感到欣慰、感到自豪。他們的兒子，不僅僅是做了大官，而且還做了號稱「天下第一」的大清官。

明代中葉的「老中丞」于坦，位至巡撫，是正二品的官。之後，于氏家族就沒有再出過大官。現在，于成龍官至從一品的總督（兼兵部尚書、都察院右副都御史），已經超過了老祖宗，終於為家族爭來了崇高的榮譽。

位於呂梁大山之中的永寧州，出一位一品大員也是相當不容易的事。于成龍為官二十多年的種種光榮事蹟，在永寧城裡應該也是家喻戶曉、婦孺皆知的。于成龍也為自己的家鄉爭了光。如果為于成龍的一生畫一條曲線，那麼這次回籍葬母，無疑是他人生的最高點。

第十八章　兩江改革起波瀾

于成龍於康熙二十一年（一六八二年）四月抵達江寧，上任兩江總督，康熙二十三年（一六八四年）四月在任所病故，在這個職位上的工作時間剛好是兩年。其工作性質與直隸巡撫類似，只是管轄範圍擴大到三個省，事務更加繁多，責任更加重大。而且，兩江是大清朝最繁華、最富庶的地區，是中國的經濟重心，朝廷和地方的貪官污吏，都把眼光投注到這個地方，讓于成龍備感棘手。在這個時期，他經歷了人生中最劇烈的一次宦海風潮，雖然在皇帝的保護下勉強過關，但也身心俱疲，積勞成疾。

上任故事

于成龍於康熙二十一年三月六日從保定出發，幾天後回到山西永寧老家，辦理安葬老母的大事。這件大事，其實于廷翼兄弟早就準備停當，只需要于成龍本人以孝子的身分到現場行禮，親送老母靈柩下葬而已。一品大員葬母，當地的官吏、紳衿，也免不了一番必要的禮貌應酬。于成龍節儉而隆重地完成了一宗大事。

于成龍和分別多年的老妻邢氏團聚了短短的幾天，與兒子、孫子、媳婦們在一起享受了珍貴的天倫之樂，然後就匆匆出發了。

這次上任，和二十多年前赴任羅城的冷清情形當然完全不同，但于成龍畢竟已經虛歲六十六，身體衰弱，家裡人免不了傷感一場，仍然安排幼子于廷元陪同上任，一路上有個照應。熊賜履的記載說，于成龍和于廷元兩個人，身上各裝了幾十枚制錢，雇了一輛騾車，一路上也不住公館，省吃儉用，悄悄地趕到了兩江總督駐紮的江寧城（今江蘇省南京市）。

陳廷敬的記載說，于成龍是「單騎孤裝赴江寧」，並且事先調查了兩江地區的幾十項弊政，上任後立即整頓。

袁枚的記載說，江寧的官員們聽說于成龍要來，都有些恐懼，早早地就出城迎接，但于成龍躲開迎接隊伍，悄悄進入了總督署。

這些記載雖然有些差異，但都強調了于成龍的清廉節儉、作風低調以及雷厲風行、高深莫測。熊賜履當時就住在江寧城，又是于成龍晚年的好朋友，他的記載應該是有道理的。不過，永寧到江寧那麼遠，好幾千里路，于成龍父子只拿百十個制錢，怎麼可能夠花？以前上任福建，都有當地的差役來迎接，官員在接官亭迎候。這次上任江寧，從家鄉到江南路途遙遠，不是沒有人來接，而是他不讓兩江屬員遠道來接。于成龍父子大概是從老家永寧輕車簡從，沒有驚動官驛，微服而行，一路上做些調查研究，最後悄悄地進入江寧城。

大盜魚殼

據袁枚講，于成龍上任之初，發生過一個制服大盜魚殼的傳奇故事。

江寧有名大盜叫魚殼，武功高強，黨羽眾多。平時又投靠在江寧駐防都統的門下，地方官拿他沒有辦法。在後世的武俠小說中，魚殼的形象被重新塑造，成了一名大俠客。

于成龍上任的時候，單騎入府，讓遠道相迎的地方官員撲了一個空。然後大家就商量著好好宴請于成龍一下，結果準備了幾次盛宴，請了于成龍幾次，總督大人都拒不接受。大家都慌慌張張的，不知道該怎麼辦才好。這時候，有一名按察使站了出來，他是于成龍的「年家子」，也就是一位同年好友的兒子，屬於世交關係，于成龍是不好駁他面子的。

按察使對于成龍說：「大人太過於清嚴，這樣上下之情不通，以後不好共事啊。還是由我出面宴請一次，大家歡聚一下，認識一下。」

于成龍果然沒有嚴詞拒絕，而是笑著回答：「與其拿別的東西來宴請我，不如去拿住魚殼，這才算一份大禮。」

按察使一聽，明白了。既然總督大人吩咐下來了，那就趕緊辦吧。有于總督撐腰，應該是不怕江寧駐防都統那座靠山了，但魚殼武功高強，一般人還真拿不住他。所謂「重賞之下，必有勇夫」，大家拿出一千兩銀子的賞金，公開招募武林高手。

這故事真像小說一樣。榜文才貼出去，就有一位名捕雷翠亭來應募。官員們挨著個兒地會見雷翠亭，握著他的手囑咐道：「我們大家的臉面，全靠你了！」然後把賞金發給他，再按照慣例，把雷翠亭的家屬扣起來做人質，免得他反悔跑掉。接下來的故事更有戲劇性。雷翠亭打聽到魚殼正在秦淮河召開「群盜大會」，就化裝成乞丐，到「群盜大會」上討飯。魚殼是武林高手，哪能看不出雷翠亭的行藏，他用匕首扎了一塊肉，送到雷翠亭的口邊。雷翠亭從容不迫，張口就咬住那塊肉，吃了下去。按武俠小說的慣例，還把刀尖咬斷，再發內力噴出去，扎到房梁上。

魚殼驚奇地說：「你絕不會是普通乞丐，你一定是替『于青天』來抓我的吧？好吧，我不連累你這位英雄，跟你走吧，反正監獄也關不住我。」

雷翠亭朝魚殼拜了幾拜：「多謝你的理解支持！」然後他手一招，捕役們從外邊進來，也都朝魚殼恭恭敬敬地行禮，再把鎖鏈給魚殼套上。江湖人物嘛，都有那麼一套江湖氣概，魚殼從容不迫地戴上刑具，讓捕役們簇擁著送到監獄。

任務圓滿完成，地方官員們當然是互相祝賀、慶功。雷翠亭的一千兩銀子算是真正賺到手了，妻子兒女也平安回家了。

接下來的故事更富傳奇色彩。當晚，于成龍正在署中秉燭而坐，忽聽房梁上一聲響動，一名男子手持匕首，翩然躍下。于成龍喝問：「你是誰？」那人答道：「我就是魚殼。」于成龍把官帽子取下，放在桌上。然後從容指了指自己的腦袋，說：「拿去！」魚殼笑道：「我要殺你，當然不會等你下命令才殺。剛才我從房梁躍下時，好像有東西打了我一下，我的手已經不能動了。大人您一定是神人，我惡貫滿盈，認命了。」說完，把匕首銜在嘴裡，把兩手放在背後，跪下來向于成龍服罪。于成龍說：「國法有市曹在。我不能饒你，但可以免了你家屬的罪。」命差役取一壺酒給魚殼喝了，並將他綁起來。

天亮以後，監獄才發現犯人已經逃脫，剛剛慶祝過的地方官員們又害怕起來，全都趕到總督轅門謝罪。而于成龍呢，早就讓人把魚殼押到西市處決了。

根據另一種記載，于成龍會一種叫「瞄法」的道術，魚殼躲在房梁上的時候，偶一響動，于成龍雙目如電，朝上一射，就把魚殼給「擊落」了。這個故事，大家就不必計較其真實性了。

兩江特點

于成龍的新職務全稱很長，「兵部尚書兼都察院右副都御史，總督江南江西等處地方軍務，兼理糧餉、操江」，另外，「帶記錄三次」。總督一職，平時人們習慣稱為「督臺」、「制臺」。

「兵部尚書兼都察院右副都御史」是加的虛銜，表示他是京官身分，被皇帝委派到地方上工作的。但虛銜也不虛，加銜表示于成龍有兵權和監察權。江南省包括今天的江蘇省、安徽省和上海市（安徽省事實上已經分出來了，由安徽巡撫管理），江西省大概與現在的省域相同。「地方軍務」，其實包括了地方上的所有事務。「糧餉」是指軍隊的後勤保障事務，「操江」是指長江防務。「記錄三次」相當於「記功三次」。于成龍第一次被任命為兩江總督時，兼銜是兵部右侍郎，後面寫著「仍帶記錄三次」，不久之後，「優加兵部尚書」，後面就不再有「仍帶記錄三次」的字樣。

清朝在全國設立的總督，總共只有八九位，各總督的管轄範圍時有調整，少的管一省，大多的管好幾個省，可以說是位高權重。

「三藩之亂」時，為了應付江西省境內的戰爭，曾經專設了江西總督，事平後撤銷，仍然由兩江總督管理江西。朝廷規定的總督職責是：「厘治軍民，綜制文武，察舉官吏，修飭封疆。」其直接的下屬有參將、副將等武官。各省巡撫、布政使、按察使等官，雖然聽命于總督，但並不是總督直接的下屬。巡撫還有直接向朝廷上疏的權力，可以與總督相抗衡。在這種體制下，總督和巡撫很不好相處，互相制衡，事情難辦。那怎麼辦呢？還是請皇上說了算，這就是中央集權制的特點。于成龍上任時，江蘇巡撫為余國柱，駐蘇州；安徽巡撫為徐國相（有的史料寫為「塗國相」），駐安慶；江西巡撫為安世鼎，駐南昌。

兩江這個區域是以南京為軸心的江南核心地區，經濟發達，人文薈萃，是中國封建社會後期的經濟中心，其財政收入在朝廷總收入中占有很大的比重。這個地方也是全國的文化中心，崇文重教，讀書風氣很盛，教育水準很高，中進士乃至中狀元、榜眼、探花，入翰林、做大官的人非常多。史家說，明朝中後期，中國社會已經有了資本主義的萌芽，主要就是指兩江這個地方。

明朝末年，李自成和張獻忠的起義軍橫掃全國很多地方，起義軍用屠殺方式，沉重打擊了各地的大地主、大官僚勢力。但明末農民起義軍沒有到過兩江地區，沒有觸及兩江大地主、大官僚的勢力。到了清朝，兩江地區擁立南明小朝廷，長期反清，讓清朝統治者大傷腦筋。全國統一以後，兩江地區仍然保持著明朝以來的民間勢力格局，大官僚、大地主盤根錯節，樹大根深，也讓清朝統治者頭痛。北方的政治軍事中心和南方的經濟文化中心，必須有一個痛苦的磨合過程。

清朝初年，北方統治集團多次興起大獄，嚴厲打擊江南勢力，比如著名的哭廟案、通海案、奏銷案等。後來清朝幾位皇帝興起的大型文字獄，雖然有加強思想統治的因素，但同樣有整治江南的意思。這是當時的歷史大背景。

年邁的于成龍被派到兩江當總督，說是要「整飭綱紀，移風易俗」，其實還是有整治江南的意圖。他後來受到報復打擊，其實也可以理解為是江南舊勢力的反彈。

暫停舉劾

于成龍以前做基層官吏時，主要表現出來的是愛民風範，如今做了封疆大吏，「愛人才」就顯得更為重要。他四月上任兩江總督一職，到六月分即向朝廷上《請暫停江蘇舉劾疏》，其中一段內容為：

> 江蘇現屆二年舉劾之期，臣自四月任事，虛衷察訪屬員。有立身以名節自勵，而設施未洽民情；行已在清濁之間，而舉動未攖民怒。蓋賢非循卓之優，不賢非汙墨之甚，恐舉之劾之，不足以為未舉未劾者愧勵，請暫停此次舉劾。其賢者，臣獎進誘掖，徐觀厥成，特疏題薦；不賢者，教誡以期自新，倘怙惡不悛，亦特疏糾參，無稍姑容。

上面這段話的意思是，江蘇省的官員們，好的還沒有做出真正的成績，壞的也沒有到違法犯罪的程度，請求朝廷暫時停止這年的「舉劾」工作。我自己將對官員們進行適當的教育，獎勵好官，批評壞官，然後用隨時「特疏」的方式，舉薦真正的賢才，參劾真正的貪官。康熙皇帝接到奏疏後，批示同意了于成龍的做法。

在這篇疏文中，于成龍還提到，「安徽所屬，臣已恪遵成憲，採訪得實，照例舉行」，並不請求暫停「舉劾」。至於江西省，則一字未提，似乎也在照例舉行之列。

《清史列傳》中引用了這份疏文，是把它當成了于成龍的一種執政風範，嚴肅認真，實事求是，不摸清底細，不隨意地舉薦和參劾下屬，一定要等「採訪得實」後才進行。其實，這裡頭的背景更為複雜一些，江蘇是當時全國最富庶又最繁劇的地方，不管好官壞官，都有或多或少的違紀問題。有的是自身原因，有的則是客觀原因。如果按照嚴格的制度進行舉薦參劾，恐怕是舉薦人人無份，而參劾人人有份。精明的于成龍，是想繞開朝廷那套嚴格制度，然後用「特疏」的方式，破格舉薦真正的好官，參劾真正的壞官。

「小于成龍」

六月十九日，江寧知府陳龍巖病故，江寧知府這個最重要的職位便空缺出來。于成龍向朝廷上了《請補江寧知府疏》，幾乎是指名道姓地請求康熙皇帝安排自己在直隸工作時就賞識的通州知州于成龍或霸州州判衛既齊調任江寧知府。

他在疏文中說：

江寧知府一官，不獨為八邑之表帥，而實為通省之領袖……到任以來，目睹江寧知府陳龍巖老成持重，廉潔自矢，且其料理各項錢谷，應付過往官兵，尤征肆應之才。臣幸其得一良吏，可以收臂指之效，而表式乎群僚。不意於康熙二十一年六月十九日未時病故，臣聞報如失左右手。竊念朝廷儲養人才，固不乏才德兼優之儔。但吏部銓選，原有定例。今該府員缺，部臣自必循資按格，掣籤推補。誠恐所推者操守有餘而才幹不足，或才幹可觀而操守難憑。以之經理重地，難免稷餗之虞。必得才守兼全如臣任直隸巡撫所薦通州知州于成龍、霸州州判衛既齊，區畫一切事務，庶可政修事舉，勝任而愉快。仰請皇上俯念江寧知府一官關係最重，不拘銓選常例，敕部立速揀選或命廷臣會推清操久著幹練成效者，

「小于成龍」

星馳赴任。

江寧知府的職權，相當於今天的市長，品級雖然不高，但工作極為重要。江寧城裡，有總督，有皇上欽差的江寧織造，還有駐防的滿洲將軍，人事關係錯綜複雜。作為親民之官的知府，其實是個難做的差事，有人說是「大受氣包」、「大磕頭蟲」，能管他的上級太多，他自己負責的事務也太多，沒有足夠的才能是做不好的。同時，這個職位也是個「大肥缺」，貪汙受賄、發財致富乃全向上級行賄的機會都很多，是官場腐敗鏈中的重要一環，稍有不慎就會出事，所以于成龍要求選派操守和才能都比較突出的官員來接任。

于成龍在疏文中點出了通州知州于成龍和霸州州判衛既齊的名字，按當時的規矩這是違例的，總督沒有權力向朝廷指名要人。但于成龍玩了個文字遊戲，並沒有直接要這兩個人，只是說必須選派像他們一樣德才兼備的人才。

他的正式要求是不要用「循資按格，掣籤推補」的常規方式，改用「撿選」或「廷臣會推」，也就是專門開會研究江寧知府的人選。疏文報到朝廷後，吏部當然不肯接受，說知府這個級別的官員，從來沒有「廷臣會推」的先例，只能按常規方式辦理，根據官員的任職資格，抽籤決定。疏文最終還是要給皇帝看的，康熙皇帝頭腦聰明，一看就明白了于成龍的真實意圖，他就是想要小于成龍或者衛既齊。於是下旨說，不用「會推」了，就派通州知州于成龍到江寧上任去吧。

「小于成龍」本來是從五品的知州，多年來因為盜案難完，屢受處分，沒有升官的機會。這次在「老于成龍」的巧妙舉薦下，直接升為正四品的知府，確實是相當不容易。兩位「于成龍」同城為官，也可稱得上是官場上的一段佳話。

鎮江知府

鎮江府位於江寧府的東南方，長江與大運河的交叉處，與揚州隔江相望，地理位置十分重要。當時，鎮江府知府高龍光，是一位德才兼備的清官。他曾經捐俸銀在鎮江修建書院，還主持修纂過《鎮江府志》。另外，此人清正廉明，辦事幹練，深受當地百姓愛戴。但是，高龍光的官運不太好，康熙十九年（一六八〇年），處理「漕船」事務違限，事後被朝廷追究，降級調任。于成龍是十分愛惜人才的，他聽說了高龍光的情況後，立即向朝廷上疏，要求將高龍光留任。他在疏文中說：

京口濱江負海，地處衝要。又當閩浙孔道，素稱繁劇。且為旗營駐防之所，軍民雜處，豪暴間出，非偏僻旁郡可比。臣駐紮省會，撫臣亦相距稍遠，耳目或有難周，所賴道府彈壓整頓，良非淺鮮……臣自到任以來，凡要地郡守之淑慝，尤必加意體訪，目睹鎮江知府高龍光守絕一塵，才長肆應，革除耗羨，屏絕饋遺，真以實心而行實政。他如綏靖地方，審理逃務，調劑得宜，旗民允服。無忝表帥，允稱理繁之任。似此才守兼優之員，正可砥礪官方，方期久任奏效……查定例，被降之官果係清廉愛民良吏，許該督撫題請留任。

康熙十三年（一六七四年），于成龍本人因為造橋失誤被朝廷革職，多虧巡撫張朝珍設法保護，戴罪立功，很快就官復原職。如今，他位高權重，也刻意地去保護清官能吏。其實，這也是間接地為一方百姓造了福。查閱高龍光的資料得知，于成龍的請求得到了朝廷批准，康熙二十四年（一六八五年）皇帝南巡的時候，高龍光仍然是鎮江知府。

江蘇藩司

這年十二月，于成龍和江蘇巡撫余國柱聯名上疏，破格舉薦江蘇布政使丁思孔。為什麼說是破格舉薦呢？丁思孔在布政使任上做了好多年，為國家做的貢獻也非常大，可謂勞苦功高。但是，江蘇布政使主管全省財政，責任實在是太過重大。江蘇百姓的賦稅負擔比其他省的要重好幾倍，往往很難完成，每年都有大量拖欠。朝廷一追查責任，布政使就難辭其咎，所以丁思孔身上背了很多處分，苦不堪言，早就失去了升官的資格。于成龍在疏文中，首先大發議論說：

竊惟論人授官，固當就才之短長以分繁簡；若就官論人，又當按地之繁簡以定高下。江南賦重役繁，民生凋敝，兼以水旱頻仍，供億四出。官斯土者，長才欲黽勉，而回頭無進步之階，短才困積，逋而束手，鮮周身之策。案牘日見紛紜，催科日漸繁苦。求其痛自鞭策，志期上達者，屈指不見一二。

然後，他又敘述自己和巡撫余國柱上任以來管理教育官吏的情況：

朝乾夕惕，茹蘗飲冰。上以期答朝廷委用之重，下以期慰生民樂業之望。細事必出於躬親，勺水必凜於夙夜。凡屬吏公事進見，多方訓誨，隨事禁飭。嚴其守，又察其所守之真偽；勤其政，又訪其敷政之寬嚴。莫不爭相濯磨，矢心厘剔。

上面一段話的意思是說，自己和巡撫對官吏們的管理、教育、考察都很嚴格，而官吏們的工作積極性和業務水準都大有提高。但是結果又怎麼樣呢？他接著說：「未幾而以盜案降級者見告矣！未幾而以逋欠落職者見告矣！未幾而以違限處分者見告矣！」在不合理的考察制度下，大部分官員身上都背了處分。然後，他又詳細介紹江蘇布政使丁思孔上任以來的種種不平凡的政績。接著說：「丁思孔歷任既久，參罰固多，既不敢違例以入卓異之列，又不敢拘例以蹈蔽賢之愆。」最後說，丁思孔即將「入覲」，到京城述職，希望皇上能夠親自考察這個人的「才能賢否」，如果我們「所舉不謬」，就請皇上「破格擢用」。

清朝官員做事都有個特點，就是盡可能地把辦好事、做好人的機會留給最高統治者的皇帝。于成龍和余國柱的疏文裡最後請皇上親自考察丁思孔，但疏文到了吏部之後，吏部還是故作嚴肅地批覆了一個「勿庸議」，意思是太荒唐了，不予理會。最後，疏文呈到康熙皇帝手裡，皇帝沉思著點點頭，嗯，這個江南省確實是太過繁劇了，做官也太不容易了，這個丁思孔也太有才、太可憐了，就准他為「卓異」吧！過了幾天，丁思孔憂心忡忡地跑到京城述職來了。康熙皇帝親自召見，當面考察一番，決定提拔他，調到湖廣省任偏沅巡撫。

對那些白璧微瑕的好官，于成龍是想方設法破格推薦。而對大部分隨波逐流的普通官員，于成龍則是苦口婆心地加強教育。在《于清端公政書》和其他史料中，並沒有發現于成龍在這一時期參劾過誰，其最嚴厲的手段，也只是謾罵恐嚇而已。

于成龍擔任兩江總督後，興利除弊，先後發布了《示親民官自省六戒》、《興利除弊條約》、《飭勵學政事宜》、《嚴禁漕弊各款》、《弭盜安民條約》、《革秋審陋規檄》、《清理獄禁通行檄》等一系列重要文書布告，推行了大量的新政，史稱：江南俗侈麗，相率易布衣。士大夫家為減輿從、毀丹堊，婚嫁不用音樂，豪猾率家遠避。居數月，政化大行。

清廉風範

于成龍這位富於傳奇色彩的大清官，在兩江地區也給人們留下一系列清廉故事。

因為工作太忙，于成龍喝酒的愛好有所節制，時常無法痛快地大醉一場。他成天購買青菜來下飯，老百姓給他取了個新外號叫「于青菜」，還有說他一天只吃一盂糙米飯一匙粥糜的。有天晚上，于成龍辦公到深夜，肚子餓了，讓僕人煮點稀粥來喝。僕人說家裡沒米了，煮不出稀粥，于成龍只好笑一笑，就算了。

主人是如此，僕人們自然也要跟著學，家裡沒有茶葉喝，就摘總督署中一棵槐樹的葉子來泡茶，時間長了，把一棵大槐樹都摘禿了。

在炎熱的夏天，于成龍用一種又粗又破的苧布作帳子，根本擋不住蚊子。他規矩又大，于廷元等人陪侍時，必須衣冠整齊，經常穿一件藍布大袍，渾身都是汗，既不敢脫衣，又不敢揮扇。而到了冬天，一家幾口人仍然穿粗布衣服，太冷了就加一件棉襖，沒有一個穿皮衣的。一品大員的後衙生活，過得就是這個樣子。

而在官場上，因為有于成龍的表率和禁令，那種互相送禮、互相宴請的風氣也完全改觀。端午節的時候，于成龍出去和官吏們聚會，居然沒有人敢送一個粽子給總督大人吃。

在公務方面，年老體衰的于成龍做得比以前更加勤勉，不敢有絲毫懈怠。所有文書都是自己親自批閱、答覆，從不假手他人。常常是天不亮就起床辦公，夜深了工作還沒有做完。吃飯、睡覺當然是常常耽擱不按時了。有人勸他注意休息注意飲食，于成龍說：

吾非不知食少事繁，養生所忌。第吾受國厚恩，兩江官吏多至千百，何可盡刻耶？所以為此者，冀其見聞知警，使歸於廉慎。吾雖盡瘁，於國家所得不為多乎？

這段話記錄於陳廷敬的《于清端公傳》，用白話解讀就是：「我並不是不知道，吃得少做得多，是養生的禁忌。但是，我深受國恩，兩江的官吏成百上千，我又不能完全採用參劾的手段來治理他們。我這麼做，只是希望他們能夠警惕起來，做個清廉謹慎的官員。如果能夠這樣，即使我自己勞累死了，對國家卻有更大的好處。」

正如前面介紹過的，于成龍在兩江的幾年中，只見他舉薦過別人，沒見他參劾過別人，確實是一片婆心，一片慈悲。

御史參劾

官場原本就是個大染缸、大江湖、大戰場。你不想參劾別人，並不意味著別人就不想參劾你。康熙二十二年十月，風雲突變，波濤洶湧。在江南督造漕船的副都御史馬世濟，回到北京後上疏參劾兩江總督于成龍。疏文大略為：

于成龍向有聲譽，初到江南，美名如故。聞其自任用中軍田萬侯之後，人多怨言。臣奉差在南，見其年近古稀，景迫桑榆，道路嘖嘖，咸謂田萬侯欺蒙督臣，倚勢作弊，因未有實據，難以入告。督臣衰暮，不能精察，故匪人得以撥弄而敗善政。且各有司衙門皆有督臣穢言告示，污蔑各官。如果各官不法，何難白簡題參；若俱循良，豈可憑空凌辱？顯係小人撥弄督臣，令其虛張聲勢，就中取利。請罷黜萬侯，並令成龍休致。

這就是于成龍晚年面臨的一次宦海風潮。

首先說說馬世濟參劾的內容。馬世濟沒有直接攻擊于成龍，還讚美他到江南後「美名如故」，卻把矛頭對準了于成龍的直接下屬、中軍副將田萬侯，說于成龍本人年老糊塗，被田萬侯欺騙，辦了很多錯事，民間怨聲載道。最後還說，各州縣衙門裡頭都有于成龍頒發的「穢言告示」，誣衊凌辱下屬官員。所謂的「穢言告示」，主要是指那份《示親民官自省六戒》。另外，于成龍還有一段著名的罵學政的話，說得也夠難聽的：

衡文者，愛惜人家好文字，爾子孫有文字，定為衡文者愛惜。若一味愛錢，只恐子孫縱會做文字，絕不出頭。更恐鬼神怒恨，生出瞎眼子孫，上長街唱蓮花落，要看字也不能夠了。莫笑老夫迂談。

從有關資料得知，當時擔任江南學政的有一位叫田雯，進士出身，是清代的文學家。史稱其在任時「所取士多異才」，工作是很有成績的，而且為人也頗有清廉之風。另有一位學政叫趙崙，是山東人，在于成龍的嚴格監督下，工作很有成績，受到于成龍的好評和尊敬，于成龍還讓兒子于廷元拜趙崙為師。可能是江南科舉風氣太壞，弊端太多，于成龍把帳算到學政頭上，惡言痛罵了他們好幾次，這也不能不引起別人的非議。

馬世濟很不客氣地說，如果官員們有違法行為，于成龍為什麼不公開參劾？如果官員們沒有犯錯誤，那怎麼能夠憑空凌辱？這肯定是小人在欺騙挑撥于成龍，恐嚇下屬，然後小人就可以從中取利了。最後，馬世濟請求朝廷罷免田萬侯的官職，並令負有連帶責任的于成龍退休。

馬世濟這篇參劾文章實在是厲害，簡直可稱是「刀筆」。于成龍清廉有美名是事實，年老多病、精力不足也是事實。而年老糊塗受田萬侯欺騙是江南民間的傳言，他自稱沒有實據，但還是把這條寫上了。說于成龍頒發「穢言告示」，這當然也是事實，只是理解上和于成龍的初衷完全不同。于成龍想以批評教育為主，不願意輕易參劾下屬，本來是好心，這時卻被馬世濟用冠冕堂皇的道理給咬住了。而「小人撥弄」一部分，他又故意不指名道姓，只是虛虛地一擊。最後雖然只說讓于成龍退休，但綿裡藏針，如果田萬侯真的有問題，于成龍怎麼可能順利退休？肯定要受嚴重處分。

內幕分析

這件事情，《清史稿》的記載最為簡明扼要：「勢家懼其不利，構蜚語。明珠秉政，尤與忤。」意思是兩江有權有勢的人家，擔心于成龍要查辦他們，便捏造出了許多謠言。朝廷裡的權臣明珠，更是與于成龍有衝突。在這種背景下，才有了馬世濟的上疏參劾。

前面也交代過，兩江地區是全國的經濟文化中心，大官僚、大地主的勢力很強，可謂是盤根錯節、樹大根深。換句話說，是「兩江的水深得很！」所謂的「勢家」當然不只一家，于成龍的新政損害了他們的利益，得罪的無疑是一大批人，是一個腐敗的既得利益集團。而這個集團，又與權相明珠有密切關係。康熙朝有所謂的「索額圖黨」、「明珠黨」，明珠最著名的黨羽名叫余國柱，被人稱為「余秦檜」。而這位余國柱，此時正擔任著江蘇巡撫。

余國柱也是康熙皇帝的寵臣。此人很有能力，在「三藩之亂」時，給皇帝出了許多理財籌錢的主意。又曾經揣測帝意，上疏參劾平南王尚之信和兩廣總督金光祖，搞得尚之信被殺頭，金光祖被免職，為皇帝清除了一批變節投降分子。到江蘇之後，他繼續為皇帝在財政方面出主意，說揚州等地被洪水淹沒過的土地可以耕種了，應該徵收錢糧；又說應在江寧開辦大型的紡織廠，織造大幅面的綢緞。另外，他也在江寧一帶開辦個人「企業」，為自己求財。他晚年被參劾罷官後，仍然厚著臉皮寄居江寧，繼續經商賺錢，享受著榮華富貴。康熙皇帝始終記著他的功勞，不忍治罪，只把他趕回老家了事。就是這樣一個人，他的思想觀念、處世態度和于成龍完全不同，如何能做到和衷共濟？余國柱是文章高手，刀筆凌厲，馬世濟的那份疏文，少不了他的添枝加葉。

那于成龍又是如何得罪明珠的呢？他和明珠只有過一次親近的交往，就是康熙皇帝賞了御製詩卷，由明珠等人頒發給于成龍，再由明珠領著于成龍到行殿謝恩。此外，兩人見面的機會不可能太多，也不可能發生直接的衝突。但是，明珠要在北京過富裕的生活，全靠地方大員投靠門下，按年按節饋送厚禮。兩江總督這個「肥缺」，每年送給明珠的應該不在少數。于成龍清廉不送禮，肯定會得罪明珠。兩江其他大官要給明珠等京官送禮，這筆錢又得從「火耗」、「雜派」中出。于成龍明察秋毫，管得這麼緊，大家送禮時都得大打折扣。另外，江南這麼富庶，明珠本人難免像余國柱一樣，偷偷在江南做點生意，于成龍整頓得這麼厲害，難免又損傷到明珠的利益。仇怨就是這樣不知不覺地結下了。

再補充兩段後話：于成龍去世後不久，著名清官湯斌上任江蘇巡撫。余國柱在朝擔任大學士，他暗地裡傳話，說明珠對湯斌照顧很多，要求湯斌按時按節給明珠饋送厚禮，湯斌不予理會。明珠和余國柱便合夥向康熙皇帝進讒，把湯斌整得很慘。

康熙中後期另一位著名清官張伯行上任江蘇布政使時，按當時的慣例，應該花四千多兩銀子的價錢給上級和同僚饋送厚禮。張伯行不肯從俗，只準備了一些很普通、很便宜的小禮物。他後來也出了事，挨了整。

我們以這兩件事情作為參照，就可以了解當時幾個清廉官員與腐敗官場之間格格不入的情況，也就可以理解于成龍當時所處的環境。

明珠、于成龍、余國柱，三個人其實都算是康熙皇帝十分信任的寵臣，余國柱還是于成龍的下屬同僚，經常要見面共事的。現在，明珠和余國柱要合夥整治于成龍，他們兩個當然不方便公開出頭，讓皇帝看出破綻來，就必須另找一個不相干的人，這個人必須也是皇帝信任的寵臣。

馬世濟是原廣西巡撫馬雄鎮的長子。「三藩之亂」時，廣西將軍孫延齡想跟著吳三桂造反，包圍了馬雄鎮的宅子，脅迫他參與叛軍。馬雄鎮自忖必死，便寫了一份表達忠誠的奏疏，讓長子馬世濟帶著奏疏突圍逃走，到北京找康熙皇帝彙報。馬雄鎮全家後來被殘忍殺害，馬世濟的一妻一妾也死在裡頭。在清朝，他們家可稱是「滿門忠烈」了。因為這個原因，馬世濟得到康熙皇帝的厚愛，官做得很大，而且都是所謂的「肥缺」，最後以漕運總督退休。這時候，他正擔任著副都御史，有監察、參劾官員的職責，又因為監造漕船在江南待了一個時期，有了解真實情況的可能。

所以，明珠和余國柱就找上了他。至於那篇精彩老辣的疏文究竟是誰執筆的，倒不必追究了，反正余國柱的筆桿子是十分厲害的，參倒過很多大官。

低調回奏

馬世濟的奏疏非同小可，康熙皇帝讓各部院大臣認真討論。部臣們認為，馬世濟的參劾沒有真憑實據，如何定罪呢？還是聽聽于成龍的意見，讓于成龍根據參劾內容，「明白回奏」。

于成龍接到聖旨後，免不了嚇出一身冷汗。反覆思考了半天，最後決定採取很低調的態度，老老實實地回答問題。按照他的一貫思想，官員被人參劾、揭發之後，首先應該反躬自省，引咎辭職，而不應該爭辯抵賴，失去體統。他的回奏內容是：

臣到江南，期以興利除害，察吏安民，仰報知遇。無奈兩江之吏治、營務、刑名、錢谷，繁劇實甚。臣晝夜拮据，躬親料理，從不敢寄耳目於左右。然近習難防，或有窺伺欺弄，臣亦安能保其必無？

低調回奏

憲臣馬世濟疏稱中軍田萬侯倚勢作弊，臣實未之覺察也。至於告示一節，或地方之利弊，民生之疾苦，臣有見聞，即通行禁飭，無非以利害禍福之言痛切告誡，其詞未免過於峻厲，似涉穢言污辱。憲臣馬世濟疏稱小人撥弄，令其虛張聲勢，就中取利，臣亦未之覺察也。此皆臣之衰邁昏聵，何以自解？若夫臣之年近古稀，景迫桑榆，久在皇上洞鑒之中，雖殫精竭慮，不敢稍自寬假。然氣衰力疲，龍鍾之狀，大非昔比，臣又何敢自諱？乞敕部嚴加議處，以為大臣溺職、有初鮮終者戒。

于成龍的這份回奏，其實也是綿裡藏針。他說兩江的工作非常繁重，但自己一直是「躬親料理」，態度非常認真，從來不敢輕信身邊部屬的話，這就否認了被人「欺蒙」的指責。只是不敢把話說得太絕對，留了一點餘地，「窺伺欺弄」的事，不能保證完全沒有。對田萬侯「倚勢作弊」的事，他的回答是「未之覺察」，也就是沒有發現。其實，于成龍成天嚴查別人家的「衙蠹」，對自己身邊的人，怎麼能夠不察呢？沒有發現，基本上就相當於並無此事了。對「穢言告示」的事情，于成龍承認自己批評教育下屬，說話確實過分了一些，但都是為了地方的利弊，民生的疾苦，沒有私心在內。對「小人撥弄」的事情，他也回答了一句「未之覺察」。最後是老實承認自己年齡確實偏大，精力確實不足，但工作態度確實是十分認真的。這些事皇上都知道，就請嚴加處分吧。

于成龍做了幾十年的硬漢子，晚年面對這樣的官場風波，只能低著頭「裝孫子」了。不過，客觀地說，于成龍的低調應對，實在是顧大局、識大體，是名臣的風範，一般人是做不到的。康熙朝鬧過幾次大型的官場風波，光是兩江地區就有好幾次，總督、巡撫互相攻擊，清官、贓官互相參劾，鬥得雞飛狗跳，確實是不成體統。只有于成龍一個人，採取了比較超然的態度。康熙皇帝後來那麼懷念于成龍，也和他這種高風亮節有一定關係。

梧桐樹下

奏疏上報給了朝廷，處分卻還沒有立即下來。于成龍的情緒有點不穩定，成天心慌意亂的。他很愛惜自己的名聲，以前官小，不怕處分，大不了不做了。現在官至兩江總督，康熙皇帝多次表彰，全天下人都知道有個大清官于成龍，真要背個處分被革職回家，自己名聲掃地不說，也對不起提拔重用自己的康熙皇帝啊。于成龍心裡苦悶得不行了，就跑去找原武英殿大學士熊賜履交流。

熊賜履是湖北孝感人，雖然比于成龍小十八歲，但他是進士翰林，又做過武英殿大學士和刑部尚書，身分很高，可以說是道德學問名滿天下。他在京城時，飽受明珠等權臣的排擠傾軋，終於因為一件小失誤，被革職出京。因為家鄉有戰亂，就寄居在江寧城裡。他也是清官出身，手裡沒錢，在江寧的生活是飢一頓飽一頓的，過得並不容易。

于成龍早在黃州時，就和熊賜履有過交往。熊賜履很敬重于成龍，經常在京城的官員中間宣傳于成龍的政績名聲。于成龍呢，也把熊賜履引為知己，到江寧上任後，經常去熊宅拜訪。于成龍也沒有錢，幫不上熊賜履什麼忙，但兩人意氣相投，聊得很開心。現在，于成龍有了不開心的事，還是找熊賜履來解悶。

熊賜履家裡有兩棵梧桐樹，每次于成龍來了，倆人都在樹下品茶。這次，仍然是坐在梧桐樹下，于成龍談起了自己的擔憂，熊賜履慷慨激昂地說：

公亦慮此耶？大丈夫勘得透時，雖生死亦不可易，何況其他？

這就是于成龍和熊賜履之間著名的「梧桐樹下語」，在後世流傳頗廣。所謂「大丈夫勘得透時」，也就是理學家平時說的「體認天理」，或者就是于成龍出仕時講過的「不昧天理良心」，在這個事情上有明確的體會，堅定的信念，即使在生死關頭也不會改變，何況是丟官背處分這樣的小事？熊賜履當年在官場上翻船，既有別人的誣陷和排擠，也有他自己的失誤，但他罷官後寵辱不驚，瀟灑處世，也確實有一種「勘破生死」的大風範。

于成龍一聽，立即省悟，再拜受教。回到總督署中，他就安心吃自己的青菜，喝自己的稀粥，等待朝廷的處分了。而且，就是在晚年的這個時期，于成龍自號「於山老人」，表達了自己期待退休歸隱的願望。

降級處分

北京的大臣們接到于成龍的回奏，再次認真討論。這時候，難免被明珠等人把持了會議的風向。最後，分管武官的兵部做出結論說：「既然于成龍說，田萬侯倚勢作弊，就中取利，沒有覺察，那就應該革掉田萬侯的副將之職。」分管文官的吏部做出結論說：「既然于成龍聲稱年齡太大，身體不好，那就讓他退休吧。」

處理意見送到康熙皇帝手裡，皇帝前後看看，搞了半天，還是沒有什麼真憑實據，怎麼能處理這麼重呢？但事情鬧到這個程度，說明于成龍和田萬侯確實得罪了一批人，不處理一下，難平眾怒。最後決定：「于成龍留任，田萬侯降級。」這是《清史列傳》的說法。《清史稿》說，田萬侯不但降了級，還被調走了。于成龍的留任也沒有那樣簡單，還被降了五級，去世後才予以開復。算算這筆帳，從一品降五級就是正四品了。如果以前的「記錄三次」還在，抵消一下，是降到從二品。

清官難做，于成龍這次確實是受了大委屈。

第十八章　兩江改革起波瀾

第十九章　好教拂袖紫霞端

在馬世濟上疏參劾半年之後，年邁衰弱的于成龍就患病逝世了，一代廉吏就此告別人生舞臺。

但他去世後，名聲反而越來越大，成了著名的「天下廉吏第一」。

奉命巡海

康熙二十二年（一六八三年）八月，清軍進入臺灣，鄭成功的孫子鄭克塽率部投降。但是，近海各島，仍然有小股的反清勢力。十二月，朝廷下令，兩江總督屬下的江口左路水師組織戰船一百隻，官兵五千餘名，在總兵官張傑的帶領下，與浙江水師會同征剿舟山海寇周雲龍等部。出征之前，年邁的于成龍撰寫了一份《檄示剿海行兵方略》，下發給張傑等人。他說：

用兵之道，無論賊之多寡，總貴謀出萬全。故為將者每事謹慎，自不難於克敵奏功。

于成龍指出，江南的戰船和士兵，都是臨時湊集到一起的，沒有經過長期訓練，將士們之間互不熟悉。與浙江水師合作，與對方的將士也不熟悉，很容易混淆在一起，也容易被敵人混入。所以一定要採取各種嚴密措施，防範敵人的奸謀。他建議，等戰船、士兵集結之後，便將官兵數目與船號編寫成詳細的名冊，謄抄三份。總兵自存一份，江南存一份，給浙江傳送一份，以便核查清楚。來往的軍機公文，要認真核對印信真假，查看行文格式與措辭是否規範，以防假冒。每晚的口令要嚴格保密，按期更換。號帶、旗幟的顏色要提前通知友軍，以便辨認。官兵之間、將領之間、友軍之間，都必須團結一致，和衷共濟，遇事認真商量等等。于成龍經過了一番宦海風潮，對待軍政大事，仍然保持著以往的作風，嚴肅認真，叮嚀備至。

水師出發前，于成龍還特意率領兩江的文武官員，聚集到供奉媽祖娘娘的天妃祠，宣讀祭文，隆重祭祀，祈求掌管航海的媽祖娘娘保佑全體官兵的安全和戰爭的勝利。

于成龍這次奉命「巡海」，自己實際上並沒有出征，只是坐鎮後方，保障供應。到康熙二十三年（一六八四年）三月六日，「海寇」偽將軍房錫鵬、周雲龍，偽都督阮繼先等率偽官一百餘員、兵四千一百餘名向清軍投誠。于成龍晚年參與的最後一場戰爭，也取得了勝利。

三請退休

「降級留任」的處分諭旨下達到江寧後，于成龍百感交集。

于成龍事前曾上過一份請求退休的奏疏，康熙皇帝沒有批准。此次吏部擬定的處分是「休致」，也就是讓于成龍退休，還是被康熙皇帝改成了「留任」。一年中兩次「聖慈寬留」，讓于成龍十分感恩。但是，險惡的官場環境和年老多病的身體，使于成龍實在不敢再留戀身上的頂戴花翎和手中的權力。康熙二十三年（一六八四年）春，他再次上疏，請求退休。

他在疏文中說，皇上寬恕自己，那是以為自己的精力還能夠承擔兩江的重任，但是自己——無奈兩目久昏，兩耳不聰。自去秋染瘧之後，復得怔忡之症。每辦事午夜，心胸驚悸，輒不能寐。焦思愈集則精神愈憊，精神既竭則事務糊塗，勢所必然。臣勉勵之念雖切，而艱大之任自揣萬不能勝。是臣無裨兩江之治化，實負期望之聖心。將來再有貽誤，縱睿慈曲加矜全，臣有靦面目，尸位素餐，將何以砥礪僚屬，統馭士民耶？

于成龍年邁力衰，疾病交加，應該是實際情況。但在這種艱難的情況下，他的辦事能力其實並沒有完全衰退，這從他寫的《檄示剿海行兵方略》可以看出，康熙二十二年十二月時，他的思路仍然十分清晰，認識判斷問題仍然十分準確，保持著以往的精明細緻風格。這樣的文章，不可能是由幕友代筆的。

但在降級留任的文書下來之後，再次上疏乞休，在別人看來，于成龍難免是有些情緒在內。至少，康熙皇帝可能會有這種看法，老總督是心裡不服啊！這次的乞休，仍然沒有得到批准。

但過了不久，發生了一些微妙的人事調動。康熙二十三年三月，江蘇巡撫余國柱被調入北京擔任左都御史，安徽巡撫徐國相升任湖廣總督。在新的巡撫到任之前，兩省巡撫的大印就由于成龍臨時「署理」。

調動的確切原因史料中沒有記載，只從表面現象看，這是個皆大歡喜的結局。余國柱和徐國相各自官升一級，成了正二品官員。于成龍雖然沒有升官，但擴大了權力，減少了摩擦，也算是朝廷替他出了一口氣。只是，多了兩省巡撫的事務，老總督衰邁的身體哪裡還受得了？

于成龍在康熙二十三年（一六八四年）初春上了請求退休的奏疏後，心裡仍然不太踏實，不知道這次乞休能否得到批准，自己能否平安地回到家鄉，葉落歸根，以後在兒孫的環繞下安詳地離開人世。他又一次去拜訪熊賜履。

這次熊賜履不在家中，而是住在清涼山的別墅。他沒有太多的話語，只是反問于成龍：「你忘了咱們在梧桐樹下說的話了嗎？」于成龍一聽，又是豁然開朗：「謝謝，謝謝，我明白了……」于成龍和熊賜履的幾次會面交談，都是熊賜履後來在《于公成龍墓誌銘》中記載的。

三月分，余國柱走了，徐國相也走了。于成龍署理兩省巡撫，其實具體的事務也不用他親自做，兩省的布政使和按察使分管各項工作，有重要情況才向他請示彙報一下。

江口左路水師三月分也回來了，總兵官張傑可能也立了戰功。「海寇」投誠，一切平安。

于成龍還是像平時一樣，吃青菜喝稀粥，夜以繼日地辦理公務。只是，老人家的身體一天比一天差了，兩眼昏花，聽力衰退，心臟有了毛病，晚上還會失眠。康熙二十二年（一六八三年）秋天，他曾經患過瘧疾，可能一直就沒痊癒，到康熙二十三年仍然不時發作。有時幾天吃不下飯，有時則大量嘔吐。

廷元應試

正如前面介紹過的，于成龍十分鍾愛小兒子于廷元，從黃州時期開始，就一直把于廷元帶在身邊。多年來，于成龍公務之餘，悉心教導廷元讀書。有時候，廷元的文章寫不好，于成龍還自己動手寫一篇，為廷元示範。在兩江總督任上，于成龍發現學政趙崘是位好老師，就讓廷元拜到趙大人門下，繼續深造。于家三個兒子，廷翼進學多年，考不上舉人，已經熬到了歲貢生；廷勸的文章寫得好，也早早地進了學，在多次的歲考、科考中都取得了好成績，經常獲得學政的表揚，大家稱讚他：「為文充沛不羈，如江河之決，茫乎其不知畔岸而無所紀極也！」但這種豪邁的文風也不合科舉的規矩，多次在鄉試中失利，廷勸大概也失去了進取之心。只有廷元年紀還小，是個可造之才，也許還有中舉的希望。

康熙二十三年（一六八四年）春天，于廷元的八股文在趙崘的指導下已經頗有成就，可以下科場拚搏一回了。于成龍不顧自己年邁病重，下命令讓兒子回山西參加鄉試。在過去的封建家庭，父親的命令和皇帝的聖旨是差不多的，于廷元哪裡敢說個不字？母親和兄長派他來侍奉父親，是因為父親老了，身體不好，身邊不能沒有兒子。如今，父親又命令他回到故鄉應試，不回去又不行，這叫廷元如何是好？

四月十一日，于廷元含著眼淚渡江北上。他也許沒有想到，也許已早有預料，就在他離開後的第七天，于成龍就撒手人寰了。七天的時間能走多遠？也就幾百里而已。古代沒有手機，不能隨時聯絡，也沒有電視和網路，不能隨時觀看重大新聞。行在中途的于廷元是如何接到噩耗的，無人知道。但是，在父親去世的前夕離開，應該是于廷元一生中最痛苦也最遺憾的事。

端坐而逝

康熙二十三年（一六八四年）農曆四月十八日的早晨，深受疾病困擾的于成龍早早就醒了。他從床上爬起來，穿上衣服，準備去辦公。還沒有走出房門的時候，疾病就發作了。僕人們趕緊扶他坐下，然後召集僚屬，說老總督不行了，還有話要吩咐。諸司官員們迅速趕到，于成龍強忍病痛，揀緊要的公事吩咐了幾句。還沒有來得及吩咐家事，老總督就走到了人生的最後關頭，精力耗盡，油盡燈枯，坐在椅子上靜靜地離開了人世，終年虛歲六十八歲。

如果按照現代醫學的說法，于成龍應該是心臟病或者腦血管之類的疾病突然發作，導致了迅速死亡。如果和平時的政務操勞以及去年的宦海風潮聯繫起來，則屬於憂心忡忡，積勞成疾，導致了死亡。在古代，六十七歲的年紀，雖然不算是高壽，也可以說是老年人的正常死亡。對朝廷和康熙皇帝來說，于成龍最後死在「執行公務」的時候，確實可稱是鞠躬盡瘁，死而後已，確實是忠心可嘉的。

古代的高僧大德，去世時常採取「吉祥臥」或者「跏趺坐」兩種姿勢，記載中常用「端坐而逝」的字眼，表示其「生死自在」的修行水準。于成龍一生嚴於律己，積德行善，信奉「天理良心」，算是一位綜合儒釋道各家的修行人。他最後坐在椅子上去世，這個細節也被當時的人們注意，認為于成龍的修行達到了一種很高的境界。

陳廷敬在《于清端公傳》中記載說：

四月十八日晨起視事，未出戶，疾作。召諸司語，不及家事，端坐而逝。至夜漏四十刻，坐不欹倚，顏色如生，年六十有八。

仔細解讀一下這段文字。古代一天分為一百刻，每刻大致相當於現在的十五分鐘。于成龍是早晨去世的，到天黑時，大概過了四十刻，也就是十小時左右。在這段時間裡，他一直端坐在椅子上，身體並沒有傾側歪斜，也沒有靠到椅背上。他的面容、神色在這段時間內也保持著活著時的樣子，並沒有變化。

在兩江總督的官署中，只有幾名僕人，並沒有親屬，也沒有事先給于成龍準備壽衣、棺材等喪葬用品。他去世以後，官署裡一片忙亂，大家商量後事，準備東西，到天黑以後才給于成龍裝殮。所以，在這一整天裡，于成龍的遺體就端坐在那裡，沒有人移動，他也保持了一整天的「端坐而逝」的神奇狀態，彷彿高僧圓寂一般。

人們願意相信，一生講究「天理良心」的于成龍，完成了他的從政誓言，達到了他的人生目標，最後融入了他追求的至高境界。他晚年寫詩回憶少年時代在安國寺讀書的情態，最後兩句為：「四十年來魔障盡，好教拂袖紫霞端。」對他來說，人生好比是個「苦海」，是來「消除魔障」的。如今，「魔障」已盡，自然拂袖而去，回歸天宮仙界，與紫霞為伴了。

官民痛悼

于成龍活著的時候，大力整頓官場、民間風氣，好像得罪了很多人，有很多政敵和仇家。但他去世的消息傳開以後，江寧城忽然就沉浸在一片悲痛之中。老總督的德政和善舉，畢竟還是深入人心的。

首先是一批文武官員，趕到總督署中，為于成龍料理後事。以前，他們聽說過于成龍清廉、清苦，過的是苦行僧的生活。現在，他們是真真實實地看到了。原來對于成龍有成見、有敵意的官員，這時候也忍不住淚流滿面，感慨萬端了。且看陳廷敬的記載：

將軍、都統、寮吏來至寢室，皆見床頭敝笥中惟綈袍一襲，靴帶二事，堂後瓦甕米數斗，鹽豉數器而已，無不慟哭失聲。

原大學士熊賜履也去弔唁了，他記載說：

公歿也，予以一瓣香哭公於喪，次瞻幾筵，惟青燈布縵冷落菜羹而已。問其篋笥，則故衣破靴外無他物，蓋公之素履卓絕類如此。

得到官府的允許後，江寧城的父老鄉親、男女老幼紛紛來到總督署，一面弔唁、祭拜老總督，一面參觀、瞻仰這位天下著名清官的靈堂和生活起居的後堂。且看叢澍的記載：

公薨之日，舉國若喪考妣，男婦童叟皆入公署，見孤燈熒熒，猶然在案，周身只見布被一床而已，清儉之節固千古所未有也。

于成龍在任時，曾經平反大量冤獄。那些被于成龍解救過的老百姓，早就在自己家裡設了于成龍的長生牌位，每天焚香供奉。現在，老總督去世了，他們就抱著牌位來到總督署祭拜，放聲大哭一場，懷念于大人。據陳廷敬記載，江寧城的老百姓，還採取了「巷哭」、「罷市」等大規模哀悼方式，自發地悼念于成龍。而每天到總督署祭拜的人數，多達數萬。在哭祭于成龍的人群中，還有小商小販、色目胡人、蒙藏喇嘛各色人等。閱讀古人的記載，總疑心其中有誇張溢美的成分，但于成龍去世後江寧城裡的哀悼盛況，卻是真實的。那些對于成龍忌憚頗深的「勢家」們，這時候免不了也要虛應故事，做表面文章，到總督衙門祭奠一下，掉幾滴虛偽的眼淚。而那些深受于成龍恩惠的廣大百姓，卻是發自內心的哀悼、紀念。

于廷元走了，于成龍身邊沒有親屬，沒有操辦喪事的銀錢，也沒有準備好的壽衣、被褥、飯含、棺木。江寧知府「小于成龍」深受老總督的厚恩，這時候便責無旁貸，挺身而出，主動承擔起一切治喪事務，買來壽衣棺木，將老總督好好地裝殮起來。「小于成龍」的這番義舉，後來受到了大家的一致好評。

康熙二十三年（一六八四年）七月，于廷翼帶著家人趕到了江寧。他看見百姓們用焚化紙錢的方式祭奠于成龍，便勸告說：「家父生平不愛錢票，請勿強加於他，往後祭祀莫用紙票。」江寧百姓聽從了于廷翼的勸告，從此不再用紙錢祭祀于成龍，但對于成龍的紀念，一直持續著，持續了好多年。在江南一帶，從來沒有哪一位封疆大吏，能得到老百姓如此長久的紀念。

老朋友熊賜履，受孝子于廷翼的委託，認真地為于成龍撰寫了墓誌銘，讓廷翼帶回去刻石。這是于成龍去世後第一份成文的傳記資料。

于成龍的靈柩啟運回鄉時，江寧知府「小于成龍」及老總督的門下諸生、士民數萬人，步行相送二十餘里，一路哭聲震天，如喪考妣。

名臣魏象樞和于成龍同歲。這一年，他身患重病，已經退休回鄉。聽到于成龍去世的噩耗之後，魏象樞十分傷感地寫了兩首挽詩，寄到了山西永寧：

簡命深叨聖主知，臣心精白總無私。清風亮節高千古，吏治民生濟一時。寢食難忘宸翰重，死生難報賜金慈。岩疆賴有斯人在，何事驚傳箕尾騎。

生與同庚性不殊，居然三晉兩迂儒。憐君磐錯身應瘁，顧我膏肓病未蘇。南望江河誰復挽，北瞻雲日總難呼。當年薦草曾聞否？歷盡平生一語無。

第一首詩講的是君臣之情，第二首詩講的是二人的知己之情。說他二人年歲相同，性情相同，是山西省的兩個迂腐的儒生。一個積勞而死，一個纏綿病榻，命運也十分相似。最後兩句指出，當年特疏推薦于成龍，是件機密大事，于成龍本人可能都不知道。而兩人神交已久，居然沒有見面說過一句話，也是最大的遺憾。

于成龍的靈柩回鄉後，按一品大員的規格，享受了「祭葬」待遇，於第二年被隆重安葬在今方山縣峪口鄉橫泉村。墓室風格獨特，全部用白瓷碗砌成，碗裡裝有石灰和松香。石灰和松香都是天然的乾燥劑和防腐劑，同時，石灰象徵著「一世清白」，松香象徵著「萬古流芳」。而白瓷碗，則象徵著「挽留」，象徵著大家依依不捨的思念。由於朝廷的全額撥款，一代廉吏于成龍在下葬時，墓中隨葬了大量財物，屬於「厚葬」。于大人一生清苦，吃糠咽菜，去世後卻躺進了金銀珠寶堆裡，在黃土壟中享受那看不見的榮華富貴。邢氏夫人多年後去世，和于成龍合葬在一起。他們的墓碑，由清朝名相陳廷敬書寫，這也是非常榮耀的事情。

于成龍的墓地，在清代一直得到保護和維修，保持著一品大員的排場，巍巍壯觀。當地人傳說，于成龍被奸臣陷害，身首分離，墓中葬的是金頭。還說于家為防盜墓，曾經一日出靈十八次，葬了十八處疑塚。這些故事當然是荒誕不經的，但也引發了後人「掘墳取財」的興趣，最終導致于成龍墓在一九四七年被毀壞。

皇帝表彰

于成龍去世的消息傳到北京，康熙皇帝十分震驚和傷感。他讓大臣們商議于成龍的身後待遇，大臣們回奏，于成龍曾經受到降五級留任的處分，按慣例是享受不到太高規格的。皇帝說，撤銷處分，恢復原來的級別，按從一品大臣的待遇，舉行祭葬典禮，並且賜謚號為「清端」。「清」是指清廉，「端」是指正直。封建時代官員的謚號最高的是「文正」或者「文」，于成龍沒有考上進士，沒有進入翰林院，便和這個「文」字無緣了，但「清端」仍是極高的美謚，能夠概括于成龍一生的成就和風範。

康熙皇帝恢復于成龍的品級，賜予祭葬和謚號，只是想展示自己「寬仁」的一面。其實，他聽信了讒言，對于成龍在兩江的行為還是有些疑慮的。當年七月分，內閣學士錫住從南方出差回來，入宮覲見，康熙皇帝忍不住又問了：「你從江南路過，有沒有打聽到原任兩江總督于成龍各方面的情況？」錫住可能事先得到過別人的囑咐，還是按統一口徑來答覆皇上：「于成龍確實比較清廉，但因為過於輕信，有時候會受到屬下官員的欺騙。」皇帝若有所思地說：

于成龍因在直隸居官甚善，朕特簡任江南總督。後聞居官不及前，變更素行。病故後，始知其居官廉潔，甚為百姓所稱。殆因素行梗直，與之不合者，挾仇讒害，造作「屬下欺罔」等語，亦未可定。是為不肖之徒見嫉耳，居官如于成龍者有幾？

康熙二十三年（一六八四年）冬天，皇帝第一次南巡。南巡的任務很多，其中就包括考察江南，順便也考察考察已故總督于成龍。十一月，康熙皇帝到了江寧，見到了熊賜履、「小于成龍」等人，了解到了馬世濟奏疏的某些內幕背景，這才對于成龍徹底地放心，徹底地佩服，知道自己確實沒有看錯人，沒有用錯人。他十分感慨地對小于成龍說：「你一定要學習前任總督于成龍的正直潔清，才不會辜負朕的一番眷顧提拔啊。」南巡結束回到北京後，康熙皇帝便開始放心大膽地表彰于成龍，他下詔說：

國家澄敘官方，首重廉吏，其治行最著者，尤當優加異數，以示褒揚。原任江南江西總督于成龍操守端嚴，始終如一。朕巡幸江南，延訪吏治，博采輿評，咸稱居官清正，實天下廉吏第一。應從優褒恤，為大小臣工勸，其詳議以聞。

接著，康熙皇帝又親自寫詩表揚于成龍：

原任總督于成龍，居官清廉，自古罕有，特命諸臣議恤，以勵官方。

服官敦廉隅，抗志貴孤潔。揚歷著賢聲，誰能茹荼櫱。況復擁旌麾，藜藿甘以悅。視彼懸魚操，於今尤峻烈。東南失保厘，言念心如結。江上見甘棠，遺愛與人說。恤典宜優崇，庶不負清節。匪獨彰國常，且以風在列。

明珠等人當時還待在朝廷，掌握重權，進讒誣告了幾回，一點效果也沒有，皇帝越來越推崇于成龍。好在于成龍已經去世了，恩怨也就一筆勾銷。大臣們經過商量，建議給于成龍追封「太子太保」的官職，並蔭一子入監。康熙朱筆批示：「依議！」

「太子太保」名義上是東宮太子的老師之一，從一品銜，但清代已變成榮譽職位，並不真的去教太子。而且，這個官職和「太子太師」、「太子太傅」等官職，經常是用於死後追封的。「蔭一子入監」就是所謂的「官蔭生」，允許子孫一人，到國子監讀書，幾年後就可以做官了。這個待遇讓于成龍的孫子、于廷翼的兒子于準享受了。

康熙二十四年（一六八五年）二月十五日，蓋棺論定的于成龍就要隆重安葬了。康熙皇帝親自給于成龍撰寫了一篇碑文，全文如下：

朕讀《周官》六計弊吏，日廉善、廉能、廉敬、廉正、廉法、廉辨，吏道厥惟廉重哉！朕用是審觀臣僚，有真能廉者，則委以重寄，賜以殊恩，所以示人臣之標準也。爾于成龍，秉心樸直，蒞事忠勤，而考其生平，廉為尤著，以故累加特擢，皆朕親裁。蓋拔自庶官之中，洊受節鉞之任，爾能堅守夙操，無間初終。古人脫粟布被，或者嫌於矯偽，爾所謂廉，本於至誠。聞爾之風，可以興起。乃不憖遺，忽焉奄逝。日者省方察吏，南及江表，采風謠於草野，見道路之謳思，清德在人，於今不泯。惟爾之廉，天下所知。朕俯合輿情，載褒勁節，既考名副實，謚曰清端，葬祭以禮。又晉之崇秩，賜予有加，恩恤爾子。嗚呼，人臣行己、服官、事主之道，爾可謂有始有卒者矣，顧不可以風世也與！

在這篇碑文中，康熙皇帝高度評價了于成龍的一生。

他認為，于成龍在個人品德方面，是「樸直」；在做官辦事方面，是「忠勤」；綜合考察平生最大的優點，是「廉潔」。而且，于成龍從州縣小官到督撫大臣，能夠「堅守夙操，無間初終」，一直保持著廉潔的風範。同時，康熙皇帝又拿于成龍和古今的清官們相比較。他認為，歷史上有些清官，吃粗糧穿破衣，都還有些「矯偽」的成分，也就是做表面文章給別人看，內心並不一定是真正廉潔的。而于成龍的「廉潔」，是「本於至誠」的，是發自內心的真誠。最後還評價，于成龍在行己、服官、事主三方面，都是始終如一、可以為世表率的。

康熙二十四年四月二十六日，朝廷要在于成龍墓前舉行兩場隆重祭奠。對于成龍追思不已的康熙皇帝撰寫了兩道祭文，命令汾州知府張奇抱到于成龍墓前宣讀。碑文主要內容為：

第一道朕惟國家敷治，簡賢道先，保障人臣，奉公奏最，節重清勤，苟四知之克嚴，歷終身而弗替，寵褒宜賁，恩恤用昭。爾于成龍志篤醇誠，誼敦貞介，甫膺民社，聿著循聲，既懋旬宣，彌彰令績。是用畀以節鉞，綏乃邦畿，爾克撫字維勤，苞苴盡絕。迨兩江遷鎮，一節罔渝，馭下則大革貪風，勵己則寒同儒素。雖古廉吏，曷以加茲？乃倚任方殷，遂溘焉淪逝。軫懷良惻，異數頻頒。嗚呼！蕭然官舍，竟擔石之無存！煥以綸章，庶泉臺之克慰。苾芬在御，尚其歆承。

第二道惟爾苦節克貞，鞠躬匪懈。真一介之弗取，越數官而彌堅。奄忽雲亡，能無惻焉。嗚呼！清風未遠，長存表德之思；寵恤重頒，丕著旌賢之典。爾靈不昧，其克歆承。

這兩篇祭文，後來也刻成了石碑，保存在于成龍的陵園。閱讀祭文，從中能發現康熙皇帝的傷感和懺悔之情。在于成龍最後那段日子裡，皇帝對于成龍是有過疑慮的，是不太信任的。他居然讓這麼一位好臣子，在憂憤中積勞成疾，早早地去世；居然讓這麼一位好臣子，死於貧困之中；居然讓這麼一位好臣子，受了這麼大的委屈！現在，皇帝除了能夠寫幾篇文章懷念一下，還能做些什麼呢？

念念不忘

于成龍去世後，康熙皇帝一直念念不忘。不僅多次表揚、評價，還特別地照顧于成龍的後人。

康熙二十七年（一六八八年），名臣傅臘塔被任命為兩江總督。陛見時，康熙皇帝鼓勵他說：「你一定要潔己奉公。本朝的兩江總督中，沒有能超過于成龍的，你一定要向他學習。」康熙三十三年（一六九四年），傅臘塔在任所病故，得到了康熙皇帝的沉痛悼念。皇帝在詔書中，仍然拿于成龍和傅臘塔相比：

傅臘塔和而不流，不畏權勢，愛惜軍民。兩江總督居官善者，于成龍而後，惟傅臘塔。

康熙三十三年閏五月初六，翰林院在瀛臺舉行考試，考題是《理學真偽論》。收卷子的時候，康熙皇帝命大學士張英傳旨：

你們做《理學論》，哪知江南總督于成龍是個真理學……理學原是躬行實踐……

從此，「真理學」也成為于成龍的一個重要榮譽。康熙皇帝佩服于成龍，就是因為于成龍平生講的空話少，唱的高調少，只是低頭做事。這是他和其他清官的最大區別。

康熙三十八年（一六九九年），皇帝第三次南巡，到了浙江杭州。當時，于成龍的孫子于準擔任浙江按察使，已經是一名高級官員了。皇帝愛屋及烏，對于準恩寵有加，親自給他題寫了匾額，懸掛在政事堂上。

這一年，于成龍的幼子于廷元在故鄉英年早逝，是兄弟三人中最短壽的一個。第二年，于廷翼因病去世，于準「丁憂」回鄉。又過了兩年，于廷勷也去世了。于準在「丁憂」期間，曾經到五臺山拜見康熙皇帝，得到了豐厚的賞賜。

康熙四十二年（一七〇三年）九月，于準「丁憂」期滿，到北京補官。康熙皇帝特別召見了于準，很興奮地指著于準對大臣們說：「這就是老總督的孫子啊！」隨後，任命于準為四川布政使，官升一級。

這年十月，康熙皇帝西巡，于準隨駕而行。到太原後，皇帝詢問于成龍墓地的道路遠近，于準回答說有二百七十多里。皇帝國事繁忙，便打消了親自祭墓的想法，只鄭重題寫了一塊「高行清粹」的匾額，賜給于準，再一次公開表彰于成龍。另外，皇帝又寫了一首詩送給眼前的于準：「石岸眾芳靜，斜陽柳色邊。揮毫意獨遠，魚躍在深淵。」

之後，于準陪著皇帝巡遊到晉南的蒲州。因為馬上就要到四川上任了，于準就請皇帝再指示幾句。康熙皇帝給于準講了一番做官治民的道理，然後又忍不住回憶起老總督于成龍。他傷感地說：「你祖父于成龍『寬嚴並濟』，這是別人都學不到的啊！」

「寬嚴並濟」四個字，是康熙皇帝對于成龍的一個新評價。前面多次介紹過，于成龍是注重「恩威並用，寬嚴相濟」的。康熙皇帝總結的這四個字，確實是于成龍最為難得的一種特質。

于準到四川上任布政使以後，不足四個月，就被調到貴州擔任巡撫，很快又調任江蘇巡撫。這種升官速度，固然和于準自己的政績有關，但無疑也是沾了于成龍的大光。

康熙四十六年（一七〇七年），皇帝又一次南巡。他見到很多江南百姓仍然在紀念老總督于成龍，民間還在流傳于成龍的各種故事，不由得感慨萬分，便為于成龍題寫了一副對聯，賜給江蘇巡撫于準：「歷仕甘棠隨地蔭，兩江清節至今傳。」

這副對聯和以前賜的「高行清粹」匾額，都被供奉在各地的「于清端公祠」中，作為標準的紀念樣式。

不僅如此，于家一門大小，這次都得到了皇帝的龍恩。康熙皇帝為去世的于廷翼題匾「紹德貽謀」，給于廷翼夫人張氏題匾「壽帷恩永」，給于準題匾「敷惠寧人」。還給于廷翼和于準分別賜聯：「一經式訓光先業；屢賜承恩裕後昆。」、「愷澤三吳滋化雨；節旄再世繼清風。」

此時距于成龍去世，已經二十三年過去了。皇帝和百姓都仍然還在懷念于成龍，這究竟是多麼大的人格魅力呀！

第二十章　清風化雨滋後人

康熙帝之後的雍正、乾隆二帝，都分別紀念過于成龍。雍正時于成龍入祀北京賢良祠，乾隆帝曾為于家題寫「清風是式」。從清朝一直到當代，人們一直沒有忘記一代廉吏于成龍，一直在學習他、研究他、紀念他、讚美他。

各地紀念

在山西省會太原，有一座三立祠，建立于明朝萬曆年間，供奉本省名賢七十多位。同時，三立祠具有書院性質，招收學生，是山西的最高學府。于成龍去世後不久，由洪洞籍著名學者范鄗鼎發起，申報山西巡撫馬齊，於康熙二十六年（一六八七年）二月，批准將于成龍的牌位入祠供奉，列為本省名賢。馬齊在批語中評價于成龍說：

大司馬于公清操介節，事業文章，焜耀古今，允堪風世。如詳入三立祠，以光俎豆。

在于成龍的故鄉永寧州，由當地士紳發起，在城南修建了一座「于清端公祠」，專門紀念于成龍。後來，這座祠堂還成為永寧于氏家族的議事場所。另外，古人常用修建牌坊的方式，表彰各種有功績的人物。清朝時期，永寧城裡牌坊眾多，而和于氏家族相關的就有四座。分別是：「天眷元臣，秉鉞揮旄」坊——這是專為于成龍修建的。「恩榮五代，績著兩朝」坊——這是為于采、于時煌、于成龍、于廷翼、于準五代人修建的。「祖孫督撫」坊——這是為于成龍和于準祖孫二人修建的。「威重廉江，化宣東粵」坊——這是為于成龍的重孫、于準的兒子廉州知府于大梃修建的。

在于成龍的幾處任所，也都先後由當地士紳發起，修建了「于清端公祠」。

江寧城裡的「于清端公祠」，最初建在天妃祠內。于成龍生前曾經在夢中進入天妃祠朝拜，好像和媽祖娘娘有緣，所以大家把祠堂建在了天妃祠。祠成十年後，深受百姓愛戴的兩江總督傅臘塔也在任上去世。大家在討論給傅總督建祠的時候，認為于成龍的祠堂建在天妃祠內不合適，就重新在雨花臺選址，和傅總督的祠堂同時修建。

蘇州城裡的「于清端公祠」，最初建在城內的通闤坊。後來，大家認為通闤坊靠近寺院，地方窄小，不適合供奉于成龍。而江蘇巡撫湯斌的祠堂建在蘇州府學內，地段比較好。大家就建議把于成龍的祠堂也移到蘇州府學，和湯斌祠同時並建。

黃州的「于清端公祠」就建在當年于成龍賦詩飲酒的黃州赤壁之上。後來，于準從貴州巡撫調任江蘇巡撫，路過黃州，見祠堂破舊，就捐資重修了一番。清末洪良品曾寫過一首《赤壁于清端公祠》：

獨拜荒祠繞薜蘿，堂堂遺貌壯山河。清名白日雷霆動，故老青天涕淚多。千載招魂悲宋玉，一龕香火伴東坡。雪堂夜靜虛明月，風馬雲旗縹緲過。

羅城縣屬於偏遠落後地區，于成龍去世多年，也沒有人顧得上在羅城建祠。乾隆年間，山東歷城縣人金嶽署理羅城知縣，他少年時代就愛讀《于清端公政書》，一直發願到羅城為于成龍立祠。此時夙願得償，就集資修建了「于清端公祠」。他還在城外三十里的路邊峭壁上，刻了「於公舊治」四個摩崖大字，至今尚存。另外，羅城縣還把縣城一帶命名為「清端鄉」，以紀念于成龍。

著作整理

于成龍任兩江總督時，他在黃州時期的門生、學者李中素已經開始為于成龍整理文集，後來編成《於山奏牘》七卷，附詩詞一卷。這部文集的優點是保留了大量的原始資料，刪削的痕跡最少，更多地體現了于成龍的真實面貌。但缺點是採訪不足，收錄不全。《四庫全書總目提要》說：

此集刊於康熙癸亥，自卷一至卷七，皆載其歷任所上奏疏及詳文、牌示並一時同官往來書牘。第八卷則《詩詞》，而終之以《制藝》一首。其後《政書》之刻，即因此本而增損之。此編蓋猶其初稿。至於詩詞，本非所長。《制藝》一首，尤不入格。亦不如《政書》之刊除潔淨也。

于成龍的孫子于準做了大官後，開始致力於搜集整理于成龍遺著。他在李中素《於山奏牘》的基礎上，補充了大量的新材料，對舊材料也進行了重新整理，改編成《于清端公政書》八卷，前七卷仍是奏疏公文，後一卷仍是詩詞。另外還有「外集」，收錄了于成龍的傳記資料、紀念資料等。據陳奕禧所述，于準任貴州巡撫時，就已經整理出一個版本，稱為「黔版」。到江蘇任巡撫後，邀請于成龍門生、學者蔡方炳進一步編輯整理于成龍著作，後來諸匡鼎也參與進來。《四庫全書總目提要》是這樣評價這部《于清端公政書》：

成龍以清節著名，而自起家令牧至兩膺節鉞，安民戢盜，諸政績皆綽有成算，其經濟亦有足傳。今觀是書，其平生規劃猶可見其本末也。

到乾隆二十六年（一七六一年），于成龍的重孫于大樅又對《于清端公政書》做了一次增補，稱為「續集」。主要增加了金岳在羅城建于清端公祠的一些紀念文書。

據今人研究，于成龍的著作在幾百年的流傳過程中，出現過許多版本，各個版本之間頗有差異。和于成龍有關的著作，應該還有《先儒正修錄》、《先儒齊治錄》。當年，蔡方炳奉于準之命整理《于清端公政書》，工作完畢後，發現于成龍的書箱中還有一些「手錄雜稿」，內容是摘抄的先儒語錄，「散亂無次」。蔡方炳忽然想起來，于成龍在去世前曾經囑咐他說：「我還有一些著作，沒有編排成書。現在政務繁忙，顧及不到。等《江南通志》竣工以後，我一定聘請你到署中，幫我編輯整理。」應該就是指這批手稿。後來，蔡方炳把這部分手稿整理出來送給于準，于準在公務之餘，也繼續編輯整理，最後編成《先儒正修錄》三卷，《先儒齊治錄》三卷。但這部書，內容既屬摘抄，編輯工作又是蔡方炳和于準做的，不應該算作是于成龍本人的著作，後世也認定是「于準撰」。《四庫全書總目提要》評價說：是編因成龍雜抄之稿，與蔡方炳編次增益之。《正修錄》所采凡一百三十八家之言，不分門目。《齊治錄》所采則分幼學養蒙、閑家善後、士子守身、縉紳居鄉、以道事君、任職居官、勸諭愚民、慎重刑獄、善俗戢奸、催科撫字、備荒救災十一門，亦雜采諸家之說，所取不拘一格。其凡例稱成龍不從理學中立名，絕無胸中彼此異同之見。又稱成龍不佞佛，亦不辟佛。謂身為儒者，方憂聖賢道理挹取不盡，何暇探討宗教律觀諸書，以資辯駁。其言明白正大，是成龍所以為成龍歟。

傳記資料

于成龍的生平事蹟，主要資料都在《于清端公政書》中。

《治羅自紀並貽友人荊雪濤》，是于成龍寫給朋友的書信，詳細講述了他在羅城幾年的經歷，內容十分精彩感人，流傳也最廣。

《初到黃郡與友人書》，也是于成龍寫的書信，主要講述合州事蹟和初到黃州的情況。

《從好錄》，由黃州士紳集體編寫，主持其事的可能也是李中素。主要記錄了于成龍任黃州府同知期間捕盜、賑災、清廉、愛民、敬士等方面的事蹟。另外有一部分內容，可能是于成龍任黃州知府期間的事蹟。于成龍的很多精彩故事，都出於此。

《跋〈於山奏牘〉後》，武祇遹受于廷元委託撰寫。記錄了于成龍順治八年（一六五一年）參加鄉試的情況和出仕途中向朋友表示「誓不昧『天理良心』四字」的情況。

于成龍去世後，門生李中素很快整理出一個原始的傳記版本，這其實也是李中素幾年研究的成果，但內容還是比較少的，後來沒有正式成文。

于成龍的靈柩運回永寧前，于廷翼委託熊賜履撰寫墓志銘。熊賜履可能參考了李中素的傳記初稿，然後加上他在江寧的大量經歷和見聞，形成了第一份于成龍傳記。

康熙二十九年（一六九〇年）冬天，在戶部任職的于準去拜訪「小于成龍」。小于成龍時任左都御史兼鑲黃旗漢軍都統，不久後調任河道總督。他告訴于準，陳廷敬的文學造詣很高，又善於記述人物故事，可以請他為于成龍撰寫一部標準的傳記，于準便去找陳廷敬。陳廷敬也是山西人，當時可能擔任左都御史或工部尚書。于成龍擔任直隸巡撫時，曾經和陳廷敬有過交往，兩人在保定的館驛中深談過半夜，頗有知己之感。陳廷敬接受了于準的請求，根據李中素撰寫的《于成龍傳略》和范鄗鼎整理的于成龍雜文、軼事，撰寫出一部比較完整詳盡的《于清端公傳》，或稱《清端於公傳》。這部傳記在于成龍的各種傳記中，字數最多也是最精彩的一部。但這部傳記出於避諱目的，沒有談及于成龍晚年的那場官場風波。

康熙三十八年（一六九九年），于準任浙江按察使。他請求大儒毛際可再為于成龍寫一部傳記。毛際可認為，因為體裁要求，熊賜履寫的「墓誌銘」過於簡略，而陳廷敬寫的「家傳」則過於詳盡，他就寫了一部長短適中的傳記，後來又寫了一部更簡短的小傳。

之後，清代人為于成龍寫的傳記有很多種，散見於清代各種史書中，都是推崇備至，讚揚有加，著名的傳記作者有理學家范鄗鼎、大學者戴震、文學家袁枚等，其基本依據，都是熊賜履和陳廷敬的作品，就不一一介紹了。

清代評價

關於于成龍的平生功業，李中素在《于清端公政書》原序中有一段辭藻精彩、感情充沛的總結：于戲，盛哉！今而知無意於功名者，始能成天下之大功。不遺一事者，始能集天下之大事。本內聖外王之學，以行其致君澤民之志。其在斯夫！其在斯夫！

方公初仕粵西，瘴癘所侵，異類與居，凡七年矣。北人宦此者百不一歸，而公處之泰然，略不為動。卒之猺僮革心，民安盜戢，其規劃條議，至今猶用之不盡，抑可偉也！

及由蜀入楚，遍歷艱險，數定大亂，使內地悉平，王師得一意南征，無後顧之慮。迄今讀與中丞張公往復諸議，真死而後生、危而後存，其難更有百倍於往日者。當東山逆賊首倡，江右、吳、豫轉相煽熾，使蘄、黃不守，則吭扼喉噎，荊、武非我有矣！公獨與張公定策，率門下十餘人，督鄉勇數百，直擣賊巢，身自陷堅，親冒矢石，一敗之黃土坳，一敗之紙棚河，旬月間一撫再剿，諸逆授首，而吳豫江右間聞風潰散，南北之路始通。方是時，外誅巨寇，內辦軍需，既飭屬僚，復撫百姓，羽檄交馳，人馬擐甲，凡所設施，皆手自裁答。於倉皇中示閑整，於擾攘中恤民力，罔不纖細曲當，洞中機宜。此又素所親炙，不假披閱始知者。

至若出八閩於湯火之餘，調劑軍民，各安厥所。贖還難民，動以千百。每一書上，王公大人皆虛心聽受。撫綏上穀，屢建讜言，為民請命，天子知公直，皆特旨報可。以故得蘇解困痌，全活死徙無算。

古人得一節，足以傳之無窮，公則萃於一身，無往而不備矣。

……甫蒞兩江，未期月綱紀整飭，俗易風移。每有示諭，閭裡小民爭手錄口誦，旬日成帙……

清代名臣魏象樞曾給于成龍寫過一封回信，當時于成龍還在黃州知府任上。魏象樞高度評價了于成龍的政績和為人，同時也介紹了當時北京官場及民間對基層名吏于成龍的普遍看法，可以由此了解于成龍早年的名氣：

迨壬子奉召入都，始聞足下賢名，如雷貫耳，兒童走卒悉能言之。嗣於大計過堂之時，遙望丰采，竊喜此日得見黃州矣。數年來又從司農署中，見滿洲諸司之自楚來者，咸曰：「黃州太守，好官也。」長安清議，如出一口。大抵謂才足濟變，政可得民，其賢如此。

于成龍的山西老鄉、鄉試同年、著名理學家范鄗鼎在《跋〈于清端公傳〉後》評價說：

本朝養士四十餘年，得于先生，先生之廉可不謂其盡善乎！廉則心清，心清則理明，理明則才全，理明則學優而氣壯……

范鄗鼎在文中拿于成龍和山西的幾位廉吏相比，說于成龍才、學、氣三者俱備，並且幸運地獲得了皇帝和上級的賞識，一生大展宏圖，功業卓著。並說于成龍的才、學、氣俱備來自於廉潔，只有行為廉潔才能夠心地清淨，心地清淨才能夠道理通明……可謂是極高的讚揚。

陳廷敬在《于清端公傳》中，一方面引用了范鄗鼎的評價，一方面又謙虛地表示自己不敢妄議。但觀察衛周祚、魏象樞、畢振姬等幾位自己熟悉的賢者，假如他們被放到于成龍的位置、成就還真不知道會怎麼樣。他最後表示，自己認真為于成龍作傳，是想表達一種「私淑」之意，也就是要向于成龍學習，做于成龍那樣的名臣。

武祗遹在《跋〈於山奏牘〉後》很痛快地讚揚評價了老同學：

其剛毅自矢，不畏強禦，則包孝肅也；其精白一心，可對天地，則趙清獻也；其安上利下，扶危定傾，則司馬溫公也；易簀之日，僅餘竹簍敗笥，汙衣舊靴，銀錢毫無，則海忠介之蕭條，棺外無餘物，冷落靈前有菜根也！所謂「言顧行，行顧言」，公之謂也！

武祇遹以包拯、趙抃、司馬光、海瑞四位古名臣為範例，從四個方面高度讚揚于成龍。這個評價雖然不無過譽，但也是很有道理的。

熊賜履在「墓誌銘」中高度評價于成龍，是從「誠於中而形於外」的角度說的：

> 嗚呼！余考傳記，三代而後以廉幹稱者代不乏人，然類多矯飾沽激，流為刻核，以納於偏畸。故措施建樹、表裡初終之際，往往難言之。未若公之狷介性成，質任自然，略無矯強刻厲之跡。而誠意感孚，無不服教畏神，不疾而速，直有超越於古人之上者。然後歎公為真不可及，而益信誠中形外之為不誣也！

熊賜履說，歷史上很多廉吏，往往不是虛偽，就是偏激，行事往往會引發爭議。而于成龍則是生性清廉，自然如此，沒有一絲一毫的虛偽，確實是超越了古人。

出身狀元世家的著名居士彭紹升在《于成龍事狀》中評價說：

> 操執似海忠介，智略似王文成。行成於獨，不言而人自化。用能保聖天子始終之恩，立百爾在官之准，永斯人沒世之慕。區區發奸禁暴，豈足以見公之雅量哉！

彭紹升把于成龍比作明朝的清官海瑞和儒將王守仁（王陽明），這也算是非常高的評價了。

于準在《先儒正修齊治錄序》中評價祖父于成龍說：

> 先清端平生從不講學，而所行未嘗不合於道。素景慕者，漢則江都、隆中，唐則鄴侯、宣公，宋則魏公、溫公，明則文清、文成。文清、文成為理學宗主，而漢唐宋諸公，皆不以理學名者也。然江都之正誼明道，隆中之淡泊寧靜，鄴侯之智識，宣公之忠悃，魏公之度量，溫公之立誠，雖不樹理學名，實

歸真於理學。先清端之景慕乎諸君子者，亦期無愧於真而已。

于準列出了于成龍的八位「崇拜偶像」，包括建議「罷黜百家，獨尊儒術」的董仲舒，幫劉備治理蜀漢的諸葛亮，幫助唐肅宗平定安史之亂的李泌，給唐王朝上書提意見的陸贄，宋仁宗時期的名相韓琦，宋哲宗時期的名相司馬光，明朝的理學家薛瑄，平定過寧王之亂的大儒王陽明。用這種巧妙的方式，評價了于成龍的心胸和志向。

晚清理學大師、名臣曾國藩的老師唐鑑在《于成龍為政輯評》中這樣評價：

聖賢之學，體用一源。有真體者必有真用，有真用者必有真體。如先生者，所謂有真用者也，而真體即於用中見之……籲！先生之清令人畏，令人服，令人感泣，何若是其神也？則以其出於誠也！真體真用於是乎見之。夫而後知先生之《政書》，即先生之學案也。天下之言清者，孰如先生？天下之言勇者，又孰如先生？曰仁曰誠，先生可無愧矣。先生，吏者之師也。

唐鑑生活在于成龍去世一百多年之後，作為理學大師，他的評價可謂十分經典。所謂體與用，也就是我們熟悉的理論與實踐。于成龍平生沒有理學方面的著述，可以說是沒有理論，唐鑑認為有真理論才會有真實踐，有真實踐必定有真理論。于成龍以實踐見長，那一定是精通聖賢的理論。于成龍的公文和奏疏，等於是理學家的「學案」。他對于成龍的清廉、勇敢、仁愛、真誠，非常認可也非常佩服。最後點出，于成龍是「吏者之師」，是官場上的大理學家。

當代影響

白壽彝主編的《中國通史・清代傳記編》中，于成龍占了一章的分量，該書評價于成龍是「勇於任

當代影響

事，清苦克儉」。在今人撰寫的幾部《康熙傳》中，都有專門的章節介紹清官于成龍。余沐撰寫的《正說清朝十二臣》中，清官于成龍也占了一席之地。另據檢索，網路上有「中國古代十大清官」的說法，清代的于成龍排在第十位。王若東、劉乃順、林祥三先生合著的《天下第一廉吏：于成龍傳》，是一部資料豐富、內容完整、可讀性很強的著作，也是本書重要的參考資料。

在文藝作品方面，有王永泰先生的長篇小說《清官于成龍》。這部小說因體裁緣故，虛構內容較多，但影響很大。單田芳先生將其改編為一百回的評書，廣為流傳；二十集電視連續劇《一代廉吏于成龍》也由小說改編，二〇〇〇年播出；後來將小說的部分章節改編為京劇《廉吏于成龍》，並拍成了電影，也有很廣泛的影響。二〇一七年一月，新版電視劇《于成龍》再次受到觀眾喜愛。

于成龍故里、遺址的保護和開發，于成龍著作、傳記的出版和發行，以及于成龍故事的演繹和宣傳，都可以說是方興未艾，熱潮迭起。作為現代人，有充分的管道去了解于成龍、認識于成龍、感悟于成龍、學習于成龍。斯人雖然早已化為呂梁山上一縷清風、一抔黃土，但他的精神將永遠不朽，長留世間。

參考文獻

參考文獻

［清］蔡方炳、諸匡鼎編，于準錄《于清端公政書》，康熙年刊印。
［清］李元度：《國朝先正事略》。
［清］于準編《于氏宗譜》，康熙年刊印。
［清］趙爾巽等：《清史稿》。
《永寧州志》，康熙年刊印。
虞山襟霞閣主編《于成龍判牘精華》。
王鍾翰點校《清史列傳》。
王若東等：《天下第一廉吏——于成龍傳》。
李志安主編《于成龍集》。

附錄一

于成龍年表

一六一七年，明萬曆四十五年，于成龍出生。明朝朝政混亂，關外的女真族後金政權剛成立一年多。

一六三九年，明崇禎十二年，于成龍二十三歲。鄉試中副榜，做貢生。清朝的關外政權已正式成立三年。

一六四四年，明崇禎十七年，清順治元年，于成龍二十八歲。明朝滅亡，清軍入關。此年故鄉山西永寧州被李自成大順軍攻破，慘遭屠城。

一六五一年，清順治八年，于成龍三十五歲。參加鄉試，未中。此前二年，山西曾發生大規模反清戰爭，大同、汾陽等地被清軍屠城。

一六五六年，清順治十三年，于成龍四十歲。赴吏部謁選，獲得候補知縣的身分。

一六六一年，清順治十八年，于成龍四十五歲。赴吏部掣簽，上任廣西羅城知縣。此年順治皇帝去世，康熙皇帝登基，索尼等大臣輔政。清朝已基本統一全國。

一六六七年，清康熙六年，于成龍五十一歲。已在羅城任職七年，政績突出，被舉為「卓異」。又以「邊俸逾期」，升任四川重慶府合州知州。此年康熙皇帝親政。

附錄一

一六六九年，清康熙八年，于成龍五十三歲。因為在羅城被舉「卓異」及合州的功績，升任湖廣黃州府同知，駐麻城岐亭，開始大力治盜。此年康熙皇帝智擒鼇拜，掌握權力。

一六七〇年，清康熙九年，于成龍五十四歲。赴京「入覲」，完畢後曾回故鄉山西永寧探親。從此年開始，幼子于廷元一直在任所陪侍父親。

一六七四年，清康熙十三年，于成龍五十八歲。第二次被舉為「卓異」，第二次赴京「入覲」。因「三藩之亂」署理武昌知府，升任福建建寧知府，又署理武昌知府。因造橋失職被罷官，又因剿撫東山叛亂成功被復職，調任黃州知府。平定黃州叛亂，辦理軍需事務。

一六七七年，清康熙十六年，于成龍六十一歲。調任下江防道，駐蘄州。

一六七八年，清康熙十七年，于成龍六十二歲。升任福建按察使。

一六七九年，清康熙十八年，于成龍六十三歲。春季始抵福建上任，九月第三次被舉「卓異」，十月升任福建布政使。

一六八〇年，清康熙十九年，于成龍六十四歲。三月升直隸巡撫，六月抵達保定府上任。大力賑災並推行新政。

一六八一年，清康熙二十年，于成龍六十五歲。兩次「陛見」康熙皇帝，受賜甚多。年底請假回籍葬母，又被任命為兩江總督。

一六八二年，清康熙二十一年，于成龍六十六歲。回籍葬母，撰寫《家訓》。上任兩江總督，推行一系列新政。

一六八三年，清康熙二十二年，于成龍六十七歲。十月受馬世濟參劾，受到降五級留任的處分。

一六八四年，清康熙二十三年，于成龍六十八歲。屢次上疏乞歸，四月十八日病故，七月靈柩離開江寧運回故鄉。次年隆重下葬。

附錄二

附錄二

于成龍傳

于成龍，字北溟，山西永寧人。明崇禎間副榜貢生。順治十八年，謁選，授廣西羅城知縣，年四十五矣。羅城居萬山中，盛瘴癘，猺、僮獷悍，初隸版籍。方兵後，遍地榛莽，縣中居民僅六家，無城郭廨舍。成龍到官，召吏民拊循之，申明保甲。盜發即時捕治，請於上官，讞實即處決，民安其居。鄰猺歲來殺掠，成龍集鄉兵將擣其巢，猺懼，誓不敢犯羅山境。民益得盡力耕耘。居羅山七年，與民相愛如家人父子。牒上官請寬傜役，疏鹺引，建學宮，創設養濟院，凡所當興罷者，次第舉行，縣大治。總督盧興祖等薦卓異。

康熙六年，遷四川合州知州。四川大亂後，州中遺民裁百餘，正賦僅十五兩，而供役繁重。成龍請革宿弊，招民墾田，貸以牛種，期月戶增至千。遷湖廣黃岡同知，駐岐亭。岐亭故多盜，白晝行劫，莫敢誰何。成龍撫其渠彭百齡，貰罪，令捕盜自贖。嘗察知盜所在，偽為丐者，入其巢，與雜處十餘日，盡得其平時行劫狀。乃出呼役械諸盜，具獄辭，駢縛坑之，他盜皆遠竄。嘗微行村堡，周訪閭里情偽，遇盜及他疑獄，輒蹤跡得之，民驚服。巡撫張朝珍舉卓異。

十三年，署武昌知府。吳三桂犯湖南，師方攻岳州，檄成龍造浮橋濟師，甫成，山水發，橋圮，坐奪官。三桂散偽劄遍湖北州縣，麻城、大冶、黃岡、黃安諸盜，皆倚山結寨應三桂。妖人黃金龍匿興寧山中，謀內亂。劉君孚者，嘗為成龍役，善捕盜，亦得三桂劄，與金龍等結大盜周鐵爪，據曹家河以叛。朝珍以成龍舊治得民心，檄往招撫。成龍詗知君孚雖反，眾未合，猶豫持兩端。兼程趨賊砦，距十里許止宿，榜示自首者免罪，來者日千計，皆貸之。先遣鄉約諭君孚，降者待以不死。乃策黑騾往，從者二，張蓋鳴鉦，逕入賊舍。呼君孚出見，叩頭受撫，降其眾數千，分立區保，籍其勇力者，督令進討。金龍走紙棚河，與其渠鄒君申往保山砦，成龍擒斬之。朝珍以聞，請復官，即擢黃州知府，上允之。

諸盜何士榮反永寧鄉，陳鼎業反陽邏，劉啟業反石陂，周鐵爪、鮑世庸反泉畈，各有眾數千，號東山賊，遙與湖口、寧州諸盜合，將趨黃州。時諸鎮兵皆從師徇湖南，州中吏民裁數百，議退保麻城。成龍曰：「黃州，七郡門戶，我師屯荊、岳，轉運取道於此。棄此不守，荊、岳且瓦解。」誓死不去。遂集鄉勇得二千人，遣黃岡知縣李經政攻陽邏，得鼎業誅之。士榮率賊數犯，自牧馬崖分兩路來犯。成龍遣千總羅登雲以千人當東路，而自當西路。令千總吳之蘭攻左，武舉張尚聖攻右，成龍力沖其中堅。戰合，之蘭中槍死，師少卻；成龍策馬冒矢石逕前，顧千總李茂升曰：「我死，汝歸報巡撫！」茂升戰甚力，尚聖自右出賊後，賊大敗，生致士榮，檻送朝珍，遂進克泉畈。凡二十四日，東山賊悉平。十五年，歲饉，訛言復起。成龍修治赤壁亭榭，日與僚吏歗詠其中，民心大定。會丁繼母憂，總督蔡毓榮奏請奪情視事。十六年，增設江防道，駐黃州，即以命成龍。

十七年，遷福建按察使。時鄭成功迭犯泉、漳諸郡，民以通海獲罪，株連數千人，獄成，當駢戮。成龍白康親王傑書，言所連引多平民，宜省釋。王素重成龍，悉從其請。遇疑獄，輒令訊

附錄二

鞫。判決明允，獄無淹滯。軍中多掠良民子女沒為奴婢，成龍集資贖歸之。巡撫吳興祚疏薦廉能第一，遷布政使。師駐福建，月徵莝夫數萬，累民，成龍白王罷之。

十九年，擢直隸巡撫，蒞任，戒州縣私加火耗饋遺上官。令既行，道府劾州縣，州縣即訐道府不得饋遺挾嫌，疏請嚴定處分，下部議行。宣化所屬東西二城與懷安、蔚州二衛舊有水沖沙壓地千八百頃，前政金世德請除糧，未行，為民累；成龍復疏請，從之。又以其地夏秋屢被災，請治賑。別疏劾青縣知縣趙履謙貪墨，論如律。

二十年，入覲，召對，上褒為「清官第一」，因問剿撫黃州土賊狀，成龍對：「臣惟宣布上威德，未有他能。」問：「屬吏中亦有清廉否？」成龍以知縣謝錫袞，同知何如玉、羅京對。復諭劾趙履謙甚當，成龍奏：「履謙過而不改，臣不得已劾之。」上曰：「為政當知大體，小聰小察不足尚。人貴始終一節，爾其勉旃！」旋賜帑金千、親乘良馬一，制詩褒寵，並命戶部遣官助成龍賑濟宣化等處饑民。成龍復疏請緩真定府屬五縣房租，並全蠲霸州本年錢糧，均報可。是年冬，乞假喪母，優詔許之。

未幾，遷江南江西總督。成龍先後疏薦直隸守道董秉忠、阜城知縣王燮、南路通判陳天棟。瀕行，復薦通州知州于成龍等。會江寧知府缺，命即以通州知州于成龍擢補。成龍至江南，進屬吏誥誡之。革加派，剔積弊，治事嘗至達旦。好微行，察知民間疾苦、屬吏賢不肖。自奉簡陋，日惟以粗糲蔬食自給。江南俗侈麗，相率易布衣。士大夫家為減輿從、毀丹堊，婚嫁不用音樂，豪猾率家遠避。居數月，政化大行。勢家懼其不利，構蜚語。明珠秉政，尤與忤。二十二年，副都御史馬世濟督造漕船還京，劾成龍年衰，為中軍副將田萬侯所欺蔽。命成龍回奏，成龍引咎乞嚴譴，詔留任，萬侯降調。二十三年，江蘇巡撫余國柱入為左都御史，安徽巡撫塗國相遷湖廣總督，命成龍兼攝兩巡撫事。未幾，卒於官。

成龍歷官未嘗攜家屬，卒時，將軍、都統及僚吏入視，惟笥中綈袍一襲、床頭鹽豉數器而已。民罷市聚哭，家繪像祀之。賜祭葬，謚清端。內閣學士錫住勘海疆還，上詢成龍在官狀，錫住奏甚清廉，但因輕信，或為屬員欺罔。上曰：「于成龍督江南，或言其變更素行，及卒後，始知其始終廉潔，為百姓所稱。殆因素性鯁直，不肖挾仇讒害，造為此言耳。居官如成龍，能有幾耶？」是年冬，上南巡至江寧，諭知府于成龍曰：「爾務效前總督于成龍正直潔清，乃為不負。」又諭大學士等曰：「朕博采輿評，咸稱于成龍實天下廉吏第一。」加贈太子太保，蔭一子入監，復製詩褒之。雍正中，祀賢良祠。

論曰：于成龍秉剛正之性，苦節自厲，始終不渝，所至民懷其德。彭鵬拒偽命，立身不苟，在官亦以正直稱。陳瑸起自海濱，一介不取，行能踐言。陳鵬年、施世綸明愛人，不畏強禦。之五人者，皆自牧令起，以清節聞於時。成龍、世綸名尤盛，閭巷誦其績，久而弗渝。康熙間吏治清明，廉吏接踵起，聖祖所以保全諸臣，其效大矣。

（選自《清史稿》卷二百七十七《列傳六十四》）

于成龍

四十五歲從縣官到兩江總督，大清第一廉吏于半鴨

作　　者：王振川
編　　輯：鄒詠筑
發 行 人：黃振庭
出 版 者：崧燁文化事業有限公司
發 行 者：崧燁文化事業有限公司
E-mail：sonbookservice@gmail.com
粉 絲 頁：https://www.facebook.com/sonbookss/
網　　址：https://sonbook.net/
地　　址：台北市中正區重慶南路一段六十一號八樓 815 室
Rm. 815, 8F., No.61, Sec. 1, Chongqing S. Rd., Zhongzheng Dist., Taipei City 100, Taiwan (R.O.C)
電　　話：(02)2370-3310
傳　　真：(02) 2388-1990
印　　刷：京峯彩色印刷有限公司（京峰數位）

定　　價：375 元
發行日期：2021 年 11 月第一版
◎本書以 POD 印製

國家圖書館出版品預行編目資料

于成龍：四十五歲從縣官到兩江總督，大清第一廉吏于半鴨 / 王振川著 . -- 第一版 . -- 臺北市：崧燁文化事業有限公司，2021.11
　面；　公分
POD 版
ISBN 978-986-516-893-3(平裝)
1.(清) 于成龍 2. 傳記
782.877　110017293

電子書購買

臉書